KB267121

한희철 귀리노 열사 추모문집

광야에서 외치는 목소리

한희철 귀리노 열사 추모문집

광야에서 외치는 목소리

2026년 1월 25일 인쇄

2026년 2월 3일 발행

총괄편집 이성훈 안셀모

참여단체　한희철　열사 추모 단체 연합

　　　　　서울대학교 가톨릭학생회 졸업생 공동체 (졸톨릭)

발행처　　(주)이스턴퍼블리싱

광야에서 외치는 목소리

Requiem Quirino

한희철 열사 추모 단체 연합
서울대학교 가톨릭 졸업생 공동체 (졸톨릭)

Requiem Qurino

한희철 귀리노 열사

고인의 영전에 이 책을 봉헌하며,

주님 안에서 영원한 안식을 기원합니다.

주여, 그에게 영원한 안식을 주소서.

끝없는 빛이 그를 비추게 하소서.

한희철 열사 추모 단체 연합

전국민족민주유가족협의회 | 군의문사대책위
민족민주열사희생자추모(기념)단체연대회의
강제징집녹화선도공작진실규명위원회 | (사)성남민주화운동사업회
국립철도고등학교총동창회

서울대가톨릭학생회(울톨릭) | 서울대가톨릭학생회졸업생모임(졸톨릭)
한희철 추모모임 | 서울대 강제징집자모임 | 서울대 한희철동기모임

Requiem
in memoria
Quirini

본 문집은 2023년 12월 9일 마석 모란공원에서 열린 고 한희철 40주년 추도미사와 추도식을 조직한 40주년 준비위원회의 후속 사업 일환으로 추진되었습니다.

본 추모 자료집의 기본 내용은 서울대가톨릭학생회(울톨릭)가 1993년 10주년, 1998년 15주년을 기념하며 제작한 추모 자료집과 서울대 민주열사추모사업위원회가 1984년 12월 펴낸 김상진, 김태훈, 황정하, 한희철, 4인 열사추모집, 〈산자여 따르라〉, 그리고 이은희 교수와 한희철 열사 추모 단체 연합회 소속 단체에서 제공한 자료를 토대로 구성하였습니다.

그리고 추가로 발견된 편지, 한희철 대학노트 일기장과 울톨릭 소식지 그리고 다른 매체에 수록된 글을 포함하였습니다.

Sequentia에서는 한희철 고인이 직접 작성한 글과 울톨릭 막글터에 실린 동기와 선배와 후배의 글, 그리고 1984년 이후 추모회에서 실린 글을 모았습니다. 그리고 Sanctus 이후에는 1980년 초 정치상황과 학생운동, 고인의 삶을 주제로 한 단편소설 그리고 신문 기사를 담았습니다.

총괄 편집자

이성훈 안셀모 울톨릭 81

한희철 귀리노의 삶

이 글은 한희철이 보안사에서 작성한 '진술서'와
고 이수열의 의문사위원회 진술서, 한희철과 함께 활동했던
나(이은희)의 경험, 한희철 누님 한영희의 증언,
여러 다른 동료들의 증언과 진술서, 그리고 기존 자료집에 수록된
한희철 열사 약력을 참고하여 작성된 것이다.

모범적인
대학생이었던
한희철은
10·26사태를
계기로
정치의식의
변화를 겪는다

한희철 귀리노 열사는 1961년 2월 11일 경남 마산에서 부친 한상훈과 모친 김인연의 1남 4녀 중 외아들(둘째)로 출생했다. 1979년 2월 국립철도고등학교 업무과를 졸업하고, 그해 3월 철도청 장학생으로 서울대학교 공과대학에 입학하였다. 대학 1학년이던 한희철은 철도청 연구원이나 대학교수를 꿈꾸며 학업에 매진했으며, 서울대 가톨릭학생회(울톨릭)에 가입해 열심히 활동했다.

10.26 사건과 정치적 각성

모범적인 대학생이었던 한희철은 1979년 10·26사태를 계기로 정치의식의 변화를 겪는다. 그는 '천주교 정의구현 전국사제단'을 중심으로 추진되던 '김재규 구명운동'을 통해, 당시 부산과 마산에서 일어난 대규모 민주화 시위를 박정희가 군을 동원해 무자비하게 유혈 진압하려 했고, 이를 막기 위해 김재규가 불가피하게 박정희를 시해했다는 진실을 접하게 된다. 이에 공감한 그는 평소 존경했던 박정희 대통령의 반대편에 서서 김재규 구명 운동에 동참하며 최초로 학생운동을 시작했다. 이후 전두

환 보안사령관이 12·12쿠데타를 통해 실질적인 국가권력을 찬탈했다
는 소식을 접하며, 신군부의 독재 정권 수립을 저지하고 민주정부를 수
립해야 한다는 확고한 신념을 갖게 된다.

학원 민주화 운동과 서울역 회군

2학년이 된 1980년 3월, 학원 민주화로 촉발된 학내 시위가 신군부
의 수장인 '전두환 퇴진'을 요구하는 대학간 연합시위로 발전하자 한희
철은 적극적으로 참여했다. 학생 시위가 전국으로 확산되던 5월 14일
과 15일, 학생과 시민 등 수십만 명이 참여한 종로와 서울역 광장의 가
두 시위에도 그는 나와 함께 있었다. 특히 5월 15일 서울대 정문에서 약
5,000여 명의 학생과 전투경찰이 대치하던 중, 한희철은 자유 발언을
통해 '시위가 평화적이어야' 한다고 역설하기도 했다.
　'서울역 회군'이라 불리는 그날 밤, 한희철과 나는 시위대를 체포하려는
사복 형사들의 추적을 피해 철도고 동문들이 근무하는 서울역 역무실로 피
신하여 역사2층의 좁은 창문을 통해 역사 밖의 동태를 살피며 밤을 보냈다.

5·17비상계엄과 계엄군의 폭력 목격

1980년 5월 17일 24시, 비상계엄이 전국으로 확대되면서 모든 정치활동이 금지되고 전국의 대학에는 휴교령이 내려졌다. 5월 18일, 한희철과 나는 서울대학교 정문 근처에서 학교로 진입하려 했다. 그때 학교 정문을 차단한 계엄군이 학내로 들어가려던 택시를 막아 서는 것을 보았다. 운전사가 차창을 열고 몇 마디 말을 주고받다가 차에서 내려 계엄군에게 항의하자, 계엄군 한 명이 M1소총 개머리판으로 택시 운전사의 얼굴을 무참히 내리 찍었다. 선혈이 낭자한 채 이어지는 무자비한 폭력 앞에 희철과 나는 비명 한마디 지르지 못하고 선 자리에 얼어붙었다. 난생처음 목격한 이 끔직한 참상은 우리 둘에게 평생 잊을 수 없는 트라우마를 남겼다. '언젠가 피할 수 없는 장소에서 저들과 맞닥뜨릴 때 우리는 무참히 목숨을 내놓을 수밖에 없을 것'이라는 비극적인 예감이 우리의 무의식 한 켠에 또아리를 틀게 된 순간이었다.

광주항쟁 참여 시도

며칠 후 희철은 천호동 우리 집을 찾아와 외신을 통해 들은 광주의 참상을 전하며 함께 광주로 가자고 제안했다. 광주로 진입하는 모든 입구를 군부에서 다 차단하고 있다는데 어떻게 광주를 들어가!? 두려움에 망설이던 나와 달리 희철은 철도 공무원증을 활용해 기차로 잠입할 방안을 내기도 했지만, 결론을 내지 못하고 우리는 헤어졌다. 훗날 누이 한영희의 증언에 따르면, 당시 희철은 전두환 정권을 비판하는 현수막이 붙은 광주의 사진들을 가족에게 보여주며 걱정과 분노를 토했고, 군부와 같은 입장에서 광주를 바라보던 아버지와 여러 번 말다툼을 했다고 한다. 그리고 어느 날인가 홀로 광주행을 시도했으나 실패하고 부산의 외삼촌 댁을 방문했다가 위험한 일을 한다고 외삼촌의 심한 질책을 받았고 이후 외가로부터 위험인물로 간주되는 냉대를 받게 된다.

성남 YMCA (성남Y)와 성남시대학생연합회(성대연) 활동

신군부가 광주항쟁을 무력으로 진압하고 제 5공화국을 출범시키자, 한희철은 장기 항전을 모색하기 시작했다. 그는 뜻이 맞는 성남 지역 대학생들(이수열, 손기영, 김준서, 윤창근 등)과 함께 한국 현대사와 사회 과학을 공부하는 학습 모임을 만들었다. 1981년 성대연이 결성되자 한희철은 철도공무원이라는 신분 때문에 전면에 나서지는 못했으나, '언더'에서 학습 세미나를 주도하며 후배들을 양성했다. 1981년 겨울에는 성대연이 주최한 '여명예술제'의 준비위원장으로서 철도노동자의 삶과 눈물, 희망을 담은 시 '나에게 이런 시절이 있었다'를 발표하였다. 이 여명예술제는 그후 성대연 후배들이 이어 받아 9회까지 진행되었고 2002년에도 이름을 바꿔 진행되었다.

1980년 겨울에 성남 YMCA를 결성할 때, 한희철은 창립멤버로 참여하여 근로청소년사업부에 노동환경의 개선과 노동자의 권익보호를 목적으로 하는 지역 청년과 대학생을 중심으로 한 탄천클럽을 조직하고 '근로청소년 합창단'을 운영하였다. 1982년에는 노동자들을 위한 '샘터야학'을 결성했다. 한희철은 주도적으로 한문, 국어, 생활과학, 영어 등의 교재를 만들고, 한문을 직접 가르치며 노동자의 의식화에 전념했다. 야학 공동체의 흥을 돋우며 민중의 저항의식을 고취시키고자 사물놀이도 진행했다. 이렇게 시작한 샘터 1기 야학 이후 샘터야학은 누차에 걸쳐 졸업생을 배출하였고, 이 졸업생과 교사들이 1987년 노동자 대투쟁 당시 성남 공단 민주노조 운동에 큰 기여를 하게 되었다.

가톨릭노동청년회 활동과 노동 사제의 길

한희철은1981년 초 수진동 성당에서 가톨릭 노동청년회(JOC) 활동을 시작하며 신앙과 사회운동의 접점을 찾았다. 수녀님들의 노동사목을 위한 공간인 상대원동 '만남의 집'을 자주 방문하여 노동자의 의식화와 권익 향상을 위해 노력하였다. 이 JOC 활동을 기반으로 한희철은 82년 한 해 동안 치열한 고민을 거쳐 서울대학교를 졸업 후 가톨릭신학교에 입학하여 노동사목을 하는 신부가 되겠다는 구체적인 목표를 세웠다. 갈릴리에서 소외된 민중들과 함께 동고동락하며 하느님의 나라를 선포한 예수의 삶을 모델로 삼아, 한국의 열악한 노동현장에서 노동 조건을 개선하고 민주주의와 민족 통일을 앞당기고자 한 것이다.

군입대와 의문의 죽음

빈곤한 집안 사정과 사회운동의 갈림길에서 고민하던 한희철은 82년 2학기에 휴학을 하고 철도청에 복귀하여 청평역과 평내역에서 역무원으로 근무하다 82년 12월 1일 군에 입대했다. 군생활 중에 지병인 축농증으로 고생하면서도 강한 의지와 성실성, 동료에 대한 깊은 애정으로 상관과 동료들의 인정을 받았으나, 군 내부의 부당한 폭력과 비리에는 단호히 맞섰다. 상관의 부당한 구타에 맞서 싸우다가 2주 간 헌병대에 입창 조치되기도 했다. 바쁜 군 생활 가운데에도 그는 자신의 평생 소명으로써 노동 사제의 길을 준비하며 같이 활동했던 동료 선후배들에게도 격려와 위안의 편지를 보냈다.

1983년 11월 말 마지막 휴가를 나왔을 때 한희철은 곧 의가사 제대를 하여 신학교에 갈 꿈에 부풀어 있었다. 그러나 귀대한 지 얼마 지나지 않은 12월 11일, 갑작스런 한희철의 사망 소식이 전해졌다. 군당국은 축농증 등 개인 건강문제와 가정환경을 비관하여 한희철이 자살했다고 발표했으나, 그를 아는 누구도 그 발표를 믿을 수 없었다. 상상도 할 수 없었다.

진실규명: 국가 폭력에 의한 타살

40여년에 걸친 진상 규명 노력으로 진실이 조금씩 드러났다. 1983년 10월 28일 휴가 중 수배중인 친구 신재근을 돕기 위해 쓴 편지가 화근이 되어 한희철은1983년 12월 05일 205 보안부대에 의해 체포되었다. 보안사 과천분실에서 연행된 한희철은 입대 전 학생운동과 관련하여 5일 동안 전기고문을 포함한 가혹한 취조를 받았다. 이는 전두환 신군부 정권이 민주화 운동을 한 학생들을 강제로 징집하여 사찰하고 탄압했던 '강제징집 녹화사업'의 일환이었다. 취조 과정에서 희철은 공개활동을 중심으로 한 운동권 동료와 선후배들의 인적사항 및 활동 내용, 서클 조직체계도 등을 보안사에 넘겨주고 풀려났다. 12월 10일 부대로 복귀한 한희철은 보안사에서 고문당한 몸의 상처를 동료 사병들에게 보여주며 '동료와 조직을 털어놓지 않으면 보안사를 빠져나올 수 없었다', '다시 보안사에 가야하는데 죽기보다 싫다' 고 이야기를 했다. 그리고 다음 날인 12월 11일 새벽 4시 30분경 함께 보초 서던 병사에게 유서와 수첩을 맡기고 가슴에 세 발의 총상을 남긴 채 사망하였다.

2024년 12월 3일 진실화해를위한과거사정리위원회(진화위, 위원장 김광동)는 '한희철 군의문사 사건'을 "국가적 타살 사건"으로 공식 인정했다. "국가(국방부, 보안사)의 직무유기와 방임으로 병역의무를 성실하게 이행하던 한희철을 죽음으로 몰고 간" 중대한 국가의 인권침해 사건이었음을 명확히 밝힌 것이다. 추가적으로 진화위는 보안사가 한희철을 프락치로 이용하려 했으며 한희철의 사후 오랫동안 유가족을 사찰했다는 사실도 새로이 확인하였다. 한희철을 가해한 자들에 대한 조사가 여전히 미진함에도 불구하고, 한희철의 죽음이 국가 폭력에 의한 것이라는 핵심을 분명히 밝혔다는 것은 나름의 의미가 있다고 할 것이다. ▨

Requiem Qurino

한희철 귀리노의 짧은 생을 따라가며
40여 년 세월이 담긴 묵념을 올린다.
그러며 우리는 한 인간의 신념과 그로 인한 고통, 그리고
이제 찬연히 빛나는 한줄기 빛을 만난다.

❶ 철도고등학교 2학년 가을소풍에서 친구들과 함께 즐겁게 어울리는 모습 (왼쪽부터 김영래, 한희철, 안병국)

❷ 철도고등학교 시절 철도청에서 제공한 전세열차를 타고 수학여행 출발하기 전 같은 반 친구들과(왼쪽부터 이진섭, 김영래, 한희철. 안병국)
❸ 1978년 12월 졸업식 직후 철도고 운동장에서 찍은 사진 (왼쪽부터 한희철의 부모님과 한희철, 친구 김영래와 그의 어머님)

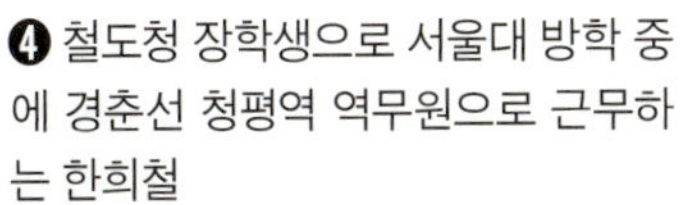

❹ 철도청 장학생으로 서울대 방학 중에 경춘선 청평역 역무원으로 근무하는 한희철

❺ 대학 1학년 재학 시 친구 김영래 누나가 결혼 후 첫 친정 부모님께 인사하러 온 자리에 함께 참석하여 분위기 살리려고 노래하고 춤추던 모습

●**1976년** 철도고등학교 입학.

●**1979년** 철도고등학교 졸업.

서울대학교

공과대학 입학.

5월 2일

서울대 가톨릭학생회

(울톨릭) 창립 후

가입해서 활동함.

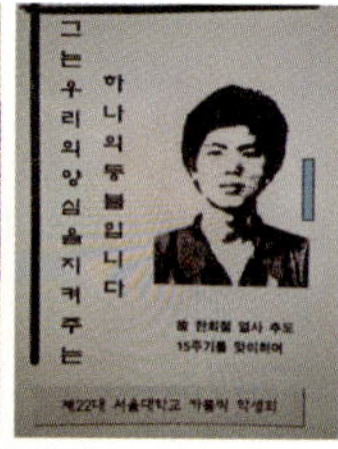

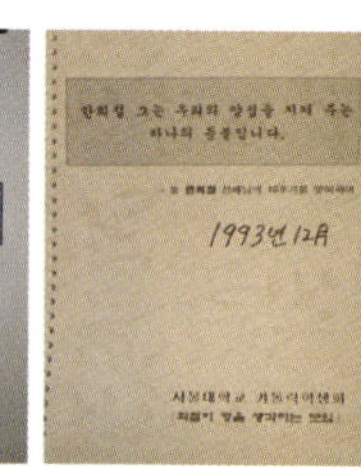

❻ 군 복무중에 같은 내무반 전우들과 함께

❼ 마석 모란공원 한희철 열사의 묘: 40주기 추도식 말미에 참석자들이 헌화한 후 찍은 사진

❽ 40주기와 15주기 추도식 자료 표지 등

❾ 한희철 귀리노 열사 40주기 추모 미사와 추도식 거행 후 묘소 앞에서. 그 아래 왼쪽사진은 한희철의 부모님(왼쪽에서 네번째와 다섯번째)과 함께 모란공원 한희철 열사 묘역에서 참배하는 가톨릭학생회 회원들. 오른 쪽 사진은 인권주일에 성당에서 개최된 고 한희철 귀리노 열사 추모미사

❾

●1983년 6월 17-23일

포상 휴가

10월 14일

정기휴가

예정이었으나 연기됨

10월 26일-11월 9일 정기휴가.

휴가 중에 학원 시위 문제로 도

피중인 친구 신00 (외국어대, 80

학번)을 만나 자신의 성당 친구

인 상대원동 동사무소 방위병

전00에게 보내는 '학내시위로

도피중인 자신의 친구들 몇 명

❿ 한희철 귀리노 열사를 기념하기 위한 나무와 표지석. 2015년 11월 서울대 민주동문회에서 민주열사들을 기념하기 위해 심은 네 그루의 나무 중 '염원의 나무'로 명명한 나무. 「가을마다 붉은 열매가 열리는 상록수 아래에 '염원의 나무'라는 표지석을 안치하고 그 옆에 한희철 열사의 약력을 소개하는 표지판을 세웠다. 그리고 표지석에는 "밤이 깊으면 새벽이 머지 않으리"라는 문구를 함께 새겼다.」 -본문 중에서

이 위조 주민등록증을 발급받을 수 있도록 주민증 신청 용지를 구해서 신00에게 주면 좋겠다'는 메모 형식의 편지를 신00에게 주고 적당한 때에 전00을 방문하도록 함.

11월 말 특별휴가

12월 초 신00이 메모편지를 휴대한 채로 보안사에 체포되고 진양분실에서 조사 받음

12월 5일 205 보안부대에서 한희철을 체포하여

보안부대 차트 작성 지원하는 명목으로 위장 연행.

12월 6일 한희철을 보안사 과천분실로 연행. 심사 장교 유준남 등이 조사하였으며 폭행 및 가혹행위를 통해 진술서, 반성문, 각

❶❶ '진실화해를 위한 과거사 정리위원회(진화위)' 앞에서 개최된 의문사 진상규명 촉구 집회. 한희철추모단체연합과 민족민주열사회생자추모(기념)단체연대회의 등 민족민주 열사 단체들은 2020년 12월 10일 '진실화해를 위한 과거사 정리위원회(진화위)' 출범이 후 2024년 11월까지 19차례에 걸쳐 '한희철 군의문사 사건'을 비롯한 수많은 의문사 사 건의 진상 규명에 미온적인 진화위를 규탄하며 진화위의 적극적인 진상규명 노력을 촉 구하는 연합집회를 퇴계로에 있는 진화위 사무소 앞에서 개최했다. 사진에서 발언자는 한희철의 철도고 동창 이은희(성대 79), 그 오른쪽은 한희철 누님 한영희, 오른쪽에서 두 번째는 한희철의 서울대 동기 박제호(서울대 79).

서를 쓴 다음 '훈방' 조치

12월 9일 9시 30분경 205 보안부대로 복귀. 해당 부서 에서 1박하며 정신교육 실 시(보안사 자료)

12월 10일 오전 10시 소 속 부대로 복귀. 부대 동료

인 이00과 김00 등에게 보 안사에서 고문과 가혹행위 를 당했다는 이야기를 하며 허리와 다리 부위에 멍등 상처를 보여줌(당사자들의 증언)

12월 11일 새벽 4시경 5사

단 비문합동보관소 앞에서 경계근무를 하던 중 가슴에 세 발의 총상을 남긴 상태 로 의문사함. 국방부는 "가정 비관 (모친의 가출, 동생의 정신질환)으로 자살"했다고 발표.

그대를 그리며

-열사 한희철 추모 노래

백창우 작사, 작곡

그대 어둠 앞에 우뚝선

친구여 평등 세상을 그리던 친구여

네가 부르던 그 사랑노래가

우리 가슴속에 휘돈다

그대 치열하게 살다 간

이 세상 병 들고 문드러진 썩은 세상

그대의 뜻을 담아 이제 우리가

일구어가리라

함께 나서자 젊은 벗들아 시대의 한복판으로

우리의 땀과 우리의 노동은 우리가 지켜가자

저린 아픔속에 살아오는 그대 목소리

참된 밥과 자유를 그리던 그대의 눈빛

정의가 강처럼 흐를 해방 세상에서

우리 그대를 다시 만나리라

그대를 그리며
-열사 한희철 추모노래

백창우 작사, 작곡

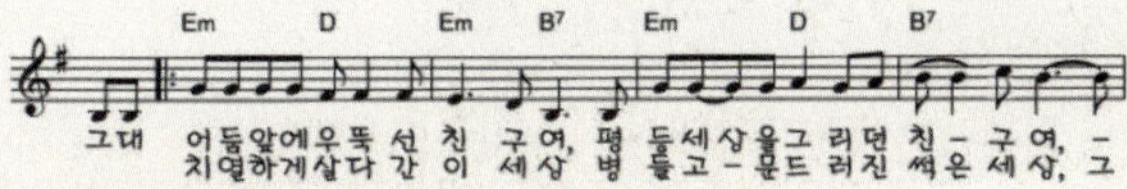

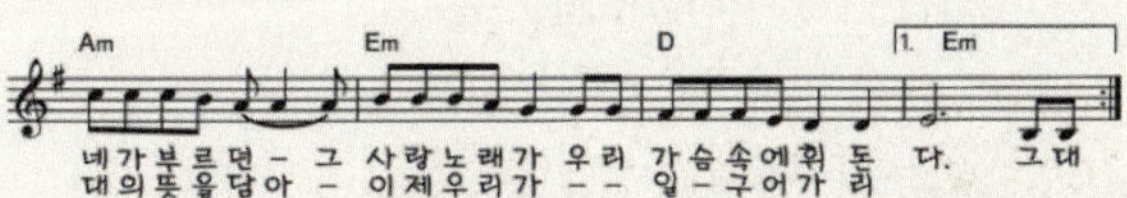

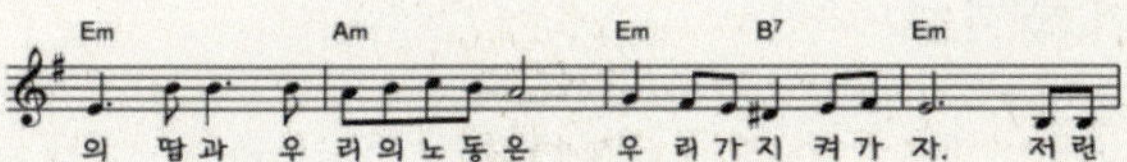

Requiem

in memoria Quirini

Contents in Detail

IIIIIIIV V

지인 추모글 및
후배 글 모음

IIIIIIV V

추도사·결의안
모음

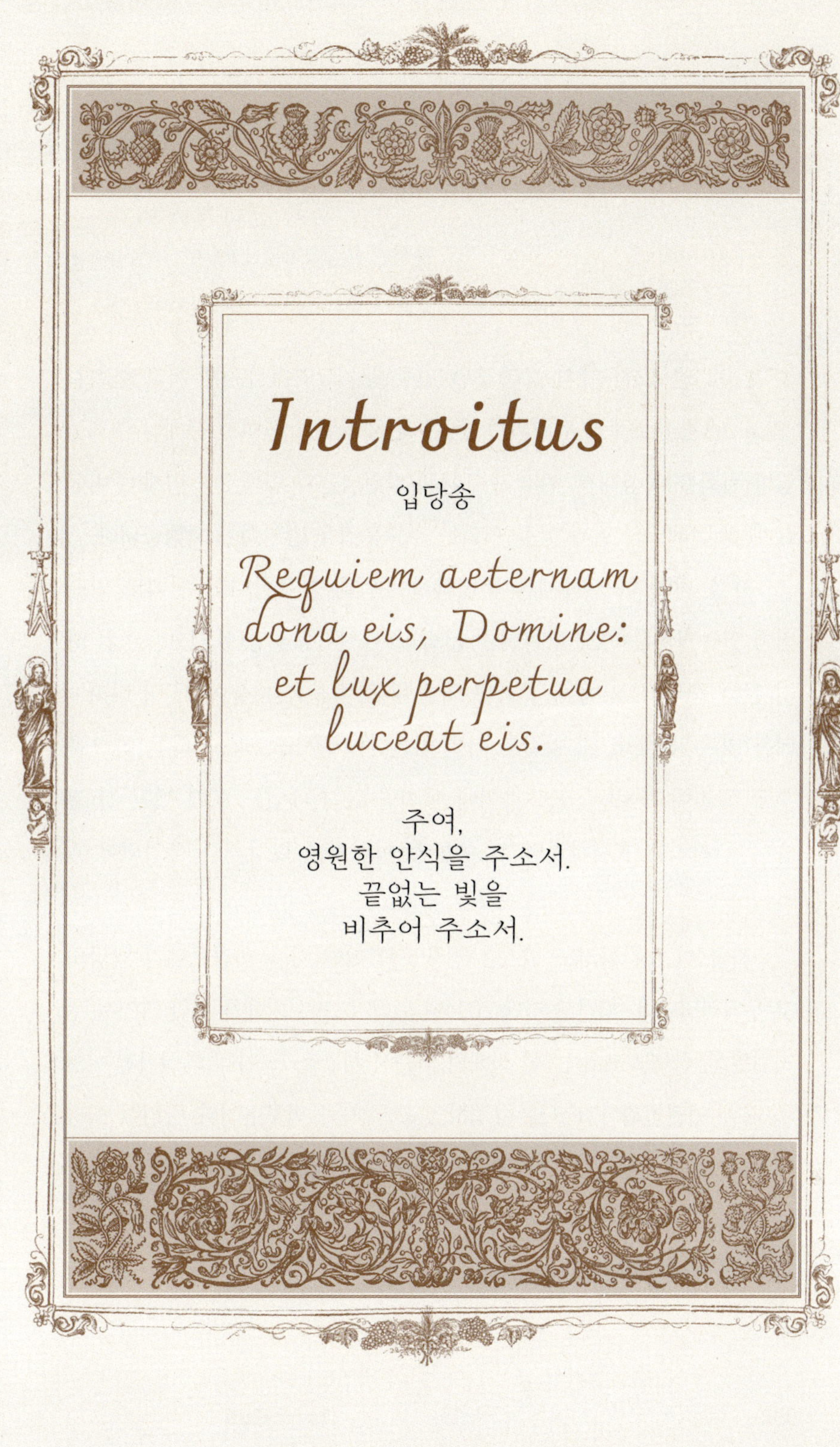

Introitus

입당송

Requiem aeternam
dona eis, Domine:
et lux perpetua
luceat eis.

주여,
영원한 안식을 주소서.
끝없는 빛을
비추어 주소서.

강석진 프랑코 졸톨릭 회장 2020-2025, 울톨릭 83

2023년 12월 마석 모란공원 민주열사 묘역에서 이루어진 한희철 선배님 40주기 위령미사 후, 우리 졸톨릭이 한희철 선배님 추모문집 위원회를 구성해서, 여러 추모단체 회원님들과 함께 2년 넘게 준비한 끝에 한 선배님의 말과 삶을 기리는 추모문집을 발간하게 되었습니다.

사실 저는 한 선배님을 뚜렷하게 기억하지 못합니다. 실제로 만난 적이 있는지 없는지도 명확하지 않습니다. 신림동성당(현 서원동성당) 다리 건너 중국집 '외백'에서 짬뽕 국물에 소주잔을 기울이며 '내 머리는 너를 잊은 지 오래, 내 발길도 너를 잊은 지 너무도 오래…' 타는 목마름으로 목놓아 부르던 어느 자리에 어쩌면 한 선배님도 함께 했던 것 같습니다. 기억은 흐릿하지만 그 이름과 이미지는 화상처럼 각인되어 있습니다.

지금 이 순간까지도 한 선배님을 떠올리면 가슴 한가운데가 답답하고 무거워집니다. 40년도 지난 2024년 드디어 〈진실화해를 위한 과거사 정리위원회〉(진실화해위)는 한 선배의 의문사 사건을 "국가적 타살사건"이자 "중대한 인권침해사건"으로 규정하였고, 국가의 직무유기와 방임이 사망에 이르게 한 원인임을 명확히 하였지만, 유서 때문에 자살로 인정하였을 뿐, 현장이 제대로 보전되지 못한 점, 부검 보고서의 모순점 등 여러 가지 석연치 않은 정황들은 여전히 명백하게 밝혀지지 못한 것이 아쉽습니다.

깨끗한 양심을 따르느라 누군가의 이름을 쉽게 입에 올리지 못했기 때문에, 누구에게도 알려지지 않은 곳에 끌려가 온갖 가혹행위, 고문과 협박을 겪으면서, 20대 초반의 한 선배님은 얼마나 외롭고, 두렵고, 고통스러웠을까요? 혹시 엄청난 고통을 이기지 못해 누군가의 이름을 얘기했다면, 그것은 또 얼마나 뼈아프게 후회하고, 자책하고, 스스로 무너지는 시간이었을까요? 혹시 끝끝내 이름을 말하지 않았다면, 곧 계속될 가혹행위와 고문과 협박을 계속 견뎌낼 수는 없으리라는 불안과 두려움에 사로잡히지는 않았을까요?

국가폭력을 한 몸에 받아 처절히 무너져 목숨을 잃으면서도 양심을 지키려 노력했던 한 선배님, 이제 당신은 여전히 시퍼렇게 젊은 모습으로 민주열사 묘역에 쉬고 계시지만, 저희는 '살아남은 자의 슬픔' 속에 60을 넘기고, 하루하루 두려움과 망설임을 이겨내려 애쓰며 살아내고 있습니다. 우리는 다른 곳에 있는 것 같지만, 어쩌면 함께 하고 있는 것 같습니다. 2024년 12월 비상계엄부터 이듬해 4월 탄핵결정까지, 그리고 내란죄 재판이 지리하게 진행되는 지금까지도 한 선배님이 함께

하고 있습니다. 시대를 절대로 되돌릴 수 없다는 간절함으로 우리는 서로 위로하며 격려하며 살아가고 있습니다.

의롭게 살면서 이웃을 섬기는 사제가 되고 싶었지만, 채 피지 못하고 스러진 한희철 귀리노 선배님도 계시고, 판사로서 변호사로서 헌신적인 삶과 영성 가득한 글을 남기고 떠난 김동국 세례자 요한 선배님도 계시고, 인생을 던져 사제로서 봉사하시는 여러 사제님들도 계시고, 각자 자신의 현장을 치열하게 살아가면서 함께 웃고 울고 읽고 나누는 선배님, 동기님, 후배님들도 계시고, 졸톨릭은 참 부자입니다. 졸톨릭은 참 행복합니다.

'2029 울톨릭 50주년 준비위원장'으로 애쓰고 있는 81 이성훈 안셀모 선배님과 이곳 저곳 빈 구석을 기쁜 마음으로 채워주신 여러 선배님들의 노력과 할 수 있는 만큼 기쁘고 따듯하게 마음을 모아주신 졸톨릭 선배, 동료, 후배님들께 깊이 감사드립니다.

한희철 선배님이 남긴 글이며 자료들이 흩어져 사라지지 않고, 이렇게 한 곳에 모일 수 있도록 도와주신 이은희 교수님을 비롯한 한희철 추모모임 연대의 많은 분들께 감사드립니다.

아직도 한 선배님의 글을 읽는 것은 용기가 필요하지만, 멀지 않은 어느 날 문득 기도하는 마음으로 한 쪽 한 쪽 읽어낼 때가 오리라 믿습니다.

모두들 영과 육이 모두 건강하시기를 기도합니다. 2025년 10월 18일

이은희 한희철열사추모회, 단국대 초빙교수

2023년 12월 9일, 한희철 귀리노 열사의 추모 미사와 40주기 추도식을 마치고 1년 반이 지난 올해 9월 초였다. 서울대가톨릭학생회 졸업생 공동체(졸틀릭)의 이성훈 선생으로부터 한희철 추모문집 발간이 확정되었다는 메시지를 받고 그 빠른 속도에 깜짝 놀랐다. 이어 10월말, 편집모임에서 가편집된 문집을 보면서는 감개가 무량했다. 이 '문집'은 다양한 분야에서 활동하는 한희철의 동료, 선후배들의 지지와 성원 덕분에 세상에 나오지만, 특히 이 마음들을 '한희철 귀리노 열사 추모문집'으로 결집하게 된 것은 졸톨릭의 이성훈 선생, 강석진 회장, 허두영 선생의 공이라 생각한다.

예수의 '사랑'으로 무장한 열혈 혁명가

문집에 실린 많은 글들은 1979년 10·26사태 이후 의문사하기까지 4년여의 짧은 생애 동안 한희철이 겪은 고뇌와 실천의 결과물로서 '사랑'을 통해 '하느님 나라'를 구현한다는 그의 독특한 '변혁사상'을 드러낸다. 당시 군사독재 치하에서 그가 꿈꾼 '하느님 나라'는 민주주의, 경제 정의, 민족 통일이 실현된 세상이었으며, 그 유일한 방법론은 예수님이 보여주신 '사랑'의 실천이었다. 그는 예수의 십자가의 상징처럼 수직축인 '하느님과 인간의 사랑'을 바탕으로 수평축인 '인간 상호 간의 사랑'을 결합해야 한다고 누차 강조해 왔다.

이러한 관점은 학생운동 초기부터 뚜렷했다. 80년 5월 15일, 서울역 일대 연합시위를 앞둔 학내 집회에서 그는 마이크를 잡고 '비폭력' 시위의 중요성을 역설했다 (고 이수열의 증언). 이는 그의 운동론이 독실한 가톨릭 신앙에 기반하고 있음을 보여준다. 또한 1986년 6월 항쟁과 21세기의 촛불혁명, 빛의 혁명을 관통하는 비폭력 저항운동의 역사적 가치를 한희철은 이미 1980년 '서울의 봄'이라는 이른 시기부터 한희철이 갈파하고 있었던 것이다.

예수 '사랑'의 실천이 낳은 한희철의 글

문집의 또 다른 축은 그의 폭넓은 대중 조직 활동 과정에서 생산된 글들이다. 타고난 친화력과 뜨거운 열정, 공감 능력을 갖춘 그는 은밀한 '언더' 활동 속에서도 공개적인 대중 조직 활동에 심혈을 기울였다. 서울대 가톨릭 학생회, 성남 YMCA, 성남시대학생연합회, 가톨릭 노동청년회(JOC), '샘터' 야학 등에서 그는 노동자와 청년 대학생들의 일상의 애환과 고뇌를 함께 하며, 하느님의 나라를 세울 '사랑'의 공동체를 만들고 확장해 나아갔다. 그가 남긴 글과 일기, 가족 및 친구 선후배들과 주고받은 편지들은 가난 속에서도 가족과 친구, 대중들과 나눈 가슴 시리도록 절절한 '사랑'의 이야기이자 치열한 자기 성찰의 기록이다.

보안사의 사찰 기록이 남긴 한희철의 많은 글

이 문집의 상당수 글들이 40여년 동안의 '한희철 군의문사' 진상규명 운동의 결실이란 점은 역설적이다. 3, 4년전 누님 한영희의 도움으로 '나라기록원'에서 넘겨받은 수천 쪽의 자료에는 42년 전 사라졌던 희철의 글과 희철 관련 자료들이 고스란히 담겨 있었다. 무엇보다도 보안사가 희철의 유서와 메모(사진1)를 근거로 희철의 집에서 수거해 간 수첩과 강의노트(사진2)에 쓰여진 일기와 글이 많다.

보안사가 우편검열 과정에서 은밀히 확보한 희철이 동료와 선후배들과 주고받은 편지들(사진3)도 확보했다. 1983년 2월 말과 3월 초에 한희철이 이수열과 이은희에게 보내는 편지와 이수열이 한희철에게 쓴 편지도 발견되었는데, 한희철이 보안사에 연행되기 훨씬 전부터 관찰과 감시 하에 있었음을 보여준다. 1983년도 12월 8일 성남 수진동 성당에서 거행된 1주기 추도행사 자료들, 1990년 12월 8일 한희철 7주기를 맞아 마석 모란공원에서 초혼장을 준비하던 시기의 자료(사진4), 그리고 당시 서울대가톨릭학생회 회원들이 동아리방의 '막글터'에 쓴 글들(사진5)도 사찰기록에 포함되었는데, 보안사가 성남과 관악캠퍼스 내의 한희철 관련 단체나 운동권 인사들을 광범위하게 사찰했음을 보여주는 증거이다.

복원한 희철의 생애와 아직 남은 아픔들

다양한 분야에서 활동하고 있는 한희철의 동료, 선후배들의 기억과 추모의 글 및 증언이 보태지면서 이 추모문집은 한희철의 생전의 모습과 삶을 어느정도 복원해냈고, 한희철과 함께 했던 동료 선후배들의 삶과 활동도 함께 미루어 볼 수 있게 하였다. 하지만 원고를 요청하는 과정에서 한희철에 관한 기억을 소환하기 힘들어 하는 많은 사람을 만나며 안타까움도 컸다. 가슴 깊은 곳의 아픔과 상처의 응어리를 마주 볼 마음의 여유가 없는 사람들에게서 여전히 치유되지 않은 트라우마를 느꼈다. 할 이야기는 많지만 아직은 때가 아니라고 생각하는 듯한 동료와 선후배들도 많았다. 한희철이 추구했던 '하느님 나라' 건설의 꿈과 실천이 더 이상 불온시 되지 않는, 더이상 탄압과 핍박을 받지 않는, 더이상 그로 인해 슬픔과 고통을 겪지 않는, 자유로운 민주 대한민국이 아직 오지 않은 때문일 것이다. 어서 빨리 그런 날이 오기를 기원한다.

맺으며

한희철의 글과 그 동료 선후배들의 글을 읽으면 암울했던 전두환 군사정권에 맞서 민주주의와 경제정의, 민족통일을 염원하던 한희철이 얼마나 치열하고 처절하게 고뇌하고 실천했는지를 엿볼 수 있다. 한희철과 동시대의 젊은 청년 학도들이 이 사회의 변혁을 위해 쏟았던 뜨거운 열정과 눈물겨운 몸부림들이 선연히 떠오른다. 이제 60대 중반이 된 우리 세대에 나태해진 정신을 반추하고 다잡을 소중한 계기가 될 것이다.

오늘날 우리 사회는 정치인들의 진영화와 그 양 진영에 공명하는 국민 분열로 사회 갈등이 심화되고 있다. 밖으로는 미국과 중국을 중심으로 한 진영 대결의 세계질서가 무너지고 국익을 최우선으로 하는 국가간 약육강식의 국제정세가 조성되고 있다. 국민의 의지와 역량을 하나로 모아가는 국민통합의 노력이 절실해지는 지금, 한희철의 '사랑에 기반한 변혁 사상'이 더욱 소중하게 다가온다. 한희철의 글 한 마디로 맺음말을 갈음하고자 한다.

"우리 커다란 (대한민국이란) 수레바퀴를 움직여 버릴 수 있는 힘을 키우는 데… 사랑에서 출발하지 않는다면 … (근본적인) 시각의 문제가 있겠지요."

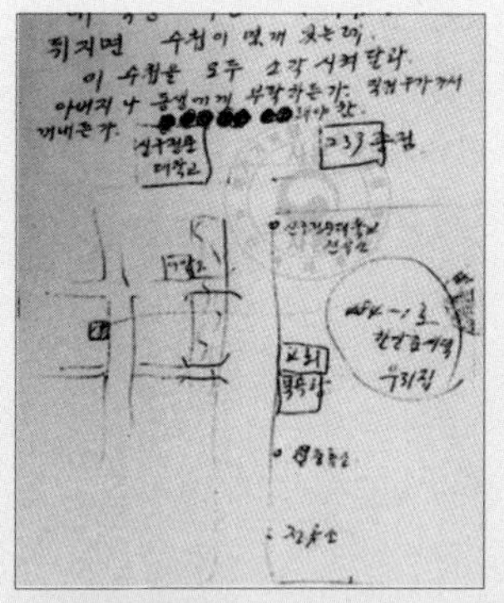

사진 1) 한희철이 유서와 함께 임OO에게 맡긴 메모의 의문점

메모에는 한희철의 집의 약도가 그려져 있고, 부모님을 찾아가서 "내 책장 가운데 옷 서랍을 뒤지면 수첩이 있는데 … 모두 소각시켜 달라"는 글이 적혀 있다. 부하 사병 임OO에게 전달한 한희철의 이 메모를 보안사가 한희철이 사망한 바로 당일 입수한 경위는 아직 명확히 밝혀지지 않았다.

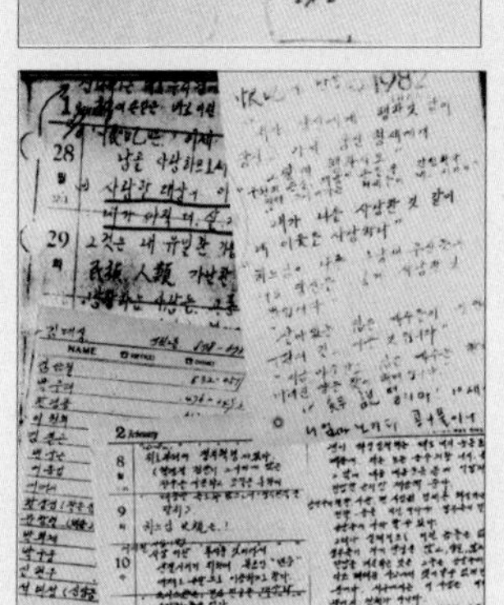

사진 2) 보안사가 한희철 집에서 수거한 수첩 내용 일부

한희철 사망 다음날 보안사는 메모의 지시대로 한희철의 집을 방문하여 부모님께 수첩을 찾아달라고 하고, 한희철의 노트도 발견하여 수거해 갔다. 수첩에 적힌 한희철의 글 밑에 보안사 요원의 짓으로 추측되는 욕설이 추가된 것이 발견된다. 정말 나쁜 놈들이다.

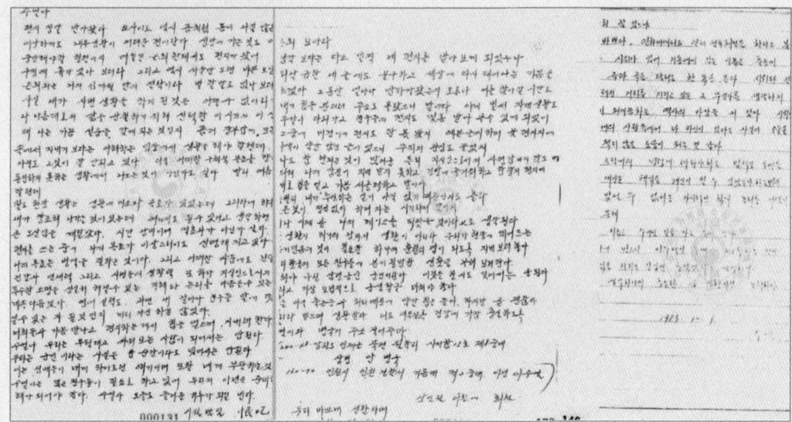

사진 3) 우편검열을 통해 보안사가 입수한 한희철의 편지들

아래의 편지들은 한희철이 이수열과 나(이은희)에게 보낸 것과 이수열이 한희철에게 보낸 것이다. 1983년 2월 말과 3월 초에 작성된 것으로 보안사가 한희철을 연행하기 오래 전부터 한희철을 감시했음을 보여 준다.

발간사

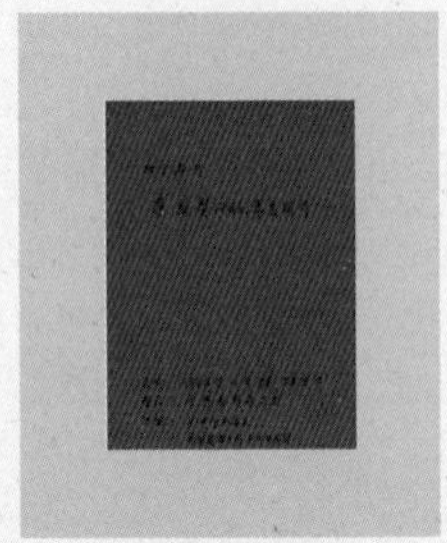

사진 4) 한희철 1주기 추도행사 자료집 표지와 7주기 초혼장 자료집 표지

한희철 사망 이후부터 한희철 관련 단체와 인사들에 대한 광범위한 사찰이 있었음을 보여주는 증거라 볼 수 있다

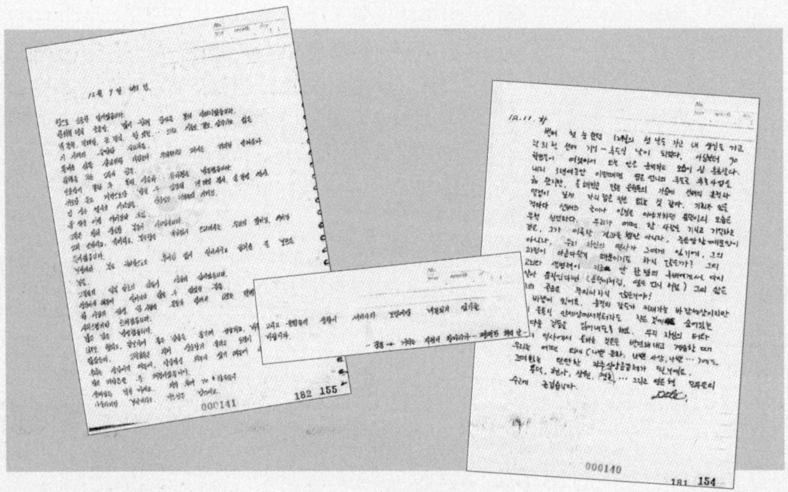

사진 5) 울톨릭 회원들의 동아리방 막글터(의 노트)에 쓴 글들

이 자료들은 울톨릭 회원들에 대해서는 적어도 90년까지 지속적으로 사찰했음을 보여준다.

이성훈 안셀모 울톨릭 81

희철 선배가 우리 곁을 떠난 지 어느덧 40년이 지났다. 지난 2023년 12월 초, 마석 모란공원에서 열린 40주기 추모미사는 2013년 이후 10년 만의 자리였다. 이제는 부모님도 하늘나라로 가셨고, 누님(누나)이 가족을 대표해 참석하셨다. 추모식에 모인 지인들 대부분은 환갑을 전후한 나이가 되었고, "다음 추모미사를 언제 할 수 있을까"라는 생각이 스쳤다. 그래서 행사 후 참석했던 단체 대표들과 상의해 이번에 추모자료집을 발간하기로 했다.

울톨릭 선후배들이 간직하고 있던 편지, 메모, 사진 등을 수소문해 모았고, 이를 읽고 분류하고 정리하느라 적지 않은 시간을 보냈다. 거의 마무리되었던 2024년 12월 한국 사회는 1980년대를 떠올리게 하는 불법적 비상계엄과 내란의 격동을 겪었다. 그러나 시민의 용기로 민주주의를 지켜낸 '빛의 혁명' 끝에 이제는 이재명 정부가 출범했고, 이렇게 자료집을 세상에 내놓을 수 있게 되었다.

2025년 오늘, 나는 한희철 선배와 이재명 대통령을 동시에 떠올린다. 두 사람은 1961년과 1963년생으로 두 살 차이 나는 동년배였다. 모두 성남을 삶의 터전으로 삼았다. 한 선배는 가톨릭노동청년회(JOC) 활동가였고, 이 대통령은 '소년공'으로 공장에서 일했다. 한 선배는 서울대 가톨릭학생회와 성남YMCA에서, 이 대통령은 성남주민교회에서 활동했다. 한 선배는 노동사제를 꿈꾸었고, 이 대통령은 사법고시를 택했다.

한 선배는 1979학번으로 1982년 11월 말 군에 입대해 1년 후인 1983년 12월 세상을 떠났다. 이 대통령은 1983년 3월 대학에 입학했다. 그리고 후에 변호사로서 시민활동가 그리고 성남시장과 경기도지사를 거쳐 이 제는 대통령이 되었다.

한 선배가 평소에 하던 말이 이 대통령을 통해 들릴 때마다 놀라면서 어쩌면 한 선배의 꿈이 지금 대통령을 통해 이루어지고 있다는 생각을 하곤 한다. 두 사람이 생전에 만난 기록이 없지만, 성남 YMCA나 JOC를 통해 스쳤을 가능성이 있다. 만약 이 대통령을 만날 기회가 된다면 꼭 물어보고 싶다.

한강 작가의 소설 『소년이 온다』에 나오는 "죽은 사람이 산 사람을 구했다"는 말은 계엄과 내란을 극복하는 과정에서도 자주 회자됐다. 자료집 초고를 읽으며, 나는 광주 학살의 희생자들뿐만 아니라 한희철 선배처럼 민주화 과정에서 목숨을 잃은 수많은 영혼과 다시 만났다. 그들의 희생 덕분에 오늘 우리가 살아가고 있음을 다시한번 절실히 느꼈다.

40년이 훌쩍 흘렀다.

바쁜 활동 중에도 내가 자료집 총괄 책임을 맡은 이유는 '죄책감' 때문이었다. 한 선배와의 만남과 극적인 이별은 내 대학 시절뿐 아니라 인생 전체에 가장 큰 영향을 준 사건이었다. 비록 1981년에서 1983년까지 단 2년, 열 번 남짓한 만남이었지만 그 기억은 강렬했고 여전히 생생하다. 울톨릭 동아리방 '막글터'에 남긴 그의 글을 통해서도 나는 수없이 그와 대화했다.

1983년 6월, 울톨릭 회장이었던 나는 한 선배의 글에 답하듯 이렇게 적었다.

"희철이 형의 모습. 웃는 모습이 변함이 없는 것 같다.

  Introitus

아니, 내가 변하지 않아서 그렇게 느껴지는 것일 게다.

고목나무, 그루터기, '천년을 굵어온 아름등걸…'

열심히 살고 서로의 삶을 지켜봅시다.

그리고 어느 낯선 거리에서 만날 때 긴 이야기해요."

1983년 11월 말, 특별휴가를 나온 한 선배는 귀대 마지막 날 울톨릭 후배들과 신림동 향백에서 저녁을 함께 했다. 2차를 신림시장에서 마친 후, 우리는 내가 살던 동부이촌동 작은 아파트로 갔다. 밤새 나눈 대화는 언제나처럼 한국의 노동과 민주주의, 그리고 가톨릭 교회의 역할에 관한 것이었다. 울톨릭의 사명과 회장으로서의 나에게 보내는 격려와 당부도 있었다.

다음 날 아침, 누님이 준비해준 해장 라면을 먹고 헤어졌다. 나는 그에게 말했다.

"저는 운동권의 많은 열사들처럼 한순간 모든 것을 던지지는 못하지만, 대신 길고 오래 운동하겠습니다."

그 약속을 지키기 위해 나는 지금까지 살아왔다. 군 복무를 마친 후 1988년, 진로를 고민하던 시기에 홍콩에 본부를 둔 팍스로마나 아시아가톨릭대학생운동(IMCS)을 선택한 것도 바로 그 이유에서였다. 당시 홍콩 사무실 내 내 책상 위에는 언제나 한 선배의 영정사진이 놓여 있었다. 이후 1991년 귀국해서 그리고 다시 스위스 제네바, 태국, 그리고 다시 홍콩에서 인권과 민주주의, 평화와 정의를 위해 활동할 때마다 "왜 이 일을 하느냐"는 질문을 받을 때면, 나는 한결같이 같은 대답을 했다. 2008년, 10년에 걸친 해외 활동을 마치고 귀국해 국가인권위원회 정책본부장과 한국인권재단 상임이사로 일할 때도 그 답은 변함없었다. 그리고 2019년 팍스크리스티코리아(PCK) 창립에 참여하고, 오늘도 다양한 평화운동에 몸담고 있는 지금 역시 그 대답은 여전히 같다.

"내가 이 일을 하는 것은 2000년 전 십자가에서 죽었다 부활한 예수 사건과 1980년대 초 한희철과의 만남 때문이자 덕분이라고"

하지만 긴 해외 거주 탓에 한 선배 추모 관련 활동에는 크게 기여하지 못했다. 다행히 울톨릭 81학번 동기 이원영 요셉과 전합수 가브리엘 신부 그리고 후배들이 추모제를 이어가고 정기적으로 자료집을 발간해왔다. 이번 유고집을 준비하면서 나는 한 선배를 직접 만나지 못했던 많은 후배들이 한 선배의 글을 통해 가톨릭 신앙인의 사회적 소명을 찾고 헌신했음을 알게 됐다. 그 사실에 마음이 울컥했다.

2023년 12월, 전합수 신부와 함께 40주기 미사를 봉헌하면서 나는 오랫동안 마음 한구석에 남아 있던 빚을 갚기 위해 이 유고집을 완성하기로 결심했다. 원고를 다듬는 과정에서, 2015년 12월 우리 곁을 떠난 김동국 요한 형제와도 다시 만나는 경험을 했다. 사실 한희철 유고집을 만들어야 한다는 생각은 김동국 형제의 유고집 『사랑으로 법을 살다』에서 비롯되었다.

김동국 형제는 11980년대 초 억압과 혼돈이 뒤엉킨 시대에 예수의 제자로서 사도직을 실천하기 위해 울톨릭에서 함께 분투했던 동지였다. 그는 1984년 울톨릭 회장을 맡아 나의 뒤를 이었으며, 이후 사법고시에 합격해 판사로 재직한 뒤 변호사로 일했다. 2010년대 중반, 내가 한국인권재단 상임이사로 일하던 시절 김동국 형제는 투병 중이면서도 변호사로 활동하고 있었다. 조심스럽게 재단 이사로 함께할 것을 제안했을 때, 그는 마치 기다렸다는 듯이 흔쾌히 수락했다. 우리는 여러가지 활동을 했는데 가장 대표적인 사업은 국제인권모의재판 대회였다. 인권전문가를 양성하기 위한 이 프로그램은 1980년대 한희철 선배가 고민했던 문

Introitus

제의식을, 그의 기억을 공유한 두 후배가 2010년대 사회 속에서 구체적으로 실천한 소중한 계기였다.

한희철 선배가 울톨릭의 '운동영성'을 대표한다면, 김동국 후배는 '생활영성'의 모범이었다. 그들의 삶은 예수의 십자가 사건처럼 인류 역사의 거대한 방향을 바꾼 것은 아니었지만, 예수의 제자로서 각자의 십자가를 주어진 자리에서 성실히 짊어지고 살아냈다. 이 두 사람처럼 열심히 살다 먼저 하늘나라로 떠난 많은 사람 덕분에, 내란을 비폭력 평화적으로 극복한 2025년 오늘 우리가 누리는 '평화로운' 일상이 과거 소수의 희생 위에 세워졌음을 다시금 깨닫게 된다.

이 유고집 작업은 처음에는 죄책감에서 출발했으나, 시간이 흐르며 그것은 은총으로 변화했다. 마치 미사에서 밀가루 빵이 성체로 변화하듯, 이 과정은 과거의 기억을 정화하고 그 안에 담긴 영적 의미를 새롭게 일깨우는 시간이었다.

특히 준비 과정에서 한희철 선배와 고등학교 동기였던 이은희 교수, 신철호 이스턴퍼블리싱 대표, 그리고 울톨릭 80학번으로 전임 회장을 지낸 허두영 대표와의 만남은, 희철 선배가 우리에게 이어 준 각별하고도 소중한 인연이었다. 이은희 교수를 통해 한희철 열사 추모 단체 연합이 함께 참여하게 되면서, 이 추모문집은 졸톨릭이라는 공동체의 울타리를 넘어 한국 민주화운동을 증언하는 의미 있는 기록으로 그 위상이 확장되었다. 또한 신철호 대표가 동시대를 살아온 동지의 마음으로 무보수 편집을 맡고, 이 문집을 레퀴엠 형식으로 구성하자는 제안을 해 준 덕분에, 이 책은 단순한 기록을 넘어 기억과 애도의 깊이를 지닌 추모문집으로 완성될 수 있었다. 이 모든 만남과 헌신에 대해 다시 한 번 깊은 감사의 마음을 전한다.

서울대학교 가톨릭학생회 졸업생 모임인 졸톨릭은 매년 11월 말, 위령성월을 맞아 송년회와 함께 미사를 봉헌해 왔다. 비록 앞으로는 마석 묘지에서 한희철을 기리는 추모미사를 더 이상 봉헌하지 못하게 되었지만, 그 뜻을 이어 졸톨릭 미사 안에 이 추모의 마음을 봉헌하며, 모든 졸톨릭과 울톨릭 회원들이 함께 기억하고자 한다.

더 나아가 울톨릭의 선후배들이 한희철과 김동국의 유고집에서 한 구절씩을 마음에 새기며, 말씀 앞에 자신을 비추어 각자의 삶과 소명을 성찰하는 시간이 마련되기를 바란다. 1980년대 관악산 자락에서 스승이신 예수 그리스도와 선후배 공동체에 의지하여 격동의 시대를 온몸으로 살아냈던 날들을 되돌아보며, 그 고단한 여정 안에서 묵묵히 일하신 하느님의 섭리와 구원의 역사를 새롭게 식별하는 계기가 되기를 소망한다.

아울러 2029년 울톨릭 창립 50주년을 바라보며, 이 책이 과거의 기억에 머무르지 않고 오늘을 사는 우리와 앞으로의 울톨릭 후배들에게까지 이어지는, 살아 있는 신앙의 증언이자 공동체를 잇는 은총의 매개가 되기를 바란다.

희철 형, 폭삭 속았수다! 2025년 8월 3일

 Introitus

추모사 ● 故 한희철 귀리노 형제의 영원한 안식을 기원하며

강우일 베드로

전 천주교 제주교구 주교 / 팍스크리스티코리아(PCK) 공동대표

사랑하는 한희철 형제의 이름을 다시 기억하며, 이 추모의 글을 올립니다.

저는 한희철 형제를 직접 만난 기억은 없지만, 1980년대 서울대교구 교육국장, 그리고 보좌주교로 일하며 가톨릭 대학생들을 자주 만날 기회가 있었습니다.

그 시절, 이 땅의 젊은이들은 불의한 체제와 억압적 현실 속에서 깊은 내적 갈등을 겪고 있었습니다. 교회 안의 대학생들도 예외가 아니었습니다. 그들은 단순히 사회의 변화를 바라는 것만이 아니라, 하느님 나라의 정의가 이 땅 위에서 어떻게 실현될 수 있는지를 탐구하고 행동하였습니다.

그들의 분노와 눈물, 기도와 토론 안에 복음이 생생하게 살아 움직이고 있었습니다. 그 시대의 젊은 신앙인들의 마음 한가운데에는, 한희철 형제의 고통과 희생이 하나의 빛나는 표지로 자리하고 있었습니다.

한희철 형제의 삶은 신앙이 단지 위로의 언어에 머무르지 않고, 세상 속에서 정의와 사랑을 실천하는 구체적인 행동이 되어야 함을 일깨워주었습니다. 그는 하느님 나라의 정의가 이념이나 구호가 아니라, 인간의 존엄을 지키고 진실을 증언하는 용기로 드러나야 한다는 사실을 온몸으로 보여주었습니다. 그가 걸어간 길은 짧았지만, 그 길은 지금도 우리 신앙인들에게 살아 있는 질문으로 남아 있습니다. "나는 지금, 내 신

앙으로 무엇을 증언하고 있는가?"

이번에 발간되는 추모 문집을 읽으며, 저는 당시의 시대를 살던 가톨릭 대학생들의 분노와 고민, 그리고 신앙적 갈망을 새롭게 접하였습니다. 그들은 단지 민주화를 외친 사회운동가가 아니라, 불의한 세상 속에서 복음의 진리를 지키려는 신앙인이었습니다. 하느님의 정의를 믿는 사람으로서, 그들은 침묵과 타협이 아니라 양심의 목소리를 택했습니다. 성서에서 만난 청년 예수의 삶과 증언은 그들에게 단순한 위안이 아니라 고통의 동반자이자 희망의 근거가 되었음을 새삼 깨닫게 됩니다.

한희철 형제의 죽음은 우리 모두에게 진지한 물음을 던집니다. 교회는 시대의 고통 앞에서 무엇을 해야 하는가? 젊은이들의 양심의 외침에 어떤 응답을 해야 하는가? 신앙은 세상의 고통과 단절된 안식이 아니라, 세상 안에서 하느님 뜻을 찾고 실천하는 여정입니다. 복음은 언제나 우리를 불편하게 만들고, 그 불편함 속에서 진정한 회개와 변화가 시작됩니다.

그의 죽음 40여 년이 지난 지금, 우리는 한희철 형제를 기억하는 추모 문집을 통해 다시금 그 시대의 고통과 희망, 분노와 기도가 얼마나 순수한 신앙의 불씨였는지를 느낍니다.

그는 여전히 살아 있는 양심의 소리이며, 교회가 세상 안에서 어떤 빛이 되어야 하는지를 묻는 하느님의 부르심입니다.

그가 세상을 떠난 뒤, 수많은 청년들이 그 이름을 기억하며, 두려움 속에서도 다시 일어섰습니다. 진리와 정의를 향한 그들의 걸음 안에, 한희철 형제의 영혼은 여전히 함께 걸었습니다.

주님, 한희철 형제에게 영원한 안식을 주소서. 그의 고통을 위로하시고, 그의 믿음을 기억하소서.

그가 남긴 빛이 이 땅의 젊은이들과 교회 안에서 다시 희망의 불씨로 타오르게 하소서. 아멘.

추모사 ● 시대가 남긴 가장 처절한 흔적

정근식

서울시교육감, 전 민족화해위원회 위원장

한시대의 양심이자, 불의한 권력에 맞서 진실을 증언한 청년 한희철 열사의 이름을 오늘 다시 부릅니다. 그리고 42년 만에 그의 삶과 뜻을 담은 추모문집이 세상에 나왔습니다. 오랜 침묵과 망각의 시간을 넘어 이제야 비로소 한 사람의 삶이 기록으로 남게 된 이 순간은, 우리 사회가 잃었던 기억을 되찾는 역사적 복권의 자리이기도 합니다.

1980년대 초, 군사독재의 억압이 사회 전체를 짓누르던 시절, 한희철은 진실을 말하고자 했던 평범한 청년이었습니다. 그는 자유와 민주주의, 인간의 존엄을 지키고자 했던 학생운동의 한가운데 서 있었습니다. 그러나 그 시대는 진실을 허락하지 않았습니다. 비판은 반역으로, 양심은 불온으로 취급되던 시절이었습니다. 그는 수차례의 감시와 위협 속에서도 물러서지 않았고, 결국 고문과 폭력 앞에서도 신념을 굽히지 않았습니다. 그 대가로 그는 스물 몇 살의 젊은 나이에 목숨을 잃었습니다.

그의 죽음은 단지 한 개인의 비극이 아니었습니다. 그것은 권력의 폭력이 진실을 억누르던 시대가 남긴 가장 처절한 흔적이었습니다. 그러나 그 죽음은 또 다른 시작이었습니다. 진실을 향한 용기와 양심의 울림은 침묵 속에서도 사라지지 않았고, 세월을 지나 오늘 우리 앞에 다시 살아났습니다.

당시 당국의 감시와 탄압은 철저했습니다. 친구와 동료들조차 그의 이름을 함부로 부를 수 없었고, 추모의 글 한 줄조차 남기기 어려운 시대였습니다. 그렇게 한 인간의 삶과 신념은 거의 기록되지 못한 채 세월 속으로 묻혀갔습니다. 오늘 우리가 이 추모문집을 펴내는 이유는 바로 그 침묵의 벽을 허물고, 잊힌 기록을 되살리기 위함입니다.

이 책은 단지 과거의 한 인물을 기리는 추모문이 아니라, 억압된 시대 속에서 사라졌던 목소리를 복원하는 일입니다. 그의 이름과 삶을 다시 불러내는 일은, 우리 사회가 다시는 그런 폭력과 침묵의 시대를 허락하지 않겠다는 다짐이기도 합니다. 기록은 기억이고, 기억은 곧 정의입니다. 한희철 열사의 삶을 기록하는 일은 단순한 회상이 아니라, 정의를 다시 세우는 역사적 행위입니다.

오늘의 청년 세대가 이 기록을 마주할 때, 그는 더 이상 먼 과거의 인물이 아닙니다. 한희철은 지금 이 시대에도 여전히 살아 있는 질문을 던집니다. "진실을 위해 우리는 무엇을 할 수 있는가?", "자유와 정의는 어떤 대가를 요구하는가?" 그가 몸으로 증언한 이 물음은, 여전히 완성되지 않은 민주주의의 과제를 우리에게 상기시킵니다.

그는 자신의 생명을 걸고 진실을 말했습니다. 침묵을 강요받던 시대에 그는 두려움보다 양심을 택했습니다. 그 결단은 수많은 이들에게 용기의 씨앗이 되었고, 결국 오늘 우리가 누리는 민주주의의 밑거름이 되었습니다. 한 사람의 희생이 역사를 바꾸지는 못했을지라도, 그의 이름이 남긴 신념은 시대를 움직였습니다.

이제 우리는 그가 남기지 못한 기록을 대신 써야 합니다. 추모문집의 발간은 단순한 출판의 행위가 아니라, 잊힌 정의를 다시 세우는 일이며, 역사에 대한 책임의 표현입니다. 우리가 그의 삶을 기록으로 남기고, 후세에 전하는 이유는 단 하나입니다. 진실은 결코 사라지지 않는다는 믿음, 그리고 정의는 반드시 기억을 통해 살아난다는 확신 때문입니다.

오늘 이 책을 통해 우리는 한희철 열사를 다시 만납니다. 그는 더 이상 침묵 속의 희생자가 아니라, 시대의 어둠을 뚫고 정의의 불씨를 남긴 증언자가 되었습니다. 그의 삶은 우리에게 말합니다. "기억하라, 그리고 멈추지 말라." 그가 살았던 시대와 오늘의 세상은 다르지만, 진실을 지키는 일의 의미는 여전히 같습니다. 권력보다 양심이 강한 사회, 침묵보다 말할 용기가 존중받는 사회, 그리고 개인의 희생이 다시는 반복되지 않는 사회 — 그것이 우리가 그에게 빚진 약속입니다.

한희철 열사의 이름은 이제 역사의 한 페이지에 머무르지 않을 것입니다. 그는 기억 속에서, 그리고 다음 세대의 마음 속에서 계속 살아 있을 것입니다. 그의 삶이 증언한 진실과 용기의 정신은 이 사회의 새로운 빛이 되어 우리를 비출 것입니다.

삼가 고인의 명복을 빕니다.

그의 희생이 남긴 진실은, 오늘도 우리에게 책임과 희망의 이름으로 살아 있습니다. 2025년 11월 6일

김용신 도민고 울톨릭 78

희철아, 내가 명동성당 청년회에서 활동하던 중에 여러 경로를 거쳐서 전달받은 너의 두툼한 유서를 읽고 황망함을 금치 못했던 것이 엊그제 같은데 어느덧 네가 세상을 떠난지 40년이 훌쩍 지났구나. 나는 청년회원들과 함께 서울대 가톨릭 학생회 일지에 네가 남긴 글과 네가 지인들에게 보낸 편지들을 수집하여 '차라리 과녁이 되어'라는 제목으로 얇은 추모문집을 만들어서, 그해 겨울이 가기 전에 거행된 추모미사에서 배포했었지. 또한 성남의 네 집에 남긴 너의 노래와 시낭송이 담긴 카세트테이프들을 편집하여 하나의 카세트테이프로 만들어 친우들에게 나누어주고, 추모미사 때 너의 시낭송을 들려주었는데, 많은 친우들이 너의 육성을 듣고 눈시울을 붉혔던 기억이 생생하다.

희철아,

강산이 네 번은 변한 세월 동안 너를 죽인 군사독재는 물러나고 문민정부 시대를 거쳐서 검찰독재까지 이르렀고, 지금은 급기야 내란을 일으킨 검찰세력을 심판하는 국민주권정부가 시작된 상황이다.

네가 죽도록 사랑하고 꿈꾸었던 정의로운 경제 공동체가 한국사회에 언제쯤 실현될지 아직은 멀지만, 그래도 너의 뒤를 따라서 못다 이룬 너의 꿈을 꾸고, 너의 이상을 이어받은 수많은 깨어있는 민주 시민들의 노력으로 여러 어려움들을 이겨내고 여기까지 왔구나.

희철아.

나는 60대 아저씨가 되어 머리 빠지고 푸석한 얼굴에 거동도 느릿해졌는데, 내 기억 속의 네 얼굴은 여전히 푸릇푸릇 젊구나. 언제라도 내 앞에 흰 고무신을 신고 불쑥 나타나서 "도민고 형, 밥 사줘!" 하며 빙그레 웃을 네 모습을 기다린지 40년이 넘었는데 이제야 제대로 만든 추모문집이 발간되는구나. 네가 나에게 보낸 편지에서 바랐던 대로 내가 살아왔는지, 희철이, 네 앞에 부끄럽지 않게 살아왔는지 자신할 수만은 없지만, 나는 지난 세월 동안 수많은 크고 작은 부조리와 몰상식과 대면할 때마다 너의 간절한 얼굴과 맹맹한 목소리를 떠올리면서 너에게 힘을 얻어왔던 것은 사실이다.

희철아, 고맙다. 2025년 11월 5일

추모사 ● 내 머리는 너를 잊은 지 오래

허두영 디오니시오 울툴릭 80

어떻게 알았을까? "너, 오늘 우리집에서 잘래?" 1982년 쌀쌀한 초봄이었을 것이다. 하숙집에서 쫓겨나 동쪽 집에서 자고 서쪽 집에서 끼니를 때우던(東家宿 西家食) 시절, 형이 불쑥 내 손을 잡았다.

불감청 고소원(不敢請 固所願)은 이럴 때 쓰는 말이다. 아침은 굶고 점심에 학교식당에서 200원짜리 라면(달걀 포함)을 먹으면 저녁이 궁하던 때였다. 어찌저찌 저녁은 때워도 추운 밤을 어디서 보낼지 멍하던 때였다.

깡마른 더벅머리 둘은 학생회관 411호 동아리방을 나와 얼렁뚱땅 저녁을 채우고 한참을 떠들다, 느지막이 빈둥거리는 마을버스를 타고 성남 단대동에 내려 가난한 오르막을 제법 걸어 올랐다. 살짝 땀이 날 즈음, 낮은 전깃줄에 띄엄띄엄 빛나는 노란 전구알이 으슬으슬 추워 보였다.

가파른 오르막을 반쯤 올랐을까? '구루마' 하나 간신히 지나갈 좁은 골목 삼거리에서 살짝 더 올라간, 왼쪽 작은 집에 반가운 등이 켜졌다. 어릴 때 숨바꼭질 하면서 꼭꼭 숨었을 법한 친구네 집 같다. 녹슨 대문을 여니 바로 코 앞에 방이 보였다. 다행인지 불행인지, 그 늦은 시간에 가족이 아무도 없었다.

젊은 '쐬주'의 힘일 것이다. 누가 봐도 과묵한 남자 둘이 뭐 그리 할 말이 많았을까? 시린 방에 요를 깔고 이불을 안고 앉아, '독재', '민주',

'신앙', '해방신학', '가톨릭학생운동' 같은 뜨거운 단어들을 밤새 주고받았다.

형은 글씨가 듬직하다. 붓글씨처럼 큼지막하게 한 자 한 자 정성 들여 쓴다. 동아리방에 굴러다니는 막글터에서 그 흔적을 찾기는 누워 떡먹기다. 자주 쓰지는 않지만 한 번 쓰면 한 바닥을 가득 채웠다. 밤새 떠들던 단어들이 막글터에 찐한 볼펜의 힘으로 꽉꽉 눌러 박혔다.

불편한, 때로는 불안한 단어들이 가끔씩 올라오는데, 정작 그 주인은 흔적만 휘리릭 갈기고 금방 사라졌다. 마주쳐야 생각을 물어보고 마음이라도 엿볼 텐데…. 글로 보는 '양극성장애'(조울증)라고나 할까? 조증(燥症)이 밀려오면 신앙 가득한 회개와 찬양을 잔뜩 늘어놓고, 울증(鬱症)이 쏟아지면 증오 섬뜩한 분노와 응징을 풀어놓는 식이다.

얼마나 힘들었을까? 또래보다 선명한 신앙과 뚜렷한 사회의식이 그 해맑은 영혼을 얼마나 갉아먹었을까? 나도 같은 '양극성장애자'였을까? 아니, 당시 서울대 가톨릭학생회(울톨릭) 전체가 영성과 실천 사이에서 심한 '양극성장애'를 앓지 않았던가! 2학기로 들어선 가을부터 갑자기 막글터에서 그 '거친 생각과 불안한 눈빛'이 보이지 않았다.

이듬해 여름, 나도 가슴 졸이며 군대로 '피신'했다. '짭새'가 군대까지 잡으러 올까 두려워하던 시절이다. 논산훈련소를 거쳐 의정부에 있는 작은 공병대에 배치된 지 몇 달이나 지났을까? 1984년 일병을 달고

Introitus

나서 믿기지 않는, 형 소식을 전해 들었다. 내무반에서 수없이 '설마'를 되뇌고, 행정반에 불려 갈 때마다 '혹시'를 두려워했다. 당시 시간과 공간이 차단된 군대라는 사회에서 자행되는 고문과 의문사의 비극이 곧 내게도 다가올 것 같아 몸서리쳤다.

내가 주인공인 다큐멘터리에서 형이 등장하는 장면은 여기서 필름이 끊겼다. 형의 비극이 나의 불안으로 증폭되면서, 애써 애써 형의 기억을 뿌리쳐야 했기 때문이다. 동아리방과 막글터와 녹슨 대문에 새겨진 형의 비명을 내 머리 속에서 지우고 싶었다. 그렇게 미루고 또 지우기를 40년…. '내 머리는 너를 잊은 지 오래, 내 발길도 너를 잊은 지 너무도 오래~'

'떨리는 손, 떨리는 가슴, 치 떨리는 노여움'으로 가득한 시절이 얼마나 지났을까? 어느 순간 '타는 목마름'마저 잊어버렸다. 문득, 한희철 추모문집을 출간하는 작업이 미루고 미룬 숙제처럼 내 앞에 다가왔다. 출간작업에 엮이고 싶지 않았다. 정말이지, 난, 40년도 더 지난 비명을 다시 듣고 싶지 않았다.

내키지 않아 흘깃 펼친 출판사의 기획안은 '광야에서 외치는 의로운 목소리'라는 제목 아래 '진혼곡' 형식으로 구성되어 있었다. '진혼곡'(Requiem)이라니? 슬프고 무거운 단어가 뜻밖에 매력적으로 다가왔다. 형의 진혼곡을 책으로 '작곡'하는 작업이다. 성당에서 부르고 연주하는 대로 수동적으로 듣지만 말고, 우리가 스스로 작곡하고 부르고 연주하면 안되나? 나중에 나의 진혼곡도 내가 미리 '작곡'해 둘까? 갑자기 형의 진혼곡 작곡(출판) 작업에서 빠지기 싫어졌다.

진혼곡(鎭魂曲)은 '죽은 사람의 영혼을 위로하는 미사 음악'이다. 그러고 보니 난 한번도 형의 영혼을 제대로 위로해 본 기억이 나지 않는다. '졸톨릭'(서울대 가톨릭학생회 졸업생 공동체) 행사에 끼어 틈틈이 기도하는 척했을 뿐이다. '위로'(慰勞)는 '따뜻한 말이나 행동으로 괴로움을 덜어주거나 슬픔을 달래주는 것'인데, 정작 난 한 번도 형을 위로해 준 적이 없다! 다른 사람에게서 나를 위로받고 싶은 마음이 훨씬 컸기 때문일 게다.

볼프강 모차르트의 진혼곡은 14곡으로 이뤄진다. 모차르트는 진혼곡을 작곡하다가 입당송(Introitus)과 자비송(Kyrie)에 이어 세 번째 곡 '진노의 날'(Dies Irae)에서 멈췄다. 건강이 심각하게 나빠졌기 때문이다. 병상에 누워 다른 작곡가의 도움으로 이어가던 작업은 여덟째 곡 '눈물의 날'(La Crimosa)에서 끝났다. 형에 대한 내 기억도 그렇다. '진노의 날'에 멈춰 치를 떨다가, 갑자기 '눈물의 날'로 끝나 버린 것이다.

모차르트의 진혼곡은 '눈물의 날' 다음에 제 3부 '봉헌송'(Offertorium)으로 이어진다. 제 1부에서 '불쌍히 여기소서'(Kyrie)를 되뇌던 형의 가엾은 영혼은 잘 '봉헌'되었을까? 불쌍한 영혼은 열셋째 곡 '하느님의 어린 양'(Agnus Dei)에 이어, 다른 영혼과 함께 '공유'하는 마지막 곡 '코뮤니오'(Communio)로 들어간다. 이제 우리도 '코뮤니오'를 향해 '봉헌'을 이어갈 때다.

모차르트가 기도했다. "죽음이 우리가 진정한 행복으로 가는 문을 여는 열쇠라는 것을 깨달을 수 있는 기회를 은혜롭게 허락해 주신 하느님께 감사드립니다."(I thank my god for graciously granting me the opportunity of learning that death is the key which unlocks the door to our true happiness).

한희철이 두 손을 모았다. "주님, 언제라도 세상을 구원하시기 위해서라면 불러 주십시오. 이것이 제 욕망에서 우러나온 것이 아니길 빕니다. 이제 죽음을 향하여 걸어 나갑니다.(1982.2.22.)" (본 책 130쪽) ▓

전합수 가브리엘 신부 울톨릭 81
수원교구 사제. 현 북여주 성당 주임신부

추모사 ● 그의 영혼을 위해 기도합니다

한희철 선배를 대학교에서 본 것은 약 1년 정도였고, 또 공부하는 그룹이 달라서, 가끔 울톨릭 전체 모임할 때 주로 만나 볼 수 있었는데. 내가 운동권 모임이나 행사에 적극 참여하면서, 울톨릭 선배 중에서 그래도 그 방향성이 맞아서, 희철 선배를 중요한 시위나 모임에 함께 따라가면서 대화를 많이 하게 되었던 것 같다.

희철 선배의 말 중에 기억이 나는 말은 '조금 천천히 가면 된다. 또는 조금 한 걸음 위에서 따라가면 된다. 너무 조급하게 생각하지 말아라'라는 말씀이었다. 학교 성적에, 또는 장학금을 받고 어떤 혜택을 받는 데, 또는 학교 졸업 후 취업을 하는 데 너무 안달하고 서두르지 말라는 뜻에 하신 말씀이었다. 한 학기 또는 한 학년 쉬고 천천히 따라가면 된다는 의미였고, 학생운동을 하면서 또는 사회 시국에 관련한 일들을 하면서 학교 공부 못할까 봐 걱정하는 후배들을 안심시키고 격려하는 뜻에서 하는 말이었던 것 같다. 실제로 희철 선배는 학내운동을 제대로 하기 위해서 휴학을 하기도 한 것으로 알고 있다.

나는 대학교 생활 일년 반을 마치고, 성적 관리를 제대로 못하여 어쩔 수 없이 학교생활을 정리하고 군대를 가게 되었는데 (1982년 11월) 이후에 희철 선배가 군에 입대를 한 것으로 보인다. 내가 군대 생활을 한참 하던 시기에 희철형의 사망 소식을 접하게 되었다(1983년 12월). 나는 그 소식을 듣고 어처구니 없고 너무나 안타깝게 느껴졌지만, 한희철 선배가 평소에 바라던 삶의 꽃을 피우지 못하고 먼저 세상을 떠났구나 하고 안타까운 마음을 가지고 그 영혼을 위해서 기도하는 것 밖에 더 할 수 있는 것이 없었다. 나도 또한 보이지 않는 감시를 받으면서 전방 철책 가까운 곳에서 포병으로 군대 생활을 하고 있었기 때문이었다.

이후 나는 군대에서 제 2의 인생을 도전할 요량으로 사제가 될 계획을 가지고 여러 절차를 밟아서 수원 가톨릭 대학에 응시를 했고, 기적과 같은 여러 도움에 힘입어 1985년 3월에 입학을 해서 수원교구 평택본당 소속 신학생으로 열심히 공부하고 사제 수업을 받았고 마침내 1992년 1월에 사제 서품을 받고, 수원교구 사제로 살게 되었다.

그러던 차에 1997년경에 울톨릭 동창인 이원영 요셉 형제로부터 희철 선배의 묘가 마석 모란공원에 모셔져 있고 매년 기일 행사를 하는에 올해(1997년 12월)에는 전신부가 와서 미사를 해주면 어떻겠느냐는 제안을 받았다. 나는 희철 선배 죽음 이후에 그 소식을 처음 듣는 것이었고, 꼭 가봐야 한다는 생각이 들어서, 당시 사목하고 있던 경기도 광주군 도척성당에서부터 마석 모란공원 묘역까지 처음으로 긴 거리를 차를 몰고 가서 희철 선배 묘역에 참배를 하고 거기서 추모행사에 오신 분들과 미사를 봉헌하게 되었다.

희철 선배 묘역에 가서 희철 선배의 부모님을 만나게 되었고, 부모님께서 수원교구 관할 지역인 성남 은행동에 살고 계셨기에 그때부터 설과 추석 전후로 꼭 찾아 뵙고 모시고 나와서 식사를 사 드리고 하곤 하였다. 아버님은 요셉이시고 아주 모범적인 천주교 신자이셨고, 천주교 교리에도 밝으신 분이었다. 어머니는 마리아였는데, 희철 형의 죽음을 겪고 나서, 약간의 정신적인 치매와 같은 병이 있었고, 그 와중에 따뜻한 손길을 느끼지 못했던 당시 '은행동 성당 공동체'를 떠나서, 아주 친절하고 따뜻하게 이야기를 잘 들어주고, 평생 소원인 개인 성경공부까지 시켜주는 '여호와의 증인 공동체'로 넘어가서 한 집안 두 신앙 형태의 삶을 살게 되었다.

두 분이 나이가 드시면서 정신력도 거의 고정이 되어 있어, 서로 포용하거나 이해를 하거나 하는 것을 기대할 수 없는 상황에 있어, 매일 다툼을 하며 사시는 모습이었는데 두 분을 모시고 외식을 할 때면, 두 분도 무척 좋아하시고 희철형 이야기와 여러 주변 이야기로 말씀을 많이 하시곤 하였다. 그러나 식사 말미에 가면 어머니가 꼭 '여호와의 증인에서 배운 성경 말씀을 인용해서 이렇게 하니 좋더라' 하고 말씀을 하시면, 아버님께서는 바로 역정을 내시고 꼭 다툼으로 결론이 나게 되는 난처한 상황이 반복되곤 하였다.

나는 생전에 어머님의 모습을 보고서, 그 안타까운 모습, 나를 보면, 생전의 아들을 본 듯이 반가와하고, 여호와의 증인에서 배운 성경 구절을 줄줄이 외우면서, 천국을 이야기하고, 천국에서 예수님과 함께 영원

   Introitus

히 살 것이며, 희철 형도 만날 것이라는 희망을 이야기하는 이 어머님을 누가 어떻게 단죄할 수 있을까 하는 생각을 하게 되었다. 그야말로 '누가 이 여인에게 (이단 종교로 넘어갔다고) 돌을 던질 수 있으랴'하는 말이 머리에 선명히 새겨지게 되었다.

나는 이 어머니의 아픔을 조금이라도 이해하게 되고 난 다음부터, 내가 비록 천주교 사제이고 신자들의 신앙을 가르치고 감독하는 사람이지만. 이 마리아 어머니에게 한번도 그 교회(여호아의 증인)가 잘못되었으니, 그만 다니고, 아버지 요셉님 말씀처럼 성당으로 돌아오라고 책망하거나 강요하는 말씀을 드리지 않았다. 그냥 가능한 어머니의 이야기를 들어주고, 어머니를 계속 책망하는 아버님을 오히려 달래고 말리는 역할을 하게 되었다. 그것이 그나마 그 아픈 어머니의 마음을 위로하고 조금이라도 이해하는 모습이라는 것을 알았기 때문이었다.

1997년 12월 모란공원 희철 선배 묘역에서 미사를 처음 봉헌한 후, 2024년에 이르기까지 한해도 거르지 않고 매년 묘지 참배와 함께 위령미사를 12월 또는 매년 1월에 봉헌해오고 있다. 이렇게 된 데에는 희철 선배 뿐 아니라 또 한 분의 서울대 민주화 운동 선배인 이범영 열사와의 인연도 큰 몫을 차지하게 되었다. 이범영 열사 가족과도 어떻게 하여 영적 가족관계를 형성하게 됨으로써, 매년 이 두 분 이범 열사와 한희철 열사를 추모하며 최소 한번 이상 마석 모란공원 묘원에 가서 위령미사를 봉헌하게 되었고, 지금까지 계속하고 있다.

매년 한희철 열사의 부모님, 그리고 같은 서울대 선배이며 민주화운동의 거두인 이범영 열사의 부모님 이 두 가정의 부모를 거의 내 양부모를 모시듯 약 20년을 살아왔다. 그러던 차에 2006년 한희철 선배의 민주화 유공자 인정과 함께 서울대 명예 졸업장을 수여받던 해에 아버님께서 아들 대신 그 졸업장을 수여받으시고 나서, 정말 거짓말처럼 바로 쓰러지시더니 얼마 안가서 돌아가시게 되었다(2006년 8월 18일). 나는 사제로서 보훈병원 장례식장에서 장례미사를 잘 해드리고, 아버님이 6.25 참전 군인(육군 대위)으로서 보훈대상자로 동작동 국립묘지에 모시게 되어 있었는데. 그 묘역 모시는 일까지 가족들과 함께 했다. 이후에는 어머니는 따로 살지 않으시고 서울에 딸네 집에 가서 같이 사심으로 자주 뵙지 못했는데, 2018년 4월에 돌아가셨다는 소식을 듣고, 그때에도 가서 빈소에서 장례미사를 해드릴 수 있었고, 적어도 두 분 다 예를 갖추어 천국에 보내드릴 수 있게 되었다. 부모님이 다 돌아가시니, 이제 그 누이들도 따로 볼 일이 거의 없었는데 지난 2013년 30주기 때와 지난 2023년 40주기에 다시 얼굴을 볼 수 있어 반가웠다.

하나밖에 없는 자식을 대한민국 민주화 운동 제단에 봉헌하시고, 아들의 명예회복을 위해 혼신의 힘을 다 쏟으시며 기도하였던 한 요셉 아버님. 그리고, 아들 예수를 십자가의 사형수로 잃어버린 성모 마리아님의 고통을 실제로 온몸으로 받아 견디시며, 그 고통 속에서 몸부림치다, 이단인 여호와의 증인 교회에 들어가서, 아이러니하게도 성경에 눈을 뜨고 성경을 줄줄이 외우면서 영원한 삶에 대한 희망을 가지고 천국에서 아들 희철 열사를 만나 볼 희망을 가지고 살으시던 김 마리아 어머니. 이제 천국에서 싸우지 않고, 희철 선배 만나 보고 서로 위로하고 격려하면서 잘 살고 계시지요.

결혼하지 않고 사는 사제인 덕분에, 희철 선배 대신해서 약 20여년 간 아버지 어머니 자주 뵙고 모시었던 전 가브리엘 신부가 아들 40주기를 맞이하여 인사를 올립니다. 아무쪼록 천국에서 아들 한희철 이름을 기억하며 그 훌륭한 정신을 본받고 살아가고 계승하고자 하는 이 땅의 많은 후배들과 의인들을 위해서 기억하고 기도해 주시기를 바라고 또한 부족한 사제인 전 가브리엘 신부도 기억해 주시기를 바랍니다.

죽은 한희철 열사와 돌아가신 한요셉과 김 마리아의 영혼과 대한민국의 민주주의와 인권회복과 평화통일을 위하여 노력하고 돌아가신 모든 이의 영혼이, 하느님의 자비로 평화의 안식을 누리게 하소서, 아멘.

참고로 한희철 선배의 부모님의 성함과 생몰일은 다음과 같다. (추모위 제공)

부친 한상훈 : 1928년 7월 2일 경기 안양 출생 . 2006년 8월 18일 서울에서 사망

모친 김인연 : 1931년 6월 21일 출생. 2018년 4월 21일 사망

* 두 분 모두 서울 동작동 국립 현충원 묘역에 안장되어 계시다

2024년 9월 16일

추모시 ● 죽은 밀알 하나의 소망
-한희철 귀리노 열사 42주기에 바친다

이은희 철도고 업무과 동창

사랑도 명예도 이름도 남김 없이
1983년 12월 11일
차디찬 전선의 겨울 새벽
친애하는 나의 친구 한희철,
그는 세 발의 총상을 가슴에 남긴 채
나의 곁을 떠났다.

혹독한 구타와 전기 고문을 견디며
두세 번의 자살도 실패하고,
이제 내일 다시 보안사로 가면
그리 오래 버티지 못할 나약한 육신…
저들이 확인하면 알게 될 것만 진술했다 해도
그로 인해 닥칠 동료, 선후배들의 뒤따를 고초,
흉포한 짐승 같은 보안사의 마수에 걸려들
'은밀히' 만났던 동지들의 수난에 대한 걱정
생각할수록 가슴 무너지는 후회와 자책.

불쑥 솟는 눈물 속에 어른거리는
사랑스런 나의 어머니, 그리고 아버지

해맑게 웃음 짓는 나의 누이, 앳된 세 여동생의 모습.

그러나 시린 칼날처럼 찔러오는

가슴 에이는 회한의 아픔,

캄캄하고 캄캄한 초겨울 깊은 밤 어둠 속

한 오라기 희망조차 보이지 않는 내일.

미안해, 친구들아! 다가올 검속에 대비해!

사랑하는 내 가족을 부탁한다.

가족에겐 한 마디 인사의 말도 없이

이렇게 몇 장의 편지를 써 전우에게 맡기고,

초겨울 신새벽 여명이 밝기도 전

그는 그렇게 우리의 곁을 떠났다.

나의 죽음을

제지된 예수의 발걸음으로 불러달라!

밀알 하나가 땅에 떨어져 죽음으로

많은 열매를 맺는 것은

자연의 이치이고,

하느님의 역사의 섭리이다.

그는 그렇게

땅에 떨어져 죽음으로 많은 열매를 맺는

밀알 하나의 소망을 품고

차가운 겨레의 동토에 자신을 닮은

민주주의와 경제정의, 민족통일의 일꾼들이

수많은 밀알처럼 넘쳐나는 부활을 꿈꾸며,

십자가에 달린 예수처럼

하느님께 모든 것을 맡기고

이 세상을 떠났다.

그가 떠나고 사개월 뒤 홍제동 성당에서,

일년 뒤엔 한국의 갈릴리 성남 수진동 성당에서,

이년이 지나고 삼년, 사년이 지나도

이름도 기억하기 힘든 무수히 많은 장소에서,

세월이 훌쩍 지나 그의 죽음 사십주기를 맞던

모란공원의 산중턱 북녘 향한 황량한 그의 무덤 앞에도

이젠 다가오는 사십이주기 그의 추도식을 맞아

추모 문집을 준비하는 출판사 편집 모임에도

이름 없는 수많은 밀알들이

그를 기억하고, 추모하며, 그가 꿈꾸던

사람이 사람을 사랑하는 하느님의 나라를 만들기 위해

모였고, 모이고 있으며

앞으로도 그에 대한 기억이 다하는 날까지

모이고 또 모일 것이다.

추모사 ● 고뇌하고 성찰하는 수도자형 운동가

장현일

민족민주열사희생자추모(기념)단체연대회의의장

2000년대 초반, 의문사 진상규명이 주된 과제 중 하나였던 추모연대 집행위원장으로서 활동하면서, 그 이전 어렴풋이 알던 한희철 열사에 관해 비로소 어느 정도 알게 되었습니다. 하지만 그 당시에는 민주화 운동으로 군에서 의문사를 당한 여러 열사분들 중 한 분으로, 특별히 깊은 인상을 느끼지는 못했던 것 같습니다.

그런데 금번에 열사의 오랜 친우이자 열사 추모사업을 늘 챙겨 오신 이은희 님의 추천사 부탁을 받고 추모문집을 읽게 되면서, 제가 느낀 생생한 공감과 감동을 많은 분과 공유하고 싶은 마음을 자연스럽게 느끼게 되었습니다.

그는 고인이 된 지 40년이 넘은 지금도 함께 했던 당시를 기억하는 가족들은 물론 선후배 동료들에게 여전히 진한 애틋함 건강한 부채감을 느끼게 하는 따뜻하고 선한 사람이었습니다.

그의 일기를 보면 그는 어렸을 때부터 다져온 신앙생활에서 익힌 하나님 사랑, 사람 사랑의 정신과 민주화 운동에 본격 헌신하면서 느낀 조국 사랑, 민중 사랑의 정신을 조화롭게 자기 삶에 녹여내기 위해 늘 고뇌하고 성찰하는 보기 드문 수도자형 운동가였습니다.

편지로 쓴 유서에서 보듯, 전혀 마음의 준비가 없는 상태에서 악랄한 보안사의 철저한 사전 조사와 고문이라는 덫에 걸려 피치 못하게 일부 활동 사실을 진술한 것을 한없이 자책하던 그의 올곧은 양심은 결국 사랑하는 동지들과 민주화 운동에 끼칠 추가 피해를 막기 위해 역사의 제단에 자신의 몸을 바치는 결정으로 이어진 것 같습니다.

사랑, 양심. 참 흔한 말처럼 들리지만, 가장 실천하기 어려운 말들이 이런 말들입니다.

이 말들을 말 그대로 실천한 분을 저는 오늘 다시 만나면서 제 오염된 몸과 마음을 겸허히 씻어 내리게 됩니다

또한 행복하고 보람 있는 인생을 살고자 그토록 소망했던 꽃다운 그 청년의 한 생을 접도록 한 파시즘 체제를 여전히 부활시키려는 세력을 반드시 역사에서 퇴장시켜야 하겠다는 결의를 다시 다지게 됩니다.

조국과 민중을 사랑하면서 보람 있는 삶을 살고자 하는 모든 분들, 특히 그 시대를 직접 경험하지 못한 후배 세대의 일독을 권하고자 합니다.

추모사 ● 예수의 삶을 따르고자 했던 동지

김형보
강제징집 녹화·선도공작 진상규명위원회 상임위원장

한희철 동지께서 패악 무도한 전두환 군사독재정권과 그 하수인인 보안사령부에 의해 돌아가신 지 벌써 42년이 지나고 있습니다. 이 시기 꼭 같은 이유로 돌아가신 정성희, 한희철, 이윤성, 김두황, 한영현, 김용권, 최우혁, 이진래, 최온순, 유동연, 이창돈, 박성은, 남현진, 송중호, 안기남, 노철승, 이이동, 이승삼, 임용준, 한승효 동지들의 사연과 얼굴이 떠오릅니다.

또 머리에 떠오릅니다. 우리 위원회와 민병래 작가가 공동 기획한 책, '파괴된 청춘' 머리글에는 박성중 동지와 권순형 동지에 관한 이야기가 나옵니다. 두 분 모두 국가의 불법 징집과 군 감금 기간 중 저질러진 보안사령부의 잔혹한 사상전향공작·프락치강요공작의 후유증으로 평생을 투병하다 돌아가신 분입니다.

1965년 한일회담반대투쟁에서 처음 시작된 불법 징집은 1981년, 반란과 내란 그리고 광주 민중 살육으로 정권을 탈취한 전두환이 학생운동세력을 대상으로, 대규모로 그리고 조직적으로 본격화하기 시작했습니다. 1981년 전두환의 지시를 받은 당시 국방부 장관 주영복은 1981.11.2. '소요관련대학생 특별 조치 방침'을 통해 당시 헌법 제37조와 당시 병역법 제20조(징병종결처분), 제22조(재학생의 징병검사 연기), 제28조(현역병의 입영) 등 관련 법률을 철저히 위반하여 대학생을 연행, 불법 지도(권고) 휴학 조치 등의 방법으로 사회에서 격리하여 전방 병영에 감금하는 불법행위를 저질렀습니다. 그리고 이 과정에 당시 내무부(치안본부), 문교부, 병무청, 각 대학 당국과 서로 역할을 분담하여 조직적으로 범죄를 저지른 것입니다.

1982.5.17. 전두환의 지시를 받은 보안사령관 박준병과 보안사령부 대공처장 최경조는 '좌경 의식화 불순분자 대상 대공 활동 지침'을 수립, 실행합니다. 저들이 '녹화공작'으로 명명한 이 더러운 공작의 실체는 배경조사(활동 조사), 사상전향공작 그리고 최종적으로 프락치활용공작을 저지르는 것이었습니다. 이들은 불법 징집·감금한 학생을 자신이 속한 사단 보안부대 또는 후암동 분실, 서빙고 대공분실, 과천 분실, 진양 분실 등으로 불법·강제 연행하여 구금하고 혹독한 고문과 가혹행위, 무자비한 집단폭행을 통해 학생운동 세력의 조직과 주요 인물 등 민감한 정보와 기타 학외 활동 내용까지 샅샅이 조사하여 이를 관련 공작의 주요 자료로 활용했습니다. 전두환 군사독재정권은 이에 머무르지 않고 반인권적인 사상전향을 강요했으며, 학교, 야학 등 자신의 활동 공간을 찾아가 정보를 수집하여 보고할 것을 강요했습니다. 이 과정에서 잔인한 고문과 가혹행위가 끝없이 자행되었습니다.

1982년 7월 22일, 정성희 동지가 5사단 36연대 초소에서 국가에 의해 정치적으로 살해당한 날, 필자는 30여 일간 보안사령부 후암동 분실과 서빙고 대공분실에 감금되어 고문과 가혹행위를 당하다가 구속되어 5사단 헌병대 미결 영창에 국가보안법 위반 사범으로 구속되어 있었습니다. 그날, 전두환 군사독재정권의 불법 징집과 더러운 공작에 의해 최초로 정성희 동지가 희생되었습니다. 바로 다음 해인 1983년 5월 4일 정성희 동지와 같은 5사단 27연대 소속이던 이윤성 동지가 의가사 제대 8일을 앞두고, 5사단 보안부대인 205보안부대 영내에서 국가에 의해 살해당하셨습니다. 이 사건 이후 불과 8개월 만에 또 동일한 5사단에서 한희철 동지가 죽임을 당하셨습니다.

이 모든 죽음의 원인과 배경은 동일합니다.

국가가 저지른 불법 징집과 감금, 보안사령부를 동원하여 저지른 불법연행·불법감금, 잔혹한 고문과 가혹행위, 무자비한 집단 폭행이 수반된 학생운동 등 활동 조사와 사상전향공작, 그리고 프락치강요공작.

국가가 국민을 죽인 것입니다.

먼저 가신 동지들을 보내고 간신히 살아남은 피해자들은, 이제 이 일의 진실을 철저히 밝히고 책임자와 불법행위를 실행한 자들의 책임을 규명하고 처벌하기 위한 활동을 이어 오고 있습니다.

- 희생당한 동지들에 관한 모든 진상의 규명과 책임자·실행자 처벌

- 피해자가 얼마나 되는지, 피해가 언제까지 지속되었는지, 전역 이후의 후유증과 가족의 2차 피해는 무엇인지 명명백백히 밝히고자 합니다.

- 이를 수행할 대통령 직속의(또는 법률에 기초한) 독립적인 진상조사기관을 설립하고자 합니다.

- 국가 최고 지도자의 공식 사과, 가해 부처 장관·청장의 합동 기자회견을 통한 공식 사과

- 인권유린 근절을 위한 강력한 징벌 조항 및 상시 민주·인권교육 조항 법제화, 국방부·방첩사령부 등 불법공작이 자행된 터에 상징물 설

치, 불법공작으로 인해 희생된 분들의 소속 사단 내에 추모비 설치 등과 같은 재발 방지 대책의 마련

　- 희생자와 피해자의 명예회복 조치, 국가의 배·보상, 생활 지원 제도의 수립

　- 희생자 유가족, 피해자, 피해자 가족 등에 대한 의료접근권 보장

'강제징집 녹화·선도공작 진상규명위원회'는 이를 지지하는 모든 시민사회, 국회 등과 함께 이러한 과제 실현을 위해 가칭 '강제징집·프락치강요공작' 진상규명과 피해회복을 위한 특별법' 제정 활동을 온 힘을 다하고자 합니다. 이것만이 한희철 동지를 비롯한 먼저 가신 동지들의 숭고한 뜻을 이어가는 올바른 길일 것입니다.

"하느님 나라는 민중의 꿈이 실현된 나라이다. 이 땅은 하느님 나라의 모델이 되어야 한다."라고 스스로 다짐하고 다짐했던 한희철 동지. "노동 사제가 되어 청년 예수의 삶을 따르고자" 했던 동지.

한희철 동지의 유가족과 동료들이 버티고 버텨서 여기까지 싸워오지 않았다면 이 모든 일이 가능하지 않았을 것입니다. 오랜 세월이 지나 동지의 추모집을 발간하기 위해 애쓰신 유가족과 한희철 추모사업회 동지 여러분의 헌신에 깊은 존경과 감사를 드립니다. ▨

추모사 ● 한 젊은 혁명가의 체취

장원택
서울대학교 민주동문회 회장

저는 한희철 귀리노 열사가 운명하셨을 때, 그해 9월 28일 시위로 구속되어 영등포 구치소에 있어서 소식을 듣지는 못했던 것으로 기억합니다. 출소 후, 열사의 죽음에 관한 내용을 듣기는 한 것 같은데, 평소에 알고 지낸 사이는 아니어서 이내 잊어버리고, 시위를 주도한 동업자들과 함께 공장에 취업하고, 해고 후 노동운동단체협의회, 전민련 등 사회운동을 하느라 열사에 대한 기억을 까맣게 잊고 지냈습니다. 그러던 중, 중학교 선배이신 김병곤 선배님 묘소가 열사의 묘소 근처에 있어서 열사에 대한 기억을 되살렸습니다. 하루는 김병곤 선배님의 추모식을 마치고 내려오는데 열사의 추모식을 하고 있는 사람들을 보고 추모식에 함께 참석 후 명함을 주고 왔던 기억이 있습니다. 그때는 추모식을 꽤 오래 진행해오기도 해서 그런지 소수의 인원만 참석했던 것으로 기억하는데, 추모문집을 읽으면서 매우 많은 분들이 열사를 기억하고 있고, 열사의 정신을 가슴에 품고 살아가고 있다는 사실에 미안한 마음도 들고 깊은 감동을 느꼈습니다.

이번 추모문집은 두 가지 면에서 읽을 가치가 있다고 생각하여 일독하기를 권합니다. 첫째는 열사 본인과 열사와 함께 삶을 살아온 동료들의 생동감 있는 자료들을 풍부하게 수록하여 한 시대의 난제들과 온몸으로 부딪히며 살아간 한 젊은 혁명가(사제)의 체취를 한껏 느낄 수 있다는 점입니다. 자신의 몸을 내던지며 치열하게 하루하루를 살아가

> **많은 분들이
> 열사의 정신을
> 가슴에 품고
> 살아가고
> 있다는 사실에
> 깊은 감동을
> 느낍니다**

면서도 가족에게 경제적으로 도움을 주지 못하는 사실을 안타까워하며 고뇌하는 모습을 보며, 군 입대를 앞둔 동생을 앉혀놓고, '나는 가정에 큰 도움이 안될테니 부모님 잘 모시라'는 말을 뻔뻔하게 내뱉던 나 자신의 모습도 떠올랐습니다. 저는 출소한 후, 복학하여 졸업을 하면 부모님의 기대가 커져서 노점상 하시는 어머니의 기대를 저버리고 운동을 계속할 수는 없을 것 같아서 복학을 하지 않고 진학사에 취직을 해서 서울로 왔습니다. 그때, 어머니께서 엄중한 시대적 상황이라 위험하다고 느끼시며 돈 안 벌어도 되고 졸업도 안 해도 되니 서울 가지 말고 엄마와 같이 장사하며 부산에서 살자고 하소연하셨던 기억을 떠올리니 열사의 고뇌가 얼마나 컸을지 짐작이 되기도 했습니다. 파김치가 되어 집에 돌아온 상황에서도 일기를 써가며 자신을 채찍질하고, 해결 불가능한 모든 문제를 안고 가려고 하는 모습에서는 안타까운 감정을 느끼기도 했습니다.

두 번째는 제노사이드에 버금가는 국가폭력인 강제징집·녹화·선도·프락치공작과 그 과정에서 죽임을 당한 의문사에 대한 실체를 마주하고, 진상규명과 책임자처벌, 재발 방지까지 나아가기 위한 대책을 강구하기 위해서입니다. 저는 매우 운이 좋은 사람이라 생각하고 그 때문에 항상 부채감을 느끼며 살아가고 있습니다. 1983년 자연대 80학번만 6명이 강제징집으로 입대한 것으로 기억하는데, 4학년 때, 친구들이 휴가 나와서, 불안한 눈빛으로 귀대하면서 보안대에 가서 하루 자면서 보고하고 귀대해야 한다는 말을 들었을 때, 얼마나 힘들까 하는 생각을 했었고, 그때의 공포가 얼마나 컸던지, 지금도 강제징집 당하지 않고 살아남아 감옥에 갈 수 있게 된 것을 다행으로 생각하고 살아가고 있습니다. 이후에 의문사 소식을 접하면서는 더욱더 미안한 마음이 강해졌고, 지금도 강녹진 명예회원이라 주장하며 회의에 나가기도 하고 일인시위나 기자회견에 나간 적도 있습니다. 열사의 추모문집을 읽으면서, 같은 시대를 살았지만 의문사나 고문 후유증으로 인한 병마로 세상을 떠났거나 여러 가지 어려움을 겪고 있는 분들을 한 분이라도 더 기억하고, 이분들께 진 빚을 갚으며 살아가야겠다고 다짐해 봅니다. 저는 전국민족민주운동연합에서 활동하던 때에 결혼하여 처음으로 주소지를 부산 본가에서 서울 신혼집으로 이전하였는데, 두 번이나 패물 등 물건은 그대로 있는데 집안만 난장판이 된 사건이 두 번 있었습니다. 아내는 그 일이 있은 후 집에 들어오면 집안의 모든 불을 켜는 습관이 생겼습니다. 그 시절의 국가폭력에 대한 공포가 얼마나 강렬했던지, 저 또한 얼마 전까지만 해도 수시로 쫓기다가 절벽에서 추락하는 꿈을 꾸곤 했었습니다.

강제징집·녹화공작은 내란으로 찬탈한 권력을 유지하기 위해 박정희 정권에서 시작되었고, 역시 정상적인 방법으로는 권력을 잡을 수 없었던 전두환이 내란으로 권력을 찬탈한 후, 권력을 공고화하기 위해 본격적으로 벌인 국가범죄였으며 또 다른 내란의 준비과정이었다고 생각합니다. 이 부분에 대해서는, 강제징집 녹화사업과정에서 희생된 정성희, 이윤성, 김두황, 한영현, 한희철, 김용권, 최우혁 등 7명의 짧은 생과 잊을 수 없는 죽음을 다룬, 민병래 작가의 『파괴된 청춘』을 함께 읽어보기를 추천합니다.

산 자가 죽을 자를 살리는 기적을 목도하고 있는 요즈음 열사의 추모문집이 출간되는 것을 기쁘게 생각합니다. 한희철 열사를 비롯한 수많은 열사들의 희생과 열사들의 뜻을 마음속에 간직하고 치열하게 살아온 우리들의 힘으로 내란을 진압하고 진일보한 사회를 건설해 나가는 시점에 열사는 우리들의 가슴속에 부활하고 있다는 느낌입니다. 이러한 에너지들을 모아 우선 진실·화해를 위한 과거사정리위원회를 새롭게 출범시키고 국가폭력의 진상을 규명하고, 책임자를 처벌하여 재발방지를 위한 토대를 만들고, 입법으로까지 진전되기를 소망합니다.

추모사 ● 한희철 형에게
신군부 녹화사업 첫 희생자, 한희철 열사를 추모하며

김슬옹
세종국어문화원 원장/한국외국어대 교육대학원 객원교수, 철도고구내과11기

형이 끔찍이도 아껴주던 철도고 1년 후배 김슬옹이에요. 42년이 흘렀습니다. 1983년 12월 11일 새벽, 형이 우리 곁을 떠났으니 말입니다. 그때 형은 스물 셋, 가장 빛나야 할 청춘이었습니다.

1979년 4월 그날이 아직도 선합니다. 꽃샘추위가 채 가시지 않은 철도고등학교 낡은 교실에서, 작달막한 체구의 형이 우리 앞에 섰습니다. 6.25 참전 용사로 두 다리를 못 쓰시는 아버지를 모시고, 하루 두세 시간만 자면서 공부해서 서울대 기계공학과에 합격한 이야기를 들려주었지요.

사실 실업계 특목고 철도고등학교에서 실업계 동계 진학이 아닌 일반 진학으로 서울대에 합격한 것은 누가 봐도 기적이었습니다. 우리반 50명은 기적을 일군 선배님 말씀에 모두 귀를 쫑긋했지요. 형의 말 한마디 한마디가 우리에게는 빛이었습니다. 가난과 불우함 속에서도 꿈을 포기하지 말라는 형의 격려가 제가 연세대에 진학할 수 있었던 힘이 되었습니다. 특히 외솔 최현배 선생님의 뜻을 잇겠다던 저를 형은 각별히 응원해 주셨습니다. "너는 반드시 해낼 수 있어." 그 말이 제 평생의 버팀목이 되었습니다.

그런데 형, 1982년 제가 짧은 철도공무원 생활을 거쳐 간신히 연세대학교 국어국문학과에 들어간 뒤 형의 소식이 끊겼고, 1983년 겨울 그 충격적인 비보를 나중에서야 들었을 때 저는 믿을 수가 없었습니다. 군

사정권의 '녹화사업'이라는 것에 희생되었다는 말을 도무지 이해할 수 없었습니다.

이제야 알게 되었습니다. 형이 1983년 12월 8일, 보안사로 끌려가 80센티미터 곤봉으로 무자비하게 맞았다는 것을. 영문도 모른 채 고문을 당하고, 동료들을 밀고하라는 강요를 받았다는 것을. 그러나 형은 끝까지 거부했습니다. '확인하면 다 나타날 부분'만 진술하겠다며 동료들을 지켰습니다.

12월 10일 밤, 형은 마지막 편지를 썼습니다. 그리고 11일 새벽, 스스로 경계근무를 자원한 뒤, 유서를 남기고 총을 들었습니다. 프락치가 되느니 차라리 죽음을 택한 것입니다.

형, 형이 그토록 애써 이룬 서울대 합격도, 그 빛나는 미래도 모두 내려놓고 지키고자 한 것이 무엇이었습니까? 동료들이었고, 양심이었고, 인간의 존엄이었습니다. 형은 자신을 배신하느니 목숨을 내놓았습니다.

군사정권은 형의 죽음을 은폐했습니다. 형이 보안사에서 조사받은 사실조차 감추려 했습니다. 그러나 형이 남긴 편지와 유서가 진실을 증언하고 있습니다.

형, 이제 저는 알았습니다. 형이 1979년 그 교실에서 우리에게 들려준 이야기가 단순히 공부 잘하는 비법이 아니었다는 것을. 형은 우리에게 어떤 어려움 속에서도 포기하지 않는 삶, 정직하게 사는 삶, 동료를 배신하지 않는 삶을 몸소 보여주셨습니다.

저는 지난 48년간 한글 운동과 우리말글 연구의 길을 걸어왔습니다. 때로 힘들 때마다 형의 그 따뜻한 격려가 떠올랐습니다. 형이 보여준 그 삶이 제게 버팀목이 되었습니다.

형, 이제는 형을 제대로 기억하고 추모해야 할 때입니다. 신군부 녹화사업의 첫 희생자, 양심을 지킨 청년, 동료를 배신하지 않은 선배, 스물셋의 나이로 모든 것을 내려놓은 한희철 열사. 형의 이름을 역사에 제대로 새겨야 합니다.

형이 그토록 아끼던 후배로서, 이제 60대 중반이 된 제가 형을 기억하고 증언합니다. 형의 희생이 헛되지 않도록, 형이 지키고자 한 가치들이 이 땅에 제대로 뿌리내릴 수 있도록 끝까지 힘쓰겠습니다.

형, 부디 편히 쉬소서.

2025년 11월, 철도고등학교 1년 후배(구내과 11기) 김슬옹 올림

감사의 글 ● 희철이를 기억해 주시는 모든 분께
'추모문집 발간'에 부쳐

한영희 한희철 귀리노 열사의 누님

제 동생 희철이가 하늘나라로 떠난 지 어느덧 42년이 넘어갑니다. 그 긴 세월이 흘렀음에도 여전히 희철이의 삶과 죽음을 기억해 주시는 희철이의 친구, 동료 분들께 항상 감사하는 마음으로 살아왔는데 이렇게 희철이가 남긴 글과 희철이를 기억하고 추모하는 여러분의 글들을 모아 희철이의 '추모문집'을 발간한다고 하니 더욱 감사한 마음을 금할 수 없습니다.

42년 전 희철이가 사망했을 때, 저는 당시 만삭의 몸이라 부모님이 그 소식을 알려주지 않았습니다. 그리고 한 달이 지나 부모님께 갓난 아이를 보여드리러 친정 집을 방문했다가 동생이 사망했다는 사실을 처음으로 알게 되었을 때, 큰 충격을 받았습니다. 하늘이 무너지는 듯했고 주체할 수 없는 깊은 슬픔과 절망감이 몰려왔고, 그 슬픔은 지금도 가슴 속 깊이 남아 이따금 다시 살아나는 트라우마로 자리 잡았습니다.

그리고 지난 세월을 되돌아보면, 저를 정말 힘들게 했던 것은 동생의 죽음 그 자체보다 주변의 차가운 시선이었습니다. "희철이가 우리 국가에 대한 불순한 생각을 가지고 무언가 잘못된 행동을 한 것 아니냐? 그런 큰 잘못을 했으니 그런 불행한 일을 당한 것이다." 이런 말들은 마치 날카로운 칼날처럼 가슴을 찔렀고, 제 마음조차 이런 생각에 물들어 차가워지기도 했습니다. 진상 규명을 위한 모임이나 집회를 나갈 때에도 "왜 그런 곳을 쫓아다니며 옥신각신하느냐"며 나무라던 주변의 차가운 시선들이 저의 상처를 더욱 아프게 하기도 했습니다.

그런 가운데에도 40 여년 동안 우리 가족에게 희철이의 삶과 죽음에 관한 이야기를 들려 주고 위로와 마음의 지지를 해 준 희철의 친구들과 선후배들 덕분에, 그리고 희철이가 남긴 글들과 동료 선후배들이 희철의 생전의 삶과 의문의 죽음에 관해 만든 자료들을 읽으며 희철이를 조금씩 이해하게 되었고 힘든 이 세상을 살아나갈 힘과 용기도 얻었습니다.

특히 최근에는 3, 4년전 나라기록원에서 돌려 받은 42년전 희철이 쓴 일기와 글들을 읽으며, 스무살 시절의 나이 어린 희철이가 우리 가난한 가정을 지키기 위해 얼마나 마음을 썼고, 나아가 우리 사회에 민주주의와 정의를 실현하기 위해 그렇게 깊은 생각과 사상을 발전시켰고, 얼마나 헌신적으로 그 사상을 실천했는지 깨닫게 되었습니다.

추모문집에 들어갈 새로 쓴 원고들을 접하면서는 희철이가 얼마나 생각이 깊고 자랑스러운 동생이었는지 다시금 느꼈습니다. 40여 년 전 희철이와 함께 철로 위를 함께 걸으며 서로의 고민을 털어 놓곤 했다는 고교 친구 양신모의 추모글을 읽으며 가난하게 살던 이 두 친구들의 깊은 우정에 가슴이 뭉클했고, 어떤 "어려움 속에서도 포기하지 않는 삶, 정직하게 사는 삶, 동료를 배신하지 않는 삶"의 모범을 후배들에게 보여 준 희철이가 외솔 선생의 뜻을 받들어 한글 운동과 우리말글 연구의 길을 걷는데 큰 힘이 되었다는 국어학자 김슬옹 철도고 후배의 글은 가슴 따뜻해지는 감동을 주었습니다.

이렇게 저의 삶에 힘과 용기, 희망을 준 기존의 글들에 더하여 희철의 많은 친구와 선후배들이 새로 글을 써서 희철이의 '추모문집'을 만든다고 하니 너무나 감사하고, 의미있는 일이라 생각합니다. 23살의 짧은

          Introitus

삶을 살다 간 희철이가 그렇게 사려깊고 깊은 사상을 가졌다는 것, 그 사상을 진실한 사랑의 마음으로 실천하여 예수님을 닮은 삶을 살았다는 것을 우리 가족과 친지들, 그 밖에 많은 사람들과 함께 공유할 수 있게 될 것을 생각하니 참으로 감격스럽습니다.

더불어 이 문집을 통해 '한희철 군의문사 사건'에 대한 최근의 진상 규명의 성과를 나눌 수 있다는 것도 의미가 있다고 생각합니다. 지난 40여년 우리 가족은 진상규명 운동과 집회에 참여하면서 희철이가 군 복무 중에 보안사의 불법 공작과 가혹한 고문, 그리고 프락치 강요라는 감당하기 힘든 압박을 받은 후에 의문의 죽음을 당했다는 것을 알게 되었습니다. 그리고 2024년 12월 3일 진실화해위원회는 희철이의 군의문사 사건을 '국가 공권력에 의한 사망'으로 공식 결정하였습니다. 우리 가족 모두에게 작지만 소중한 위안을 주었고, 이는 희철이를 기억하고 추모하며 진상규명에 함께 참여한 모든 분들의 성원의 결과라고 생각합니다.

희철이는 불의한 권력으로부터 국민을 지키는 진정한 힘은 '서로를 내 몸처럼 사랑하는 마음'이라 했습니다. 희철의 이 마음을 되새기며, 저도 남은 생을 희철이가 꿈꿨던 '하나님의 공의가 실현되는 나라'를 만드는 데 작으나마 힘을 보태겠다고 굳게 다짐해 봅니다.

그리고 42년이라는 긴 세월 동안 희철이를 잊지 않고 추모의 길을 함께 걸어와 주신 모든 분께 다시 한번 머리 숙여 깊은 감사를 드립니다.

희철아, 이제는 무거운 짐 내려놓고 하늘에서 편히 잠들렴. 너를 사랑하는 사람들이 영원히 너를 기억하며 네가 못다 이룬 꿈을 이어갈 거야.

Kyrie

자비송

*Kyrie
eleison. Christe
eleison. Kyrie
eleison.*

주여, 자비를 베푸소서.
그리스도여, 자비를 베푸소서.
주여, 자비를 베푸소서.

유서1● 성남 YMCA 총무님께

고 한희철 친필 유서

* 이 편지의 루트가 알려지면 많은 사람이 다칩니다. 읽으신 후 소각해야만 할 편지입니다. 저의 부탁만을 가능한 한 빠른 시일 내에 들어 주시고, 저에 대한 소식이 공공연해질 때 (김수환) 추기경 님을 만나 주십시오.

저 하나의 실수로 인해 수많은 친구, 선배, 후배 들이 앞으로 겪게 될 고통을 생각하니 너무도 죄송하기 이를 데 없습니다.

전 얼마 전 국군보안사령부에 끌려가게 되었습니다. 무슨 일인지 알았다면 진작 이러한 결단을 내려야 했다만, 전혀 무슨 일 때문인지 영문도 모르고 갔고 또 제가 그간 해 온 운동이라는 것도 특별히 현실적인 행동을 한 사건이 하나도 없었기 때문에 내가 그간 운동을 열심히 해 왔다는 사실을 저들이 잘 알리 만무하다는 생각만 하며 가게 되었습니다. 점점 비밀스러운 곳으로만 절 끌고 가는 것을 느끼면서도 전 도무지 감을 잡을 수 없었습니다. 고문을 당하면서 저들이 가르쳐 주는 힌트에 저는 저 개인적으로 김무현이란 친구를 도와 주려고 전봉일 베드로라는 친구에게 그가 근무하는 상대원2동 사무소에서 주민등록증 용지 3, 4장 훔쳐 달라는 편지 쪽지를 써서 김무현에게 준 사실 때문이라는 사실을 알았고, 보안사에서 이미 그것뿐 아니라 제가 성남시 대학생연합회, J.O.C., YMCA 등에서 활동을 한 사실도 알고 있었습니다. 전 모든 것을 실토하겠다고 했으며 저 자신도 일단의 고통에서 벗어나고 싶었습

성남 YMCA 총무 님께

▶ 이편지는 한희철씨가 성남YMCA의 부탁없으로 보내 편지내용에 ...

이 편지의 수독가 알려지면 ...런 ...
다칩니다. 읽으신 후 소각해야만 할 편지입니다
적의 부주반을 가능한한 많은 사람에게 돌려 주시고
편지내용에 대한 소설을 ... 절대 ... 해주세요.

저 하나의 실수로 인해 수많은 친구, 선배, 후배
들이 앞으로 겪게될 고통을 생각하니 너무도
죄송하기 이를 데 없습니다.

전 일마전 육군 보안 사령부에 끌려가게 되었에며
무슨 일인지 열았다면 진작 이러한 결단을
내려야 했다만, 전혀 무슨일 때문인지 영문도
모르고 갔고 또 제가 그간 해온 운동이라는
것도 특별히 현실적인 행동을 한 사건이
하나도 없었기 때문에 내가 그간 운동을
열심히 해왔다는 사실을 저들이 잘 알리
만무하다는 생각만 하며 가게 되었읍니다.
점점 비밀스러운 곳으로만 절 끌고 가는
것을 느끼면서도 전도무지 감을 잡을 수
없었읍니다. 고문을 당하면서 저들이 가르쳐
주는 힌트에 저는 저 개인적으로 김무현이란
친구를 도와 주려고 전봉일(베드로) 라는 친구에게
그가 근무하는 상대원 2동사무소에서 주민등록증용지
3.4장 훔쳐 달라는 편지 쪽지를 써서 김무현에게
준 사실 때문이라는 사실을 알았고. 보안사에서
니며 그것뿐 이니라 제가 성남시 대학생연합회

친필 유서

니다. 김무현과의 관계와 그간 활동한 것을 간략히 얘기하고 전 대학 1학년부터 지금까지의 활동사항을 진술하라는 얘기를 받고 취조실에서 펜과 수백 장의 용지 앞에 마주 앉았습니다. 아무도 없었습니다. 전 이제 돌이킬 수 없는 범행을 저질렀고, 이곳은 꼼짝할 수 없는 곳이었고, 부모님과 동생들이 떠올랐습니다. 죽느냐 사느냐의 갈림길에 놓여 있었고, 보안사령부의 수사가 얼마나 치밀한 것인가를 알고 있었기 때문에 일단 살아 나가려면 진술을 해야 하고, 진술을 하다 보면 연이은 취조에 사정없이 사건은 커질 거고 난감했습니다.

전 죽을 방법을 찾았습니다. 제게 주어진 시간은 단 몇 분이었습니다. 전 혀를 물고 죽기로 하고 혀를 혼신을 다해 물었으나 끊어지지 않았습니다. 이상했습니다. 또 다시 해 봐도 되지 않았습니다. 전 다른 방법을 찾았습니다. 천장의 형광등이 유리로 장식해 놓은 것이었습니다. 유리판으로 목을 따려고 책상을 딛고 올라갔습니다. 들키지 않게 하려고 별 주의를 다해 사각 유리판을 꺼내려 하는데 나사를 한 개 간신히 뽑았는데도 유리판은 소리 없이 빠지지 않았습니다.

전 죽기가 이렇게도 힘든 것인가. 처음 깨달았습니다. 이제 과제는 이곳에서 소리 없이 죽느니 살아 나가기로 결심했습니다. 곧 진술서에 펜을 들기 시작했고, 저들도 나의 거동을 눈치 채지 못하였습니다. 전 어쩔 수 없이 확인하면 다 나타날 부분을 전 진술하기 시작했습니다. 짧은 생각에서 멋대로 저지른 주민등록증 사건 하나가 이토록 큰 일을 만들 줄 너무도 제 자신이 우둔함을 탓하며 말입니다.

그리고 저 자신의 신앙적 출발점을 강조하며 썼습니다. 며칠간에 수정 받고 받으며 40장에 걸친 진술서를 쓰게 되었고, 반성문과 서약서까지 5일째 완성되었습니다. 아마 그들의 믿음을 충분히 얻어냈습니다. 저 자신도 완전히 남은 여생을 가족들의 생계를 위해서만 작은 생활상의 신앙을 전하기만 하며 살 각오를 했습니다. 전 제 자신의 신앙과 민주주의에 대한 신념을 강조하고 지금의 운동의 흐름도 비판을 하며 말입니다. 사실 제 자신이 염려하던 바도 운동의 흐름이 진정 분단 한국에 맞고 남북한 전쟁을 초래치 않는 방법을 모색해 왔으며, 편협화, 획일화, 소수에 의해 다수가 어거지로 끌려가는 듯한 풋내기 좌경 학생들의 모습을 보았을 때면 안타까움도 가졌었습니다.

하여튼 시간이 없으니 제가 진술한 부분을 말씀드리겠습니다. 제가 운동에 관계하게 된 첫 계기는 10. 26 이후 민주화운동의 흐름 속에서 함세웅 신부의 '젊은 예수'라는 강연과 가톨릭학생회가 했던 김재규 구명운동, 그리고 당시 써클룸에서 주운 경영학과 도서목록을 참고로 본 『민중과 지식인』 및 몇몇 책이 계기가 되었고, 5. 17 이후에는 성남 우리 집에서 윤창근, 이수열, 한희철, 손기영, 김준서 등이 모여서 『역사란 무엇인가』 『자유로부터의 도피』 『우상과 이성』 『자유론』 『전환시대의 논리』 등을 공부하였고, YMCA는 80년 겨울 성남 Y회원 모집운동 소식에 수열, 나, 기영이가 들어가게 되었고, 좋은 청년들 많이 만나 세미나를 통한 의식화를 목표로 하였으나 청년들이 모두 직장 청년들이어서 세미나는 수열이, 나, 기영이가 『근대 민족운동사』 『노동의 역사』 『한국 경제의 전개 과정』을 해 보려 하였으나 제대로 하지도 못하다가 성대연으로 방향 전환을 했다가 4학년 1학기 쯤에는 성대연 활동도 못하고, YMCA 시연맹 청년들과 틈나는 대로 만나다가 6월 7월 경에 세 명이서 샘터 교양교실이라는 것을 1주일 두 번 수업 정도로 실시했는데 기영이는 학교 졸업 준비로 바쁘고, 수열이도 돈 번다고 바쁘고, 나도 철도청 취직으로, 또 학생들도(교양교실 근로자) 두세 명 모이기도 힘들어 유야무야됐다. 국어, 영어, 한문을 중학 기초 정도 가르쳤다. 그 외에 Y에서 대학생들 모임이나 청년들 간의 세미나는 없었다. 내가 군에 간 뒤로 Y에서의 활동은 잘 모른다. Y에 가서 인사 정도밖에 한 게 없다. 이성구란 친구는 성대연에서 자주 본 친구이고 Y에도 가끔 왔다. 김무현이란 친구는 이 친구를 안다고 Y에 들렀다가 한 번 나를 만나게 되었다. 그 후 이번 휴가 때 Y에서 두 번째 보게 되어 개인적으로 술을 마셨다.

그 외에는 내가 개인적으로 수진동 본당 JOC를 통해 상대원 본당 김명희, 권해숙, 김선희 등을 보게 됐고, 그 이상의 만남은 없다. 전봉일 베드로도 수진동 본당 친구들의 한 사람이고, 운동에 대해서는 JOC 회합을 통해 좀 들은 풍월밖에 없다. 나와 특별히 세미나 한 것은 없다.

그 외에 나의 활동은 서울대 가톨릭학생회에서 1, 2, 3학년 전체적으로 하는 기초(의식화) 세미나를 개최하고 주도한 것, 성남시 대학생연합회에서도 마찬가지. 특별히 좌익 경제학 서적 탐독까지 한 것은 없다. 가톨릭학생회니 성남시 대학생연합회니 YMCA니 주민교회니 등에서 내가 특별히 개인적으로 깊게 만난 관계에 대해선 얘기한 바 없음. 특히 대학 4학년 1학기 이후 (휴학, 취업, 입대) 중에 이루어졌던 만남은 전혀 얘기된 바 없으니 전달 바람. (제게 촌각의 시간밖에 없습니다.)

이번 휴가 중 한번 서울대 가톨릭학생회 축제 때문에 가서 회원들과 인사한 사실은 얘기되었고 회장단 중심으로 항상 모든 책임과 구심

Kyrie

점이 이루어지게 했음. 전달 바람.

취조의 바람이 곧 불어 닥칠 지도 모름.

이 외 '작년 7월 이후 나와 개인적인 만남을 가진 사람들은 작년 7월 이후 나를 만난 적이 없는 것으로 하는 것'이 바람직함. 저와 깊은 만남을 가졌던 사람들이 YMCA나 가톨릭학생회나 성당 등의 행사를 통해 막연히 모일 기회가 주어진다면 나의 이 뜻이 전달되기 바랍니다. 그렇지 못할 때 우리나라의 민주화 운동과 교회의 발전에 커다란 장애가 될까 염려가 됩니다. 세계와 우리나라가 전쟁의 위협과 유물론적 공산주의의 지배에서 벗어나려면 민주주의에 대한 신념과 교회의 신앙을 좀 더 철저히 지켜야 할 것이며 성직자들과 30대 젊은 학자들의 책임 또한 현 학생운동층들의 책임 또한 막중하다고 봅니다. 민족과 민중(개념이 아니라 형제는 실체)의 종으로서의 자세를 견지하십시오.

끝으로 나의 이 걸음, 예수 그리스도의 제지된 걸음으로 불러 주십시오. 하느님의 사랑받는 자녀의 도리로서 불러 주십시오. 그동안 저의 삶은 하느님을 통해 얻은 삶이며 이제 제 육신을 통해 할 수 있는 주님 사업이 더 이상 없는 것이며 폐만 끼칠 것 같아 하느님께 용서를 빌며 스스로 목숨을 끊습니다. 결코 저 개인이 이름 불려지지 않게 하여 주세요. 모든 것이 하느님과 예수 그리스도의 이름에 영광과 권위를 더하는 데 쓰여지기를 빕니다.

하느님과 민주주의가 우리 한민족을 유일한 권위로 지배하는 날이 오길 빕니다. 하느님과 민중의 마음만이 모든 악과 구조악을 이 땅에서 몰아낼 수 있는 힘입니다. 하느님을 믿는 국민, 양심을 지키며 사는 국민들의 축적된 힘으로 오는 이 땅의 민주주의와 통일을 기다리겠습니다.

내가 사랑하였던 사람들에게 하늘이 주는 평화가 영원하기를 기도

드립니다. 그간 저의 비밀스러운 활동들로 인하여 공산주의자로 몰릴 위험은 여러분들 스스로가 지켜 주실 줄 압니다.

유물론의 역사와 하느님의 역사가 어떻게 다른가 공부하십시오. 안녕히 계십시오. 하느님의 사랑과 평화속에서 언제나 만납시다.

저를 낳아주시고 길러주신 제 육신의 부모님께 저 대신의 효도를 부탁드립니다.

나 때문에 고통 중에 지내게 될 친우들께 너무도 죄송합니다. 당시 저의 맘을 전 이 편지 속에 밝혔습니다. 형제들과 이렇게 인사말이라도 하고 죽을 수 있게 된 것 하느님께 감사드립니다.

메모 ● 전봉일 베드로에게

* 정기휴가 중 한희철이 도피중인 외대생 신재근에게 써 준, 성당 친구인 상대원동회 방위병 전봉일 베드로를 찾아가 보여주고 주민증 신청서를 구해달라 부탁하라는 내용의 메모 형식 편지이다.

베드로 보아라!

휴가를 나와서도 가톨릭학생회 일로 쫓아다니고 의가사 제대 문제로 서류하러 쫓아 다니다 보니 보름이 벌써 다 갔다. 오늘 널 만나러 동회 왔더니 없어서 그냥 부대로 간다.

중요한 일이 있다.

네가 극비밀리에 해 낼 수 있는 일이라 생각되는데 요새 주민등록증 갱신 발급으로 나라가 온통 바쁜데 우리 후배들 중에서 데모하고 도망다니는 놈, 광주사태 때 도망간 놈, 그 후 노동운동하다가 도망간 놈들을 잡아내려고 하는 작업이다.

이 때문에 지금 우리 운동권에 타격이 심하다. 주민등록증을 소지하지 못한 우리 동지들한테 몇 장 마련해 주려 한다. 이 일은 자칫 잘못하면 적색분자로 몰릴 위험이 있으니 조심해서 하고, 완벽하게 할 수 없으면 하질 마라. 너만 알고 있어야 한다. 용지 3~4장만 마련해라.

내가 한두 달 안으로 제대하게 될 것 같으니 그때 그것에 사진도 붙이고 해서 만들어 보자.

지금 이 쪽지 건네주는 친구는 나와 함께 계속 운동할 친구이고 나를 대하듯이 대해 주기 바란다.

음악 훈련 계속 열심히 해다오. 성실히 살자, 주님 앞에.

한 희 철 귀리노

▶ 아래의 글은 한희철의 사망 직전 경계근무를 같이 서던 임00이병에게 건네 준 유서 원문을 타이핑한 것입니다(임00 증언). 한희철 사망 직후 연락을 받은 부친이 방문했을 때 군(軍)은 유서 끝에 '전두환 보안사령관 귀하'라고 쓰여진 부분을 보여주지 않고 타이핑하여 한희철의 아버님께 전해 주었습니다.

여러분께 인사를 드리고 죽을 수 있게 되어 정말 기쁩니다. 그간 저에게 사랑을 베풀어 주셨던 주위의 모든 분들께 이 땅의 민주주의가 차마 오기도 전에 먼저 가게 되어 죄송합니다. 수없이도 삶에 대한 미련이 많은지 몇 장을 새로 써도 드릴 말씀이 적당치 않군요. 이 땅에 사랑의 가르침을 조금 더 가르치고 가고도 싶습니다.

그간 제가 은혜를 입은 부모님을 비롯 여러 형제 친지들, 그리고 그간 함께 민주주의와 민족의 미래를 논해 오고 함께 신앙을 지켜 오던 친구, 교우들, 그간 짧은 병영시절에서 만났던 간부님들, 친구들과도 좀 더 사랑을 나누며 살고 싶습니다.

전 그간 하느님과 민주주의를 믿고 행하며 살아왔습니다. 허나 하느님과 민주주의는 우리 민족만큼이나 독재정권과 공산주의와 반공주의에 우롱당해 왔으며 지금도 계속 이용당하고 있습니다. 하느님의 참 가르침과 민주주의는 과연 누가 지켜야 합니까. 바로 저 자신이며 우리

국민 하나하나입니다. 독재정권과 빈자들에 대한 경제정책이 미흡한 상
태로 계속되는 한 공산주의적인 사상이 침투할 위험이 있고, 이는 한국
이 전쟁의 위협에 끊임없이 사로잡혀 있게 되는 원인이 되며 결국은 유
물사상에 의한 공산독재를 이 땅에 불러들이게 되는 것입니다.

저는 이 땅이 하느님의 공의에 의하여 다스려지는 땅이 되기를 빕
니다. '하느님의 공의'는 하느님의 뜻을 따르고 사랑을 실천하며 사는 국
민들 하나하나의 힘에 의하여 지켜지는 것이지, 교회나 정부가 지켜 주
는 것은 아닙니다. 하루아침에 되는 것도 아닙니다.

전 이 땅에 민주주의와 경제정의가 이루어지길 바라며 한 사람이라
도 많이 민주주의와 경제정의를 이루어 갈 사람을 찾기 위해 뛰어다녔
습니다. 전 현실에 순응하지 않은 사람입니다. 전 현실이 요구하는 비인
간적이고 나태한 길을 거역한 사람입니다.

전 하느님께서도 낳으시고 기르셨고, 부모님께서도 낳으시고 기르
셨습니다. 제가 부족하여 부모님께 효도 한 번 못하고 누님과 동생들에
게도 사랑을 다하지 못했습니다. 하느님과 제 이웃 형제들의 사랑에 저
의 가족을 맡깁니다.

저의 삶과 죽음 모두가 하느님과 예수 그리스도의 이름에 조금이나
마 영광이 되기를 빕니다.

그동안 저와 사랑을 나누었던 모든 형제들이여,

사랑의 계명을 실천하십시오.

형제를 내 몸만큼 사랑해 보십시오.

하늘에서 평화를 주실 것입니다.

저는 여러분의 사랑과 평화 속에서만큼은 분명 여러분과 다시 만날 것입니다.

그리고 이 땅의 민주주의와 경제정의를 이루어 주십시오.

인간의 책임입니다.

한 희 철 (귀리노)

전두환 보안사령관 귀하

이 유언은 보안사령부에 빼앗기지 말아주십시오.

▶ 한희철 의문사의 진상규명 과정에서 이 유서의 원본은 발견하지 못했으나 유서 말미에 '전두환 보안사령관 귀하'라는 문구가 있었다는 증언이 있고, 또한 일부 군의 자료는 유서 끝부분에 "이 유언은 보안사령부에 빼앗기지 말아주십시오"라는 문장이 있다고 언급하거나 이 문장을 포함하는 타이핑된 유서를 첨부하기도 하였다. 한희철의 사망이 당시 보안사와 관련이 있다는 것을 은폐하기 위해 원본 말미의 이 두 줄의 문구와 문장을 감추려 했던 것으로 보인다.

▶ 아래 한희철의 어머님 김인연님이 한희철에게 보내는 편지는 1984년 12월 8일 성남 수진동성당에서 개최된 한희철 귀리노 열사 제 1주기 추도미사와 추도식을 위한 자료집에 수록된 것으로 보안사가 수집하여 보관하던 것을 나라기록원을 통해 3년여전에 돌려 받은 것이다.

희철에게. 살아있어 만날 기약이 있는 너에게가 아닌, 이 세상에선 영원히 볼 수 없는 절망과 슬픔 속에서 이런 편지를 보내게 될 줄이야……

너무도 보고 싶고 사랑하는 내 아들아!

나의 품에서 무척이나 착하고 성실하게 자라준 너를 잃은 슬픔은 어떠한 말로 무어라 표현할 수 있겠느냐!

너의 마음 씀씀이, 음성, 몸짓 등 너에 대한 모든 기억이 이 엄마의 머릿속에서 단 1분 1초도 지워지는 때가 없고, 내 육신, 심장이 찢겨나가는 절규를 불발탄처럼 항상 간직하고 있다.

청천벽력과도 같은 네 죽음의 회오리가 지나간 후, 나는 시간 날 때마다, 많지 않은 너의 사진을 쓰다듬으며, 또 네 목소리가 담긴 녹음 테이프를 틀고 들으면서, 너와의 짧았던 이 세상과의 인연을 맺은 23년간의 추억을 더듬는 것이 이제 유일한 낙이 되었구나. 또, 너를 닮은, 네 마음씨를 닮은 네 친구들이 자주 찾아주는 것도 엄마에겐 큰 위안이 되고 있단다. 너의 친우들을 보니 너 또한 어떠한 아이였는지 알겠다. 태어나서부터 자라도록 한 번도 너에게 물질적 풍요를 베풀어주지 못한 이 못난 엄마가 가난을 한탄하면, 너는 오히려 하나님께서 그 가난을 우리에게 주셨음을 더욱 감사히 생각한다고 했지.

"가난함을 통해서 이웃을 한번 더 돌아볼 수 있고, 사랑과 정의를 실천할 마음 또 불의와 부조리의 척결에 대한 책임감이 생겨난다"면서 빙긋이 웃으며 엄마를 위로해 주었지. 대학에 가서는 더욱 더 이웃 사랑을 위해 몸소 실천하려고 애씀을 볼 때, 나는 다만 네가 내 아들로서만 우리 가족의 일원으로서만 머물러 주었으면 싶은 마음도 없지 않았다. 네가 죽기 전에 조금만 더 깊이 생각하여 부모 형제, 친구, 이웃, 나라를 위해서, 살아서 훌륭한 일을 해 줄 수 있었다면 하는 돌이킬 수 없는 아쉬움만 남는구나.

그러나 이제 너는 부모 형제에게, 친구들에게, 아는 모든 이에게 정의심과 양심을 가진 한 청년으로의 인식을 마음속에 새겨 주고 갔다.

앞으로 나는 내가 생을 마치고 너를 만났을 때 너의 엄마로서 부끄럽지 않도록, 숭고한 마음과 훌륭한 정신을 본받고자 네가 손때 묻히며 즐겨 읽다가 남기고 간 책들을 하나하나 읽으면서 살아가겠다.

그리고, 네가 하느님 품에 안긴 그 날마다 성당에서 연미사를 통해서나마 주의 품 안에서 진정한 평화와 행복을 얻어 누릴 수 있도록 너의 영복을 간구하련다.

다정하게 빙긋 웃으며 엄마를 맞이해 줄 거라고 믿으며, 다시 만날 때는 영원히 너와 함께 살 수 있을 날이 꼭 오리라 믿는다.

주여! 짧았지만 이 세상의 인연을 통해 주 앞에 부끄럽지 않을 만한 아름다운

아들과의 만남을 주셔서 감사드립니다.

사랑하는 희철아! 아들아!

만나는 그날까지 잘 지내어라.

일구팔사년 십이월 팔일에

엄마로부터

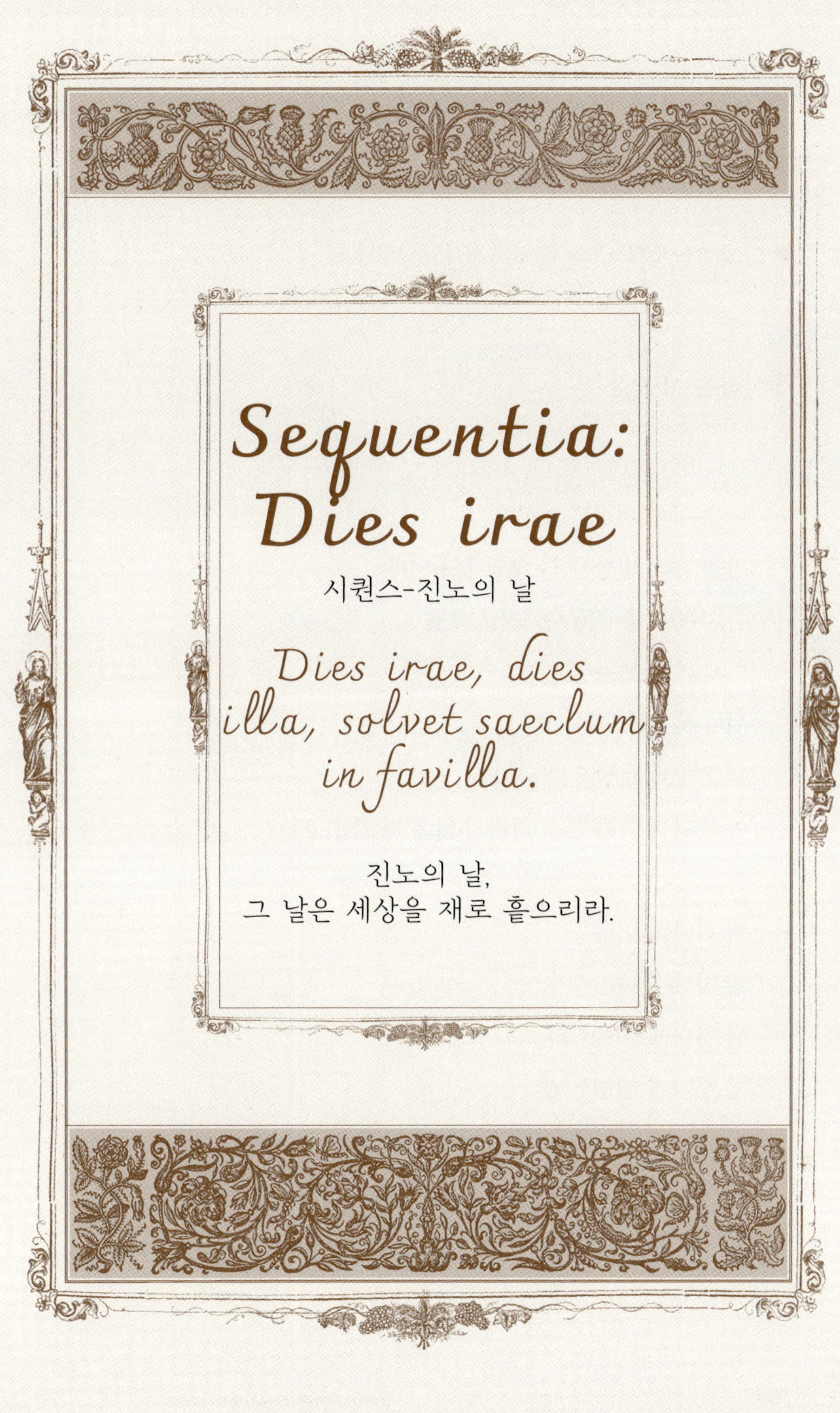

Sequentia:
Dies irae
시퀀스-진노의 날

Dies irae, dies
illa, solvet saeclum
in favilla.

진노의 날,
그 날은 세상을 재로 흩으리라.

일기(1981. 10. 17. ~ 1982. 말)

▶ 이 글들은 대학노트에 쓴 일기 형식의 글입니다.

좋아하는 시 모음

나는 아무 걱정도 없이

가을 속의 별들을 다 헤일 듯합니다.

가슴속에 하나둘 새겨지는 별을

이제 다 못헤는 것은

쉬이 아침이 오는 까닭이오

來日^{내일} 밤이 남은 까닭이오

아직 나의 靑春^{청춘}이 다하지 않은 까닭입니다

별 하나에 追憶^{추억}과

별 하나에 사랑과

별 하나에 쓸쓸함과

별 하나에 憧憬^{동경}과

별 하나에 어머니, 어머니 〈1941. 11. 5.〉

　〈중략〉

1981. 10. 17. 토

靑山^{청산} 속에 묻힌 玉^옥도 갈아야만 광채 나네
낙락장송 큰 나무도 깎아야만 동량되지

공부하는 청년들아 너의 직분 잊지 마라
새벽 달은 넘어가고 東天照日^{동천조일} 비쳐든다.　　　– 작자 미상

山有花^{산유화}

산에 산에 꽃이 피네
들에 들에 꽃이 지네
꽃은 지면 피련만은
내 마음은 언제 피나

가는 봄이 무심하냐
지는 꽃이 무심하더냐
산유화어, 산유화어
너를 잡고 내가 운다

踏靑^{답청}

– 정희성

풀을 밟아라

들녘엔 매맞은 풀

맞을수록 시퍼런

봄이 온다

봄이 와도 우리가 이룰 수 없어

봄은 스스로 풀밭을 이루었다

이 나라의 어두운 아희들아

풀을 밟아라

밟으면 밟을수록 푸른

풀을 밟아라

친구

눈 앞에 보이는 수많은 모습들

그 모두 진정이라 우겨 말하면

어느 누구가 나와 혼자 일어나

아니라 말할 사람 누가 있겠소

눈 앞에 떠오는 친구의 모습

흩날리는 꽃잎 위에 아른거리오

저 멀리 들리는 친구의 음성

달리는 기차 바퀴가 대답하려나

Sequentia:Dies irae

산장의 여인

아무도 날 찾는 이 없는

외로운 이 산장에

단풍잎만 채곡채곡

떨어져 쌓여 있네

세상에 버림받고

사랑마저 물리친 몸

병들어 쓰라린 가슴을 부여안고

나 홀로 재생의 길 찾으며

외로이 살아가네

아무도 날 찾는 이 없는

외로운 이 산장에

풀벌레만 채곡채곡(졸리니까 실수하는군)(젠장) 애처로이

밤새워 울고 있네

행운의 별을 보고

속삭이던 지난날의

추억을 더듬어 적막한 이 한 밤에

님 뵈올 그날을 생각하며

쓸쓸히 살아가네

당신들은 우리에게 '민족의 희망' '미래의 주인'이란 칭호를 붙여 줍

니다. 그러나 우리에게는 우리 앞에 나타날 미래가 당신들에 의해서 막혀 있는 듯이 보이니 어떡하면 좋겠습니다.

1981. 10. 30.

"내겐 욕망이 있습니다." "주님"

"당신의 소리에 철저히 살아가려 하니 이 땅에 오래 존재할 것 같지 않군요."

사랑하는 여인이라도 하나 있었으면 ……

내가 당신께 너무 요구하는 것일까요?

아 同志^{동지}를 기다리자. 기다리자.

좀더 힘을 기르자. 좀더 힘차게 걸어 갈 수 있는 힘.

사랑할 수 있는 힘. 당분간 내게 情慾^{정욕}이 없어져 줄 수 있다면. 에라 모르겠다. 나의 삶을 보다 철저히 살아가련다. 원귀들의 아우성과 백성의 원성이 나를 사정없이 몰아 좀더 좀더 ……

백성의 한을 진정으로 풀어 주는 者^자 되게 하소서.

예수의 죽음들이 헛될 수 없습니다.

적어도 나라도 나 하나만이라도 그분들의 희생과 죽음을 높이 사고 그들의 죽음을 따르렵니다.

나의 믿음입니다. 하나의 촛불로 빙산을 다 녹일 수 없음을 압니다. 그러나 적어도 빙산의 발가락 하나는 녹여 부술 수 있다고 믿기에 나의 촛불에 불을 댕겼습니다.

이렇게 거만하게 말해서 미안합니다.

"나의 주위의 보이지 않는 곳에서 많은 촛불들이 당신을 향해 타고 있습니다."는 고백을 빼놓아서 정말 미안합니다. 주님. ▨

1981. 11. 1.

하루가 꽉 찼다. 나의 꿈으로 말미암아 공상적 꿈으로 말미암아 그런 건지. 음. 어떻게 보면 그렇기도 하다. 民衆^{민중}의 世界^{세계}, 민주의 시대가 반드시 열리리라는 꿈, 진실이 존중받는 때가 오리라는 꿈이지.

그러나 졸리우니 …… ▨

1981. 11. 5.

무엇 때문에 학교에 갔었지?

도서실에서 책 보려고 … 5일 구류 생활 마치고 학교로 돌아온 원영이를 만날려고 … 영등포에도 들려 보려고 …

음 그럭저럭 오늘 학교 간 이유가 분명하구만.

그런데 원영이가 초췌해졌어. 불이 타고 있질 않았어!

주께 대한 신뢰가 부족해. 주여, 원영이의 좌절을 막아 줄 친구가 되게 하소서. 많은 친구를 보내 주소서.

그런데 나에게 과제가 하나 있다. 나의 의문이지. 왜 후배들이 나더러 "희철이 형은 우리에게 너무 힘든 요구를 해, 항상."

내가 말하는 정도가 그렇게도 힘든 일인가? ▨

1981. 11. 8.

내 당신을 가장 잘 안다고 자부하지 않게 하소서. 너무 건방진 소리를 뱉었다. "神^신에 관한 한 나와 얘기 나누자!"라고.

얼마나 충실했기에 감히 그런 소리를 했던가. 모든 이루어짐(成功^{성공})에 주님을 잊지 말자. M.T.의 하룻밤은 당신의 인도하심 아래 있었음을 고백합니다.

십자가의 현현(顯現)을 무엇을 말하고저 하심입니까? 분명컨대 우리 신자로 하여금 헛된 자부심이나 갖게 하시고자 하심입니까?

당신의 기적의 의도를 요사이는 신경쓰기도 싫고 알지도 못하겠습니다.

다만 아는 것은 당신께서 내게 '친구'라는 선물을 주셨습니다. 내가 生命^{생명}을 보존할 이유를 찾게 해 준 선물.

나를 필요로 하는 친구들이 세상에 많다는 것이 가장 큰 기쁨입니다. 매일 매일 지는 싸움에 서러움을 달래는 것은 미래가 있기 때문입니다.

주여! 未知^{미지}의 님이시여!

내게서 헛된 지껄임일랑 어서 빨리 거두어 가소서.

당신께선 우리들 가운데 와 계십니다. 나는 당신이 계신 '우리들'에게서 한 발짝도 떠나지 않겠습니다. 나의 벗들을 지켜 주소서.

1981. 11. 24. 아침.

반가운 친구들.

우리는 항상 긴밤 지새우지 않을 수 없는 …….

家族^{가족} 家族. 아, 가족은 주께서 주신 선물일진대. 그러나 어느 맑은 날 하늘이 활짝 열려 더욱 푸를 때엔

나의 가족은 나의 가족은 나의 아픔을 이해하겠지.

아! 항상 가족의 이해를 구하자 이제는 ……

1981. 11. 28.

이젠 이해를 구하여도 이해를 받을 수 없음을 안다. 이미 나의 부모는 모순에 찬 인간이기에, 모순에 찬 신앙이기에. 그러기에 민중의 실체임도 안다.

며칠 만에 집에 들어왔다. 나의 집에. 정말로 나의 쉴 곳은 깊은 잠 속일 뿐이요.

내 쉴 곳은 없었다. 내 쉴 곳은 기도인 것 같다. 기도. 기도 속에는 나의 안식이 있는 것 같다. 또한 우정과 사랑 속에도 안식이 ……

아, 나는 빵만으로 힘을 얻는 것이 아니고 이 형제애로서 더 큰 힘을 얻고 있는 거지. 내가 빵을 반쪽만 먹을 수 있는 힘을! 현대의 인간에게는 여가와 고독의 시간이 있다.

사회는 이제 가족 단위의 시간이 많아지고 가족도 개개인의 시간을 많이 허용하는 구조로 변화해 간다.

"사유는 인간을 낳고 창조를 낳았고,

필요는 또한 사유를 낳았다."

인간은 존재 자체가 가치이며 인간을 향한 창조를 향한 사유를 반복해야 하는 의무 또한 있는 것이다. 내가 가족과 함께 사는 한 나는 가족의 바람에 어느 정도 맞게 행동해야 한다. 어머님 아버님은 내가 비참한 삶을 사는 것을 죽기보다 더 싫어하시니.

졸업을 해야 한다. 나의 길을 더욱 분명히 가기 위하여 부모님의 소원을 성취시켜 드리자. 나에겐 이미 졸업을 위한 공부도, 졸업장도, 간판도 똥보다 못한 것이지만.

그런데 부모님은 내가 신부가 되겠다고 하면 별로 말리시는 기색이 없다. 아마도 존경받는 위치이고 천당이 보장된 위치이고 생활도 보장되며 자유롭고 내가 하고 싶은 일을 마음대로 할 수 있기 때문이겠지. 부모님은 신부님의 부모님으로 칭송받으며. 그러나 '아기의 젖을 떼어야 한다.' 그렇다면 가족과 함께 살 수 없단 말인가?

아, 가족과 함께 살면서 이 길을 가기는 ……

심장과 머리가 모두 찢어지는 것 같다.

나는 사나이인가?

1981. 12. 5. 일.

3박 4일의 釜山^{부산} 旅行^{여행}을 마치고 …

나를 쉬게 하며 정리도 할겸 다녀온 여행. 그러나 피로만이 쌓인 오늘 밤.

동생들과 누나와 한바탕 웃음의 시간도 가져 본다. 마지막 남은 누나와 는 '나의 삶'을 놓고 오랫동안 간격이 좁아지지 않는 대화를 했고 결국 은 나의 삶을 표현해 놓은 10장의 종이가 누님을 잠들게, 나의 삶을 이 해하게 해 주었다. 나도 그 종이를 읽어 보니 내가 썼음은 분명한데 현 재의 나의 생활과 신앙적 연결과 나의 미래가 간결하게 요약돼 있어 내 게도 새로웠다.

커다란 기쁨을 얻은 밤이다. 누님이 내 삶을 이해해 주시니 말이 다. 또한 누님은 내게 용기를 주셨다. 나의 길을 더욱 굳게 똑바로 걸어 나갈 수 있는 힘. "네가 나가는 길에 대한 공부도 열심히 해야 하지 않 니?" 하는 염려. 누님 고맙습니다. 이 길이 진실일 때까지는 힘껏 달려 보겠습니다.

영란이가 친구가 생겼다니, 이보다 큰 기쁨이 어디 있는가? 게다가 방송국에까지 다녀오고 게다가 인기 연예인과 식사도 같이하며 오랜 시 간 대화했다니, 아무튼 계속 그런 발랄함을 잃지 않으며 살 수 있기를 기원하며 내가 함께 있는 한 너의 친구가 되어 줄 것을 약속한다.

영숙이도 몹시 대화에 굶주려 있는 듯한데 그리고 걱정이 가득찬 듯한데, 내가 옆에서 아무런 힘이 되어 줄 수 없다면.

나의 대화는 '울리는 징'과 같아지게 되고 영숙이는 좌절에 빠지지 나 않을까? 언제라도 극복해 나갈 수 있는 용기와 신념을 길러 주며 영 숙의 꿈을 펼쳐 나갈 수 있는 여건을 내 능력껏 닦아 준다면?

1981. 12. 16.

참회의 길을 걸어 가련다.

모든 약속과 기대를 저버린 죄. 나에겐 어머니와 아버지와 누님 그리고 사랑스럽고 가련한 동생 셋이 있었다.

나는 그들에게 용서받지 못할 오빠요, 불효자, 아무런 할 말도 없다. 어머니, 어머니 …….

오직 기도하련다. 오직 이웃으로서 곁에 있으련다. 이처럼 神^신이 절절할 때가 …….

화목한 가정을 빌며, 영란이의 앞길을 빈다.

가장 절실히 …….

1981. 12. 30.

나는 어제와 오늘을 잊을 수 없다. 결코 잊어서는 안 된다.

내 오늘 이 한 편의 시를 또 쓰게 되는 것은 나의 약함을 나의 간사한 '잊음'을 그 어느 날 이 한 편의 시를 읽음으로 질책하고 싶기 때문이다. 나의 간사함 아니 분명 나는 언젠가 이 간사함으로 말미암아 지금의 이 칼로 쓰는 시를 합리화하려고 할 것이다. 칼과 피, 주님과 친구를 배신하려고 몸부림칠 것이다.

나는 기도해야 한다. 나는 기도해야 한다.

이 간사한 몸뚱아리를 잊게 해 달라고, 또 새로운 칼로 껍데기를 긁어 낼 수 있는 용기를 달라고.

 Sequentia:Dies irae

주께서 보내 주신 이 친구들을 떠나선 안 된다. 나는 떳떳이 돌아와야 한다, 떳떳이. 이 맺힌 한을 끊임없이 간직해야 한다.

친구들의 가슴을 그 용기를, 그들의 믿음을. 나는 어떤 순간에도 잊어선 안 된다. 이들이 좌절할 때가 온다면 그것은 분명 나의 십자가가 되어야만 할 것이고 이들의 노력과 용기와 썩음이 결실을 맺어가는 모든 순간들은 주님께 감사해야 한다. 진정 이 벗들에 감사해야 한다.

주께서 나에게 일년 반의 새로운 일감을 주셨다. 나에게 아니 나를 이제 다시 주께로 불러들이셨다. 내가 다시 나태를 도려낼 수 있는 기회를 주셨다.

나에게 나태가 항상 잠재하고 있었다. 좀더 잘라내며 하루를 살지 못했다. 주께서 부르셔도 이부자리에서 일어나지 못하던 적이 한두 번이 아니며, 술과 담배를 좀더 적절히 하지 못했었다.

1982. 1. 11.

벌써 열흘이 지났구나.

자꾸 여러 가지 일들이 염려되며 떠오른다. 20대 젊은 나이에 이렇게도 노파심이 많아서야. 가톨릭학생회, 우리 성당 젊은이, 성남YMCA, 성남시대학생연합회, 이젠 주께서 적당히 움직이실 텐데 뭘. 그래 이젠 주를 믿는 마음으로 눈을 감자, 잠시. 그래서 또 다시 태어나는 기분을 기다리자.

이제 서울대학교 공과대학 기계설계학과의 전형적 모범생이 되는 거지. 암 귀족이 되는 거지. 고고한 상아탑이 되는 거지. 시간을 즐기는 거지. 잠시 소시민의 형제가 되어 주는 거지.

흠!

내가 이렇게 글을 쓸 여가가 있는 건가?

이제 모든 생활에 '이유'를 빼자. 그리고 그 지긋지긋한 경쟁의 물살 속으로 시험의 바다 속으로 또 들어가 보자. 책과 붙어사는 서울 공대 생들과 겨뤄야 하지 않느냐?

또 그놈들은 대학 3년 공부해서 지금은 참고서나 보고 있을 텐데. 나는 고3 책을 들척이고 대학 1년 Calculus[미적분학]를 뒤적이는데 그 놈들도 새벽부터 밤 늦게까지 도서실에서 공부하고 또 습관이 됐지.

자, 그럼 여기서 어떻게 해야 요 문제가 극복될까. 저 놈들도 머리 좋은 수재들인데 말이야. 긴장과 압축과 정신통일 뿐이다. 정신통일에서 나오는 리듬을 타고 건강해져야 한다.

야, 벌써 열흘이 지났구나?

1982. 1. 13.

오늘은 13일.

어머님께서 또 가정부로 떠나셨다. 새삼스레 가슴 째이는 것은 없 다. 이를 당연히 웃으면서 받아들이는 어머님의 생활력은 존경스러울 뿐이다.

서정호한테서 전화가 오고 황 신부님께서 날 찾으신다니…… 무슨 일일까? 나의 사제 지망에 관한 일이겠지. 오늘 하루 주님께서 인도하시 옵소서. 벗들에게 평안을 줌으로써 나도 평안케 하소서.

에이, 이놈의 감기나 오늘 뚝 떨어졌으면……

당신께선 절 사제로 부르시는 겁니까? 당신은 제가 로만칼라를 하고 세상에서 머무르라 하시는 겁니까? 저는 훌륭한 가정을 갖고 싶은데요. 지금의 가정에 대한 나의 의무가 끝날 때 나는 새 가정을 갖고 싶은데요? 하느님 당신 대전 앞에서 "당신께 이젠 우리 부부가 하나되어 나아가겠나이다." "당신께서 주시는 시련을 능히 견디어 이기겠습니다." 하는 성스러운 결혼을 한다면? 그래도 당신은 만류하시겠다는 말씀입니까! 전 제사장으로 당신의 길을 걷는다면 과연? 전 평범한 인간 비천한 민중의 몸으로서도 세상을 구원할 수 있음을 세상에 보여 주고 싶습니다. 또 그렇게 하는 길만이 당신을 따르는 일이라 생각합니다.

하느님께서 저들과 함께 있음을 증명하는 길이란? 하느님께서 선택한 자녀들이 스스로 저들이 되려고 노력하고 저들과 함께 있음 자체에서 모든 평안과 영원한 기쁨을 누릴 수 있어야 하지 않겠어요?

젊은 예수, 젊고 비천한 노동자 예수는 항상 하느님은 우리와 함께 계심을 선포하고 계시겠지요.

아, 해방은 가져다 주는 것이 아니고 스스로 찾는 것인데, 저들이 스스로 전인적(全人的) 해방의 주체가 되려면? 무식해도, 돈 없어도, 병신이라도, 하느님께서는 오히려 먼저 역사의 주인으로 선택하고 계심을 보여 주고 오히려 그들이 더 하느님 자녀되기가 쉬움도 보여 주고, 이 선택된 자녀들의 움직임을 통하여 하느님은 역사에 개입한다. 즉, 이들의 노력과 절규, 항상 응답하심을 증명하고, 이들을 선택하심은 이들만이 특별히 사랑스럽고 이들만이 존귀해서가 아니라 이들이 존재하고 있는 현장을 주께서 구원하시기 위함이다라고 선포하고, 예수 이후에는 한 인간을 선택하여 외롭게 구원사업을 하는 것이 아니고, 몇몇 형제들을 함께 선택하시어 그 현장들에 전인적 해방을 선포하며 이루어 가신다. 그 현장 이웃들에 손과 발, 눈과 귀가 되어 주며, 입이 되어 주고, 먹을 것을 나눠 주고, 인권의 방패가 되어 주고, 인간의 평등을 선포하고 인간이 인간을 무시하지 않게 하고……

이는 말로 가르칠 수 있는 것일까?

아! 일평생의 행동과 한 움큼 정도의 말이 조화를 이룬다면 지금 나는 무얼하고 있지?

일기 쓴다는 것이 신학논문을 쓰나? 설교를 쓰나!

위의 이런 잡스런 말 중에 단 한 마디를 할려고 해도 당신 은총의 손길 없인 힘든 일인 줄 잘 압니다.

그러나 계속 이 길을 가려고 당신에 매달려 노력하는데, 주님, 당신께서 걸으신 이 길을 가는 데는 이젠, 어떤, 신학이, 사상이, 역사 연구가 필요한 것은 아니라고 생각됩니다. 당신이 걸으신 역사서, 즉 聖書성서가 있고, 나의 믿음과 나의 몸뚱아리와 나의 형제들과 내가 순례하는 땅이 있을 뿐입니다.

그런데 요새 와서 아니 대학 2학년 초쯤부터지만 주께서 현 제도적 교회를 먼저 구하시어 세상을 구하실 것 같은 예감이 자꾸 듭니다. 그 중에도 가톨릭교회가 좀더 심부름꾼 역할을 해야 할 것 같고요. 그러니까 절 당신이 가톨릭교회 속에서 자라게 하신 것 같고요.

왜 그렇게 느끼는가 하면, 신교가 일치를 향한 노력을 계속하고 있다는 사실입니다. 가톨릭이라 타종교보다도 더욱 열심히.

또 한 가지는, 우리 가톨릭이 1963년 이후 평신도의 교회로 변해 가고 종교적 권위주의를 버려 가고 현실에 개입하는 교회를 이루어 가고 있기 때문입니다. 특히 공의회를 통하여 주의 인도를 받고 있는 것 같고요.

한국 가톨릭 130만 대군입니다. 당신께 대한 기도와 순종은 무지 잘하는 대군이다. 현실적인 부르심을 듣지 못하고 있는 처지입니다. 요새 이러한 당신의 인도 하에 1984년을 기다리며 가톨릭 신도수가 급증하고 있습니다. 더불어 사제 양성 후원회도 늘어가고 있고요. 聖召^{성소}를 청하는 기도로 많이 이루어져 가고 있고요. 그럼에도 우리 한국 천주교는 사제의 수의 절대 부족으로 곤란을 겪고 있습니다.

이제 신학교는 신학의 올바른 정립, 신학생의 훈련, 교회 파견에 있어 커다란 변혁을 거쳐야 할 시기입니다. 특히 결혼에 대한 제한 규정을 철폐하고 오히려 철저히 하느님의 종, 신도들, 고통받는 이웃들의 종이 될 수 있도록 보완 조치들을 해 주며 부패를 방지할 수 있는 교회법을 잘 활용하는 게 좋을 듯합니다.

주님 제가 신학교에 가서 할 일은?

신학교에 역사적 전이점을 마련하는 일이겠지요. 신학생들이 먼저 하느님 이외의 모든 굴레에서 해방되어야 합니다. 신학생의 입장에서 교회 제도를 변혁해 놓겠습니다. 교회를 사랑하는 입장에서의 진실한 싸움 말입니다. 그리고 모든 잡스런 신학적 도전에 민중의 입장으로 한국 민족사의 입장으로 민중신학을 새로이 세워 대답해 보렵니다. 그 이후에는 당신을 부르겠습니다. 당신의 길을 걷기 위해 나는 어떤 옷을 입어야 하는가에 대하여 당신께 다시 묻겠습니다.

신학교의 규모가 커질 테고, 교수들도 많이 대체하겠지요. 계속 주입식 교육 이상은 해 내지 못할 것이고, 보수적 전통에 젖어 있는 친구들의 한계가 훈련으로 벗어져야 함을 간과하게 될 것입니다.

신학교도 대학이기 때문에 民衆^{민중}을 뿌리 깊게 알고 그 소명을 마음에 품고 있을 자는 몇몇 안 될 것이며 그들마저도 그들을 외면하는 신학교의 분위기에서 빠져 나가 버릴 것이기 때문입니다. 모든 사랑에서 나오는 행동, 고뇌를 포용할 줄 아는 신학교를 이루어 보겠습니다. 그들에게 자신을 주고 용기를 주어 더욱 힘 있고 진실한 당신의 자녀로 인도해 보겠습니다. 그러면 이러한 과정으로 아니 과제로 나의 젊음을, 23세부터 33세까지, 불태워 보겠습니다. 아직까지 던져진 모든 과제 중에 가장 중요한 과제 같군요. 서울 공대 1년 반, 군대 or 과학원 2년 반, 신학교 4년.

주님 감사합니다. 나약한 저를 불러 주셔서.

1982. 1. 13.

작은 일을 작게 보며 작게 취급할 수 있는 지혜를 주소서. 믿음을 더욱 굳게 하시어 친구들, 후배들에 대한 노파심에서 벗어나게 하소서.

때로는 바라 보고 있을 여유를 주소서.

서로 다투는 두 자녀를 웃으며 안아줄 수 있는 넓은 마음을 잃지 않게 하소서. 주께서 함께 일하시기 때문입니다.

사는 방법, 일하는 방법 등을 너무 많이 말하지 않게 하소서. 그들이 기억하기 벅차기 때문입니다. 또한 그들에게 시행착오의 기회도 주어야 하기 때문입니다. 너무 평탄한 길만을 만들어 준다면 그것은 진정 그들을 위한 길이 아니기 때문입니다.

한 마디의 바른 말이 가장 절실할 때 딱 한 마디만 하도록 인도하소서.

화목과 위안의 대화와 즐거움이 넘치게 하는 데 내 가슴의 말을 아끼지 말며, 기쁨을 부리는 자, 슬픔을 나누는 자 되게 하소서.

Sequentia:Dies irae

나의 삶 내지는 내가 믿는 인간의 길 등의 얘기는 내 일생을 거쳐서도
얘기 않도록 해야 된다. 그러나 나에게 한 마디가 요청될 때 나는 저들
의 병을 온전히 치유할 수 있는 가장 짧은 한 마디를 주어야 한다. 그
순간들을 기다리자.

23세에 耳順^{이순}이라!

1982. 1. 14.

열나흘 째 되던 날도
희철이는 역시 잡념이 많았다.
희철이는 역시 여자에 약했다.

그래서 아름다우며 열렬한 혁명가의 사랑, 우리 독립군 선배님의
사랑을 맛보지 못하고, 다만 多讀式^{다독식}, 通讀式^{통독식} 연애에 머물 뿐이
다. 사랑은 모든 것을 녹인다는 사실을 사랑 안에선 이별도 이별이 아니
라는 사실을 잠시 잊고 있었기 때문이리라.

나의 모든 행위가 나의 지식, 나의 이성, 나의 경험에서가 아닌 진정
한 사랑에서 나왔다면 나는 이미 모든 염려를 할 필요가 없으리라.

진정 사랑하는 사람과는 단 한 번 헤어진다.

사랑할 때와 죽을 때,

사색할 때와 공부할 때,

뛸 때와 잠잘 때.

영원과 순간, 열나흘째 되던 날도 많은 시간이 나도 모르게 흘러갔
다.

1982. 1. 14. 밤.

　잔소리 좀 그만하자. 집이 첫째 시끄럽고, 둘째는 듣는 사람이 힘들
다. 괴롭다. 지친다. 오히려 도와 주자. 야단은 치지 말자. 도와 주자. 위
로해 주자. 우리 집에는 시어머니가 너무 많다. 막내 애영이만 빼 놓으면
모두 자기 밑의 사람에게 시어머니가 되어 버린다. 자신들이 당했으면서
도. 그러니까 애영이는 할 수 없이 막내언니와 싸운다.

1982. 1. 15.

　열닷새 날

날씨가 풀어지듯 나의 하루도 풀어졌다. 목림다방에서 나도 모르는
시간이 지나갔다.

　성남의 나의 형제들을 잊고 있던 시간. 생각도 났지만 잊으려 노력
했던 또한 어쩔 수 없다고 체념한 시간. 나를 다시 형제들에게 보내 주
신 주님께 감사해 본다.

　형제들의 심부름을 하던 중이었지?

　주께서 주신 칼로 나의 썩어 문드러진 상처를 도려내자.

　내가 가는 길은 오직 십자가의 길.

1982. 1. 28.

나의 삶에 있어 혁명은 과연 언제 일어났던가? 분명 나의 기억으로는, 나는 나를 개량주의에 맞추지 않았었음이 분명하다.

내게는 여러 차례의 혁명이 이루어졌음도 분명하다. 그것은 어떤 사건으로 인해서였음도 분명한 것 같다. 살아있는 그리스도 사건, 바로 그것이었다.

교회에서 쫓겨나고 있는 그리스도 사건. 마지막 불꽃들. 하느님도 짊어지기 힘든 십자가 밑에 쓰러져 가는 형제들. 진리에 부름 받아, 참된 자유에 부름 받아, 평등에 부름 받아, 양심에 부름 받아, 하느님에 부름 받아, 민중의 염원에 부름 받아.

울톨릭에서 原稿^{원고} 청탁이 들어 왔다. 그런데 난 쓸 말이 없으니 지금은 그 책임에서 벗어나 할 일이 있으니 모든 것은 이 한 마디로 줄이자.

"내가 할 말은 이미 그분이 다 해 버리셨다."

1982. 1. 31.

인간은 태어난 그 순간부터 생존 경쟁의 피할 수 없는 운명을 지닌다. 경쟁할 수 없는 생명력, 경쟁 안 해도 될 일, 경쟁시켜서는 안 될 일을 엄격히 구별. 사회가 보호, 국가 권력이 책임져야 한다.

경쟁할 수밖에 없는 일은 정당하게 경쟁할 수 있는 질서 보장이 국가와 사회의 소임.　　　　　　　　　　　　　- 최석채

1982. 2. 5.

모든 벗들의 참 벗이 되고자 애쓰는 내 모습은 아름답고 멋지다. 그러나 그것은 나의 참 벗 야훼와 나와의 관계가 제자리에 와 있거나 다가가 있을 때만이 가능하였다.

어제 밤은 네게만은 커다란 밤이었다.

나의 울음이 돌아오지 않는 커다란 밤.

무릎 꿇고 엎드려 통곡할 땅을 찾아 거친 숨으로 어둠을 달렸다.

가슴 빈 울음만 후두두둑 쏟아질 뿐이다.

나는 나의 가장 비참한 꼴이 무엇인지. 이제 너무도 절실히 확인했던 것이며, 가신 님을 마지막 목소리로 불러본 것이었다.

가신 님! 이젠 님을 다시 모셔 오기 위하여 밤을 지새며 아무도 몰래 길을 닦아 놓아야 한다.

아, 어젯밤은 '님의 침묵'과 '참회록'이 너무도 간절히 읽고 싶었고, 결국 어젯밤은 그 시가 내 詩[시] 같은 밤이었다. 그 시에 나의 어제가 담겨 있을 줄을 몰랐다.

내게 올해 또 하나의 어려움이 더해졌다.

하나는 영란이, 또 하나는 미정이. 그러나 진정 더 큰 어려움은 거기에 있는 것만도 아니고, 내 마음의 칼로 모든 것을 과감히 칠 수 있는가이다. 영숙이도 도와 주고 싶고.

아, 나는 과연 "내가 사랑할 사람"이 있다는 사실만으로 만족하며 살 수 있을까? 언제까지 보이지 않는 손길로서만 살아갈 수 있을까?

1982. 2. 9. 밤.

모든 이에게 구원자로서, 해방자로서, 대화자로서 다가가자.

모든 것을 용서함으로서 …….

아기를 위해 모진 역경을 감내하는 엄마처럼,

그렇게 인류를 사랑해야지.

길 잃은 양들을 더욱 더 사랑해야지.

1982. 2. 12. 금.

그날의 날짜를 펜으로 그려 보는 것 오늘 따라 무엇인가 뜻있는 일로 느껴진다.

상당히 머리가 무겁다. 몸이 무척 거북하다.

생각하는 게 많아서도 그렇겠고, 오늘은 말을 많이 해서 그렇다.

에이, 왜 이따위 글이나 쓰고 있지? 따분한 얘기만. 내 입술이 두꺼워서 그런가? 맨날 투박한 말투에 유머가 없는 사나이? 그것도 아닌데……???

하여튼 구슬 같은 언어는 어디에서 만들어지는 것인지? 살아 있는 언어, 삶의 리듬을 따라 울려 나오는 언어.

아, 하늘이 주는 선물인가 보구나?

'밤을 잊은 그대에게' 제3부.

밤을 소유한? 밤을 아끼는 그대? 에이 전부 어울리지 않아. 이 백지에는 말이지.

병국이는 지금 무얼할까? 취침 나팔이 울린 지 2시간 반이 지났는데, 이 놈은 잘 테고.

오늘 낮. 내게는 갑자기 멋진 연애를 해 보고픈 마음이 돋아났다. 많은 여인들이 스쳐갔다. 아직도 모르겠다. 단지 지금은 어린 양들, 길 잃을 양들. 역사를 부둥켜 않고 시름하는 놈들 등등이 내 애인이고 이들을 생각하면 소위 연애는 사치스럽게 느껴지기만 한다. 가난한 연애를 할 여인을 발견할 수가 없다. 뛰면서 연애를 하고 만족할 연인도 없다.

그 사람?

혀가 말라서 노트 위를 맴도는 밤이다.

1982. 2. 16.

글은 자꾸 써야 한단다. 뭔가 필요한 글이 있을 때마다 글을 쓰는 습관은 내게 글을 쓸 수 있는 힘을 줄 것이다.

내게 오늘 필요한 글은 무엇인가? 다만 오늘 하루를 기록하기만 하는 것일까? 아니다. 오늘은 다만 지친 별이 밤하늘에서 졸며 신음하며 궤도를 걸어가고 있을 뿐이다.

1982. 2. 17.

창남에게서 편지가 왔다. 답장을 하다보니 여란이 걱정에 아픈 가

　　　　　　　　　　　Sequentia:Dies irae

슴도 다소 잊혀져 풀어진 것 같다.

병국에게도 '풀리는 漢江^{한강} 가에서'란 서정주 詩^시를 적어 보냈다.

도서실에서 몸도 편치 않고 해선지, 진도가 잘 안 나가서인지, 아니 그것만이 아니지, 아마도 이놈의 역사에 너무 신경이 쓰여 그런 것 같아. 이제 세운 지 1개월 반밖에 안된 이 시한부적인 목표에 또 여러 생각들로 수정을 가하고 싶은 생각이 드는 것이었다.

내가 몸이 악화되더라도 공학 공부가 아무리 하기 힘들더라도 나의 젊음과 이 역사가 아무리 나를 손쉽게 충동질해도 후배들의 친구들의 일들이 아무리 염려가 되더라도 당분간의 이 과제를 가장 효과적으로 마무리짓지 않으면 안 된다. 주님을 믿음으로 나를 믿고 이 역사도 주님의 손에 나의 친구 후배들도 당분간 주님께 맡김으로써 그 미래를 믿자. 내가 힘들다 해서 포기해서도 안 될 일이지만, 이 일은 주님과 친구 동지들과 가난한 형제들과 내 가족이 내게 시키는 일이다. 내 모든 것은 주께서 필요로 하시는 것이니까.

기사자격증, 과학원 시험 등 이 짧은 기간이나마 할 수 있는 한 최선을 다해 모두 통과해 놓자. 돈을 벌고 영완이도 지도하고.

후후 우습다. █

1982. 2. 20.

왜 우리의 동생들은 설움의 모래 덩어리를 씹으며 자라야만 하는가. 왜 이 부모들은 내일을 공포의 눈으로 바라보며 오늘을 울며 살아야 하는가. 은총의 선물인 자식들을 낳은 죄라 체념하며 지내야 하는

가. 자식들이 높은 꿈을 가지면 염려(두려움)의 눈으로 그 꿈을 낮출려 애써야 하는가. 가난한 사춘기의 청소년들은 욕구불만이 누적될 수밖에 없어 마음에 알지 못하는 병을 지니고 커 가야 하는가. 이 모두를 잊지 말자. 우리 가정만의 슬픔이 아니다.

1982. 2. 21. 일.

왜 일요일은 나에게 크나큰 시간을 던져 주고 가는 것일까? 하하. 단지 일요일이었기 때문은 아니었겠지만.

병국에게 詩^시를 쓸 수 있던 날이었다.

잊혀지지 않을 오늘 하루의 슬픔들.

민중에게로 가는 이 길에서 애써 잊어버리기 위하여.

1982. 2. 22.

시간은 결국 나를 도왔다. 아니 나의 슬픔은 더했을지언정 저 고통 받는 이들에게 나를 몰아갔다.

아, 글로도 표현할 수 없으리만치 아플 뿐이다.

다만 아프다. 나의 어머니, 아버지, 영란이, 애영이 ……

이 슬픔을 이길 수 있을 만큼 나를 부지런하게 하소서.

이제 인류에게 해방을 안겨 주려 떠납니다. 결국 역사는 내 안에서 이루어지는군요.

 Sequentia:Dies irae

모든 슬픔을 하느님께 바치자. 주님 용서하여 주시옵소서.

이들을 떠나게 만든 것은 당신이 아니십니까?

왜 저를 이 가정에 보내시어 저들을 슬프게 만드시는 겁니까.

이제 인류는 저들의 고통과 슬픔을 감사해야 합니다. 마리아의 고통을 알겠습니다. 진정 우리는 마리아의 고난에 감사해야 합니다. 그의 믿음은 찬양받아 마땅합니다.

저를 보이지 않는 누룩으로 써 주십시오.

저를 주님의 품에서 떼지 말아 주십시오.

예. 예. 당신의 역사는 십자가의 고통만으로 이루어집니다. 모든 이의 작은 십자가로 인류는 해방의 길을 맛볼 수 있습니다. 작은 십자가들을 아껴 주시옵서서. 그 십자가 안에서 모든 것을 이루어 주시옵소서.

당신이 왜 십자가를 진 이들을 사랑하시는지 묻지 않겠습니다. 다만 내가 가서 그들에게 당신 사랑을 전하겠습니다. 십자가 안에서 당신을 불러 보라고 전하겠습니다.

당신께서 은총의 선물로 주신 가족.

아, 왜 저는 그들에게 당신의 사랑만큼 사랑을 줄 수 없는 것입니까? 왜 저는 그들에게 가장 크나큰 이별의 쓴 잔을 마시라 해야 하는 것입니까. 저는 이 슬픔을 오래 간직할 수 없습니다. 왜냐하면 이 슬픔은 쓸데없이 제 발걸음만 늦출 따름이기 때문입니다. 이제 모든 떠나야 할 것들을 당신 손에 맡기어야 합니다. 당신 손길에. 그들의 모든 것을 이끌어 주소서.

이제 당신의 일꾼들을 불러 모으러 가야겠습니다. 저의 걸음 걸음에도 임하시어 당신 일에 그르침이 없게 하소서. 세상의 모든 비난을 감수하겠습니다. 세상의 모든 채찍을 감수하겠습니다.

그리하여 어제 오늘의 이 슬픔, 설움, 뼈를 깎는 고통을 애써 이겨 나가겠습니다.

주님, 이보다 더 큰 고통이 인간에게 있을 수 있을까요? 당신은 우리에게 이보다 더 큰 고통을 주시진 않았음을 믿습니다.

주님, 언제라도 세상을 구원하시기 위해서라면 불러 주십시오.

이것이 제 욕망에서 우러나온 것이 아니길 빕니다.

이제 죽음을 향하여 걸어 나갑니다.

1982. 2. 28.

선배님들 여기 제가 드리는 졸업장이 있습니다. 받아 주십시오. 아마 당신들의 학사모는 단지 장식품이 아닐 겁니다. 도민고, 안또니오. 주께서 당신들을 부리시기 위하여 험난한 대학생활과 더불어 졸업장까지 보내셨을 줄 믿습니다.

주님, 이 선배들의 졸업장을 축성해 주옵소서.

허나 이 기도가 나약한 귀리노를 만드는 일이 될 듯 싶걸랑 거두어 주옵소서.

전 제 앞에 무슨 심부름이 떨어질지 아직도 알 수가 없습니다. 제가 알 수 있는 심부름들이나 충실히 해 나가도록 안도하소서. 그런데 올 두 학기 학과 공부를 해야 합니다.

이는 매우 현실적인 요청입니다. 기사 시험을 따는 데도(군대) 가족의 최소한의 기대치를 저버리지 않기 위하여.(졸업). 단지 올 두 학기를 캠퍼스에 붙어 있기 위해서라도. 내 마음을 끊는 훈련을 위해서라도. 이는 실천적 지식이며 신앙의 실천이다. 현실이 요청하는 하고자 하는 일에서 요청되는 공부들만 하자. 나머지 공부는 한두 해 지나서 어떤 현장에 가게 되더라도 할 수 있지 않겠는가.

제게 정신력을 주십시오. 제 마음의 동요대로, 인간적인 점에 치우쳐 많은 시간을 보내게 될 위험이 항상 제게 도사리고 있습니다. 전 공부하려 도서실에 돈을 썼으며 주변에서도 4학년이라는 생각으로 많이 공부 시간을 줄려고 노력하고 있다. 4학기 2학기만 되면 모든 이들의 관심이 졸업이라는 것으로 집중이 되어 변명한다는 일은 벅차다. 아무 일 없는 듯이 고개를 끄덕이자 꼭 필요한 일만도 상당히 많으리라 추측된다. 실무적인 일에 필요한 시간, 야학반에 필요한 시간, 전체 M.T. 등의 행사에 필요한 시간, 전체 행사 준비에 필요한 시간, 편집 등을 위한 공부 시간, 경제학 경제사 요약 시간. 그러나 운영의 묘만 살려 놓으면 일차적으로 손을 떼어도 무난하지 않을까 본다. ▩

1982. 3. 9. 화.

역사와 지리와 민속을 잘 알도록 함이 나와 사랑하는 마음을 길러 주는 데 첩경이다.

민족애. 국토애. 공동체적 형제애. ▩

1982. 3. 14. 일.

오직 당신과 당신의 사건을 전승하며 창조적으로 세속에 역사하려는 당신 백성의 공동체, 교회를 위하여 이 몸을 드리옵니다. 예수께서 우리에게 가르치시기를 교회를 당신의 몸이라 하셨다. 구약 속의 하느님을 받아들이고, 예수를 하느님의 가장 사랑하는 아들이라고 고백하며, 십자가 사건을 하느님께서 우리에게 주신 사랑과 은혜의 극치임을 깨닫고, 제자들 안에서 부활하신 예수 그리스도를 믿으며 예수 그리스도와 함께 하느님 역사의 일꾼으로서 세상을 사는 공동체를 교회라 한다.

주님, 지금의 교회를 하나 되게 해 주시고 교회를 세상 속의 아가페로 갱신시켜 주소서.

당신 백성이 당신을 잃어 헤매고 있나이다. 당신의 뜻을 찾아 노력하는 이들은 무참히 꺼져 가고 있으며 그들의 죽음은 헌신짝이 되어 버렸습니다. 인제 인류는 헌신짝 같은 죽음을 선택하기 싫어하고 있습니다. 당신의 십자가는 편안한 직업의 대명사 같이 되어 있고 천당행 티켓이라고 자부하며 밤마다 빨간 빛으로 반짝이고 있습니다. 현대의 불확실성의 시대상을 반영하는 듯이 여자 돼지들의 모가지마다 부적처럼 걸려 있는 것이 금목걸이, 과연 금고 열쇠입니다. 자기 병을 고치기 위해 십자가를 빌립니다. 그 돼지들의 병을 고쳐 주는 것이 도대체 누구의 능력인지 모르겠습니다. 당신이 그렇게 치사한 분은 아니실 텐데요.

1982. 4. 15.

나의 사순절은 아직 끝나지 않았다.

굳은 지각을 깨고 봄의 향내와 더불어 춤출 날, 그 날을 준비하려 凍土^{동토} 저 깊숙한 곳에서부터 땅을 헤집고 있다.

봄은 땅을 파고 나가야 오는 것, 굳은 나무껍질, 언 땅을 뚫고 나오는 용기에 질려 동장군은 가기 싫은 걸음을 가는 것.

시인들은 창조의 고통도 모른 체 다만 찬미 감탄 영탄 ······

탄이란 탄은 모두. 아 더럽다.

나의 사순절은 아직 지나지 않았다.

1982. 4. 18. 일.

4.19를 4.19혁명을 완수시키기 위하여 나는 4.19탑을 다녀올 시간이 없다.

외로울 비문들아. 여기 너희들의 고귀한 삶을 잊지 않으며 너희가 가고자 했던 길을 걷는 후배가 있다.

너희들은 울고 있는 것이 아니라 오늘도 봄을 향한 미소를 머금고 있음을 안다.

너희들은 총탄에 쓰러졌으나 죽지 않았고 너희들의 무덤은 빈 무덤임을 나는 안다.

내가 미워하는 놈들은 너희가 무덤 속에 있다고 떠벌이는 놈들이다. "쓰러진 영령들이여 고이 잠드소서."하며 위선의 눈물을 비문 위에 떨구며 오늘 또다시 너희를 매장시키고 있는 놈들이다.

너희는 나의 삶의 전부이다. 내가 너희라고 부르는 이는 후퇴하지 않고 싸우다 총성과 함께 피꽃이 된 이들이다.

나는 너희를 배우려는 제자이다. 너희는 과연 용기 있는 나의 동지들이다. 진리의 열정을 못 속이는 순수함으로 역사와 민족을 짊어지지 않을 수 없었던 나의 순수 동지들이다.

남들은 옥에 가두었다고 축배를 드나 나는 옥에만 갇혀 있지 않은 너희를 보며 승리의 전율을 맛본다. 저들의 쇠창살은 우리를 가둘 수 없음을 안다.

너희는 사월에만 피는 꽃이 아니다. 나는 오월에 시들려 하는 너희를 유월에도 만발하게 묻을 준비하고 있다.

나는 꽃 피우는 아이가 좋다.

1982. 6. 5. 토. 아침.

너무도 바빴나 보다. 날마다 일기장 앞에서 친구를 생각하고 삶을 생각하고 세계를 걱정하는 풀빛 시간을 갖고 싶다.

백지 앞에서의 조용한 명상의 시간. 이 시간을 간절히 기구하노라. 이 시간을 고귀하게 간직하기 위하여 난 하루의 땀을 듬뿍 흘리겠노라. 혼혈을 다하며 하루를 일하겠노라.

잠과 명상. 아, 휴식은 고귀한 것.

밀알에 다음의 글귀가 맘에 든다.

"인간은 어느 한 사람이라도 나를 생각해 주고 걱정해 주는 사람이 있을 때 비로소 행복할 수 있고 고독하지 않다. 적어도 우리는 한 사람만이라도 행복하게 해 주는 사람이 되자."

많은 것을 사랑하기 보다 죽어가는 한 인간을 구체적으로 사랑해야지. 나도 바쁘다는 핑계를 연발하고 있는 것은 아닐까? 외로운 이의 진심을 듣지 못하고 껍데기로만 만나고 헤어지는 것은 아닌가. 사물을 사랑해야지. 사람은 관심과 대화라 했다.

아, 글은 잊기 위해서 쓰는 것인가.

1982. 8. 7. 토. 오전 10시. 흐림.

피로를 채 풀지도 못한 채 이틀을 계속 외박을 했다. 그제는 Y회관 강당에서 수열이와, 어제는 만남의 집에서 테레사, 안또니오 시몬, 바오로와. 오늘부터는 외박을 할 일이 거의 없게 된다. 다행이다. 이제 운동을 해야 한다. 어떤 피로도 이기며 아침운동을 해야 한다. 이제부터 냉수마찰을 해볼까?

재○이와의 2박 3일 여행이 자꾸 기억으로 되살아 난다. 아직도 여행 기분에 휩싸여 있을 때가 아닌데, 왜 이럴까? 나도 참 사춘기 소년 같다. 재○이에 대한 생각이 한쪽 구석에서 자꾸 피어오른다. 아, 하느님. 감사합니다. 이 은혜에 보답하기 위한 온갖 노력을 해 보겠습니다. 당신에게 부끄럽지 않은 연인으로 살아보렵니다. 서로가 서로를 위로해 주고 질책해 주며, 당신의 부르심에 항상 귀와 눈을 열고 살아가렵니다.

체제에서 밀려난 수많은 양들. 당신이 그 안에서 사시니 그들을 통해서 당신 역사를 이루어가시니 그들 한 사람은 세상 전부하고도 바꿀 수 없을 만큼 소중합니다. 이적은 이들 속에서 일어납니다. 지금도 수없이 일어나고 있습니다. 주님 우리는 이들을 먼저 알아야겠습니다. 이들의 아픔, 기쁨, 생활, 강인함 등을 정확히 배워야겠습니다. 그리고 그들 속에서 함께 울며 이 양떼를 인도하겠습니다. 양들의 우리를 알면 알수록 더 열심히 그 길을 함께하고자 하는 뜻이 우러나도록 우리는 양들 앞에서 결백하렵니다. 양들 속에 살며 역사와 대항해 싸우다가 노동과 싸움과 恨 속에서 죽어 가렵니다. 양들이 배고파 쓰러지는데 목자가 배불리 먹을 수 있습니까? 양들이 짓밟혀 쓰러져 가는데 당신은 가만히 점잔 떨며 살 수 있습니까? 양들은 자유와 빵을 찾는 투쟁에서 용감히 죽어 가는데 그 누가 참 삶의 길이 다른 데에 있다고 말할 수 있겠습니까? 겁쟁이 아첨꾼이 당신의 자녀인가요? ▨

1982. 8. ??

▶ 한희철은 종종 '하늘'의 의미로 한할 '한(恨)'자 뒤에 입 '구(口)'자와 새'을(乙)'자를 합쳐 스스로 만든 것으로 보이는 叱(을)이란 한자어를 결합한 恨叱(한을, 곧 하늘)이란 조어를 종종 쓴다. 사람이 곧 하늘 (인내천)이라는 천도교 사상의 영향을 받은 듯, 때로 恨叱은 '한희철 자신' 또는 백성 '민(民)'을 의미하는 것으로도 쓴다.

恨叱^{하늘} 恨叱

恨叱 恨叱

타거라! 恨叱아!

붉게 붉게 타거라, 노아의 홍수처럼 지구와 온 우주를 불길로 뒤덮어라

그리하여 이제 세상을 심판하여라

죽은 자들의 恨^한과 산 자들의 恨이 한데 엉켜 천둥 같은 소리로 울
어라

"형제를 사랑하라"는 새 계명을 잊고 살던

모든 위선자들을 '죽음'이라 일컬으라

그리하여

참된 恨叱^{하늘}의 자녀들이 하느님과 더불어 즐거이 사랑을 나누며
사는 나라를 도래케 하라

새로운 가치와 새로운 양식(민중들의 바로 그것 그 꿈대로)의 생활이
펼쳐지는 그 나라를 도래케 하라

자본과 무력에 핍박받고 착취받으면서도

오늘도 힘겨운 투쟁에 몸 바치고 있는

세계의 모든 형제들에게 그리스도의 평화가 함께하기를

1982. 8. 12. 목.

언제부터 잊었던가?

인생의 기쁨과 슬픔을, 나와 인연이 맺어진 이웃들의 기쁨, 슬픔에
심장이 굳어진 지가 얼마나 됐을까?

아, 잘못이었던 것 같다.

나의 생활이 역사적인 행위로만 이루어질 수 없지 않은가?

가난은 역사적인 것이고 사회적인 부자유도 역사적인 것이며 생활
의 가장 큰 부분을 이루고 있음은 사실이다. 허나 그것이 인간 생활의

전부가 될 수 없다. 그렇기에 역사관은 생활 속에 어우러진 종교와 동일할 수 없고 대립되는 것이어서도 안 된다. 종교는 내 생활의 전체이므로 모든 인간관계와 행위를 이루어 주는 기초임에 반해 역사관은 역사적 사회적 행위를 결정시켜 주는데 그쳐야 한다.

그동안 나는 가난과 부자유와 전쟁에서 신음하는 인민들과의 연대만을 중요시했다. 그들과 함께 고통을 나누며 그 고통에서 해방되기 위해 함께 노력하는 것이 나의 뇌리의 정수를 차지하고 있었다. 아직도 그 점에서 마찬가지이다.

그러나 오늘 철저히 새로 깨달은 것이 있다면 내가 살면서 인연을 갖고 사는 인간들의 중요성이다. 인간이고 이제 인연을 맺은 친구라는 그 자체가 그 어느 것보다도 존귀해야 한다. 형식상의 만남은 피해야 한다. 왜 그는 어떤 형태로는 나의 인생의 동반자이기 때문이다.

나에게는 제3세계의 역사적 운명에 대한 철저한 책임의식이 있다. 그것은 나의 역사적 운명에 대한 책임의식이기 때문에 철저할 수밖에 없고 너무나도 엄청난 대중의 고통에 관한 문제이기 때문이다. 그런데 이 사명감은 나의 인간적인 순수성을 앗아가는 것일까? 나는 어린애 같이 울고 웃으며 살아가지 못하는 것일까? 나의 정리된 틀 속에서만 억지로 감정을 잡아 울기도 하고 웃기도 하는 것인가? 아직까지 내게 술과의 시간이 있었기에 그나마 인간됨을 잃지 않은 것 같다.

허나 무지무지 감정이 무뎌진 것은 사실이다. 남에게 감동적인 사건이 내게는 아무 감동을 주지 않았으니 말이다. 아, 이 무뎌진 감정을 어떻게 되찾을 수 있을 것인가?

아, 그러나 감상적으로 슬픔에 젖기 싫다. 그것도 위선이 아닌가?

내가 순수로 돌아갈 수 있을려면 그리고 인간을 사랑하며 살 수 있을려면 인민의 생활의 모든 것을, 생활 속의 기쁨과 슬픔을 고귀하게 느낄 수 있어야 할 것이다. 정말 그렇다. 거기에 생의 장엄한 리듬이 흐르고, 생의 아름다움이 뒤엉켜 있다.

그다음은 내가 모든 것을 겪어야 한다. 알아야 한다.

그리고는 내가 만나는 인간의 고통과 괴로움 속으로 들어가 보아야 한다. 제일 먼저 고통을 쪼개 갖으며 서로를 격려할 수만 있다면.

나는 핏줄과의 죽음의 이별을 해 보지 못했다. 진정 오랜 생활을 나누며 사랑하던 이와의 이별을 해 보지 못했다. 어쩔 수 없는 오랜 이별을, 그 슬픔을 내가 체험하질 못했다.

나는 이별의 아픔을 모른다. 가난의 아픔, 가난으로 말미암은 여러 설움은 안다. 천대, 멸시받는 자의 괴로움은 어렴풋하게 안다. 여자들의 사회적 가족적 어려움도 어느 정도 안다. 질병의 아픔도 조금은 알지만 불구자의 아픔, 나환자의 아픔, 불치의 병 속에 있는 자의 아픔, 나는 모른다. 창녀들의 설움, 조금 밖에 모른다.

늙으신 할아버지, 할머니에게 중요한 것이 무엇인지? 수감자의 어려움을 잘 모르고, 죽음을 기다리는 사형수의 아픔을 모른다. 고문의 채찍맛을 아직 잘 모르고,

오랜 이별 후에도 재회의 기쁨을 별로 못 느낀다. 아마 재회를 더욱 더 절실히 기다렸다면 사정이 달랐을 텐데. 어릴 적 나의 친구들, 순수하던 친구들, 나의 친척들, 멀리있는 동지들.

아, 모든 일을 제쳐 놓고 달려갈 만큼 보고 싶지 않다는 말인가? 학교의 후배들, 정들었던 친구들, 후배들, 선생님.

나의 사랑은 허구였던가? 우리의 오랜 시간의 부딪침은 허구였던가?

왜 나는 편지도 못하는가? 왜 안 하는가? 사랑이 덜 됐었나 보다.

관심이 부족했나 보다. 지금 어떤 모습으로 어떠한 생각들을 가지며 어떻게 살아가고 있는지? 궁금하지 않은가? 나의 옛 친구들. 지금 혹시 어떤 어려움이 겹쳐 지쳐 있지나 않은지?

나의 가족은? 나의 애인은? 나의 후배들은? 나의 동지들은? 나의 다른 친구들은? 나의 친척들은? 나의 옛 친구와 스승들은?

갖가지 질병과 괴로움에 신음하는 자들! 죽음 기다리는 분들! 제3세계 인민들과 세계의 노동자, 농민들!

내가 진정 사랑하고자 한다면 좀더 관심을 가져야지. 그리고 사랑하는 이를 위해 움직여야지.

1982. 8. 17. 화. 저녁.

몸이 불편하다고 나의 할 일을 못하고 있다. 코와 귀. 걱정이다. 확실히 인간은 자기 몸이 제일인가 보다.

"이웃을 네 몸 같이 사랑하라." 얼마나 불가능한 일인가?

나는 무얼 사랑하고 있는가? 무얼 사랑했었는가? 나의 몸만큼이나 사랑해 본 무엇이 있는가? 인간은 결국 카인처럼 변명이나 하다 세상을 떠나야 하는 것인가?

세상을 나의 몸만큼 사랑하자. 나의 친구를 내 몸같이 사랑하자. 내 가족을 내 몸같이.

나 어릴 때는 친구가 다치거나 엄마가 우실 때 나도 울었건만 나도 점점 순수를 잃어가는구나.

나 어릴 때 어두움을 무서워했다. 불빛은 안심이었다. 모든 것은 나의 친구들이었다. 특히 강아지는 나의 더없는 친구였다. 가끔 저녁 황혼이 지고 동네 꼬마들이 집으로 가고 마당이 텅 비었을 때 나는 하늘을 보고 "엄마"하고 속으로 울었다. 나는 무서운 얼굴을 하고 매를 든 사람 외엔 그 누구도 친구가 될 수 있었다.

아, 지금의 나와는 너무나 다르다. 나는 왜 울고 웃지 못하는 것인가? 나는 하늘만이 친구인가? 죽은 자들 멀리 보이지도 않는 자들만이 친구인가?

그렇다면 나는 나의 상상력 앞에 도취되는 관념론자가 아닌가? 산 자들 속에서 가까이 나와 부딪히는 이들 속에서 나는 기뻐하고 화내고 실망하고 괴로워하고 슬퍼해야 할 것 아닌가? 나는 누구 앞에서 울어보나?

나의 진정한 恨한을 누구와 달래 보랴?

"나의 버림받은 형제를 네 몸같이 사랑하라."

아, 그러나 주님. 전 역사적인 과업에 뛰어들어야만 한다고 생각합니다. 제 가진 게 그것이거든요. 제가 당신 역사를 위하여 들의 잡초처럼 순수하게 살다가 짓밟혀 죽을 수 있게나 해 주십시오. ▨

1982. 8. 18.

몸이 아파 집에 붙어 있으니 또 일기장과 대화할 시간을 갖게 되는군.

사람은 몸이 아프면 의지도 나약해지는 법. 어젠 너무도 약한 소리를 지껄인 것 같다. 헌데 오늘도 몸은 더욱 괴롭고 마음은 더욱 약해졌으니.

"농아와 결혼한 어느 여교사의 수기" 여성중앙을 우연히 펼쳐 들게 되어 읽어 본 글이었다.

이를 읽으면서 지금 내가 가는 이 길을 되살펴 보게 되었다. "내겐 아직도 나를 온전히 내던지는 용기가 없는 것이 아닌가? 뭔가 작은 일보다는 대의명분을 찾아 나를 바치려고 하는 것이 아닌가? 하는 자책의 소리가 계속 들려왔다.

지금의 이 땅의 불구자들은 이러한 여교사를 필요로 하고 있다. 이 여교사처럼 그들에게 다가갈 때 그들은 형제를 사랑하며 살기 위해 일어선다. 이 여교사가 그들에게 간 것 이것은 진정한 용기이며 세상을 이긴 것이다. 문제가 될 것이 있다면 "이 여인이 이러한 결단의 연속으로 죽음에까지 이를 수 있는가."이다.

나도 이 여인의 용기를 배우고 싶다. 그 길만이 나를 덮어씌우고 있는 갖은 허상들을 부숴내며 사는 길일 것 같다.

이 여인에게 그러한 결단이 가능하게 했던 믿음은 "예수님과 부처님 앞에서 장애자 아닌 인간이 없다." 또 하나는 "저 낮은 자리에는 앉을 사람이 없으니 내가 앉기로 했다."

세상에 좋은 일은 참으로 많다.

그러나 분명히 좋은 일이고 해야만 할 일임에도 선뜻 마음 내키지 않는 일, 발걸음이 떨어지지 않는 일 또한 세상에 많다.

남들이 하기 싫어하며 꺼리는 일에 하느님은 당신 사랑하는 자녀들을 쓰신다.

"하느님은 모든 인간을 장애아로 보시기 때문에 제 마음을 이해하실 것이고 세상으로부터 받은 찢기고 헐고 피나는 우리 부부의 상처를 어루만져 주실 것을 믿는다."고 여교사는 고백한다.

하느님 앞에 자신을 장애아로 고백하는 겸손을 통해서 우리는 하느님의 강한 사랑을 느낄 수 있을 것 같다.

이웃과의 관계에서도 우리는 "너"가 없이는 장애아라는 진실로 겸손된 자세가 필요할 것 같다. 그럴 때 우리는 진실로 겸손된 자들과 철저한 연대의식 속에서 살아갈 수 있는 것 아닐까?

가난하고 병들고 못 배우고 지저분하고 등등 소위 평균치 이하의 인간으로 취급받으며 하루하루를 살아가는 인간과의 연대의식이 절실하다.

그런데 인간은 장애자인데 장애자가 아닌 듯이 갖은 장식물로 위장하며 살아가는 인간들! 소위 자신은 우등한 인간이고 우등한 문화를 갖고 있고 우등한 세계에 살고 있고 우등하다는 상호 인정 속에 만족하며 사는 무리들. 한 마디로 역겹다.

"나는 하느님 앞에서 정말로 하잘것없는 인간이다."

"세상에서 패배하고 버림받은 인간, 세상에서 모두 인정받지 못하고 이해받지 못하는 인간, 사람이 만든 구조의 사슬에 갇힌 인간, 패배의 연속이라는 역사 속에 갇힌 인간."

나는 이러한 민중의 고백에서부터 새로운 삶이 시작된다고 본다.

비로소 "약속"이 이루어질 수 있는 조건이 갖춰졌다고 본다. 비로소 "약속"을 통한 탈출이 이루어지는 전제조건 말이다.

글이 매우 산만해지는구나!

나는 오늘 딱 두 가지를 마음에 새긴다.

하나는 혁명가와 노동자, 농민 대중은 모두 역사의 개벽을 희망하며 싸우는 민중이다. 내가 역사적 사명감에 의하며 혁명가의 길을 철저히 걸어갈 때 내 의식의 밑바닥에서 혁명가 일인의 목숨과 대중 일인의 목숨을 동일하게 여길 수 있을 것인가? 분명 하느님의 입장에서는 대중

한 사람을 더 귀하게 여기실텐데. 나에게 숨겨진 비겁을 혁명을 위한 책임감이란 것으로 위장하지 말자. 대중보다 먼저 죽고 대중과 함께 죽는 혁명가가 될 수 있도록 노력하자. 역사의 주인은 민중이기 때문이다. 나는 가진 것이 없는 민중으로서 하느님을 따르는 혁명가이기 때문이다. 역사에 나를 남기지 말고 민중과 하느님만을 후세에 남기자. 우리의 후손들은 民草^{민초}들의 죽음들이 이루어 놓은 위대한 힘을 길이 기억 보존하며 평화롭게 살도록 하자.

또 하나는 약사와의 혼인을 뿌리치고 농아인 제자와 결혼한 여교사의 결혼관이다. "그의 진실과 사랑과 인정미만으로 제 생에는 행복할 수 있을 것 같습니다." "내가 없으면 그이는 영원한 장애아일 거예요" 장애아를 서로 도와 완성된 인간으로 성숙되어 가는 기쁨이 그들에게 있을 것 같다. 모든 인간의 만남이 그렇지 않을까? 나의 있는 그대로를 다 펼쳐 보임으로써 내가 장애아임을 부끄럽지 않게 드러내고 도움과 사랑을 받으면서 위로와 부축을 받으면서 살아가는 것이 아닐까? 나는 눈과 귀를 더 크게 열고 누가 나의 위로와 부축을 필요로 하는가를 살피고 장애아로서 장애아를 돕고.

나는 재ㅇ의 사랑을 진실로 필요로 하는가? 장애아인 내가 세상을 올바르게 살아가기 위해 재ㅇ은 정말 필요한 친구인가? 내게 힘과 용기를 주었던가?

그리고 나는 재ㅇ에게 꼭 필요한 친구인가? 재ㅇ이가 발이 불구인데 나는 손만을 가져다주는 존재가 된 적은 없었나? 내가 재ㅇ이의 힘과 용기와 기쁨의 작은 샘터가 된 적이 있던가? 재ㅇ이가 세상을 올바르게 멋있게 살아가게 하려고 얼마나 신경을 썼나? 재ㅇ이는 무엇을 아파하며 무엇이 부족할까?

사람은 모두 살아간다. 모두가 죽음에 이르는 존재이다. 모든 종교와 철학은 "어떻게 죽어서 그 후에 어떻게 되는가."가 주된 테마가 아니었다. "어떻게 살고 행동하며 죽음에 이르는가."가 주된 테마이다.

모든 종교와 철학은 인간의 땀과 피와 얼이 담겨 있기에 즉 인간의 것이기에 가치가 있다. 인간의 특징 중에 역사관이라는 것이 있다면 종교와 철학 속에 역사관이 없을 리가 없다.

1982. 8. 22. 일.

지금 생각해 보니 오늘이 어머니 아버지 결혼 29주년이 아닌가? 아버지는 아시는지? 내가 항상 상식을 벗어나는 태도로 아버지를 대해 오긴 했어도 나의 감정으로 나의 문제로 아버지에게 주먹으로 대든 것은 처음인 것 같다. 도저히 있을 수 없다는 일이 나에게는 사실로서 벌어진 것이다.

항상 무슨 일은 뿌리를 뽑아야 해결이 되는 것인가?

그동안 몇 년 동안.

1982. 8. 28.

TV 문학관 「어떤 여름 방학」

눈물. 눈물을 발견했다.

이미 발견했던 눈물의 진실이 이제 확연해진다. 말없이 흐르는 가슴속의 눈물, 그것이 얼굴까지 흐를 때……

모든 계산과 벽을 헐어 부수는 눈물.

민중의 역사도 눈물이다. 하느님은 그 눈물의 진실을 들어 주는 분. 눈물은 사랑이다.

슬픔과 기쁨에 모두 존재하는 눈물.

사랑하는 사람이 유일하게 가진 진실의 무기, 눈물!

눈물은 인간끼리의 고백의 성사 하느님과의 화해. 용서.

깊은 마음의 병을 지니게 된 준호(너무 순수하기 때문에 순수하려 하기 때문에) 그를 치료해 달라고 부탁받은 의학 박사님, 그의 성실. 박사님의 부탁에 의해 '준호의 옛 애인 세실리아' 역할을 하게 되는 여대생(아르바이트로서 준호의 친구가 되어 준다)

"나를 다시 태어나게 하는 눈물. 너를 변화시키는 눈물(너에게 용서 받는 눈물). 역사를 하늘나라로 인도하는 민중의 눈물."

1982. 8. 29.

여태까지 날 키워 주신 하느님께 감사드립니다.

이제 스물세 살. 아직도 당신 도움 없이 당신 충고 없이 살아간다는 것이 힘든 나이입니다. 제가 당신 뜻을 세상에 이루려고 당신 사랑을 세상에 증거하려고 하는 모든 일들에 당신 도우심이 있기를 부탁드립니다. 저를 위해서가 아니라 저의 능력 부족으로 당신 일에 지장을 초래할 위험을 방지하기 위해서 말입니다.

저를 민중의 신음소리 중에 태어나게 하시고 키워 주신 것 감사드립니다. 이제 저도 민중을 알 듯합니다. 그들을 죽을 때까지 잊지 않을 듯합니다. 그들을 도울 수 있을 것 같습니다. 그들이 새 인간으로 태어나 나와 더불어 당신 자녀된 일을 할 수 있도록 그들을 돕는 것 말입니다. 저는 단순한 민중이 되지 못하는 한계를 가진 자가 되었습니다. 그러나 그것 때문에 내가 할 일을 내가 앎니다.

그 동안 당신 사랑을 무수히 거절해 온 것 이해하십시오 아니 용서하셨으리라 믿습니다. 저는 당신을 통해 "사랑" 한 가지를 배웠습니다. 저는 당신에게 도전함을 통해 "새 하느님"을 알고 "자유"를 얻었습니다.

이 자유는 저의 한계 즉 관념분자로서의 자유이기 때문에 "자유"라고 말하고 싶지 않고 "나 개인적 자유"라고 하고 싶습니다. 민중이 자유를 회복할 때까진 저의 자유는 진정한 전인적 자유라고 할 수 없을 듯합니다.

민중은 정신, 육체, 영의 통일적 존재이나 저는 관념분자로서 정신에 의해 나의 행동이 거의 이루어집니다.

"저의 경우에 있어서 정신적 자유는 곧 '나'의 자유가 성립합니다."

하느님 고맙습니다. 23년의 당신 은혜를 잊지 않도록 노력하겠으니 도와 주소서.

1982. 9. 2.

너무나도 괴로운 하루였다.

주님 앞에 수없이 용서를 청했다.

그리고 감사했다. 새로운 각오를 위하여 좀더 강인한 각오를 위하며 더 더욱 괴로워했다. 性^성의 문제. 民衆^{민중}이 느끼고 있는 性관을 아무쪼록 따라야 한다.

1982. 9. 20. 월

밀실과 광장

지금 나는 매우 자유롭다.

가장 구체적인 자유의 시간이다. 객지의 자취방에서 모든 이들은 나의 이런 감정을 느끼는 것일까?

허나 이는 밀실의 자유일 뿐이다. 광장에서의 도피 속에서 느낄 수 있는 자유.

지금 사람들은 광장에서 고독을 느끼며 밀실에서 풍만함을 느낀다.

내가 이 시대 이 땅에서 느끼는 모든 것은 영원한 운명의 것이 아니다.

그러나 또한 모든 것이 나의 의지에 의하여 변하는 것만도 아니다.

"지금 여기"는 우주 변화의 출발지이다. 인간 생활의 출발지이다. 세계사, 민족사의 출발지이다. 내가 인간이라면 "지금 여기"는 항상 출발시점이어야 한다.

신의 의지는 민중의 꿈과 대동소이하다. 하느님 나라는 민중의 꿈이 실현된 나라이다. 이 땅에 하느님 나라의 모델이어야 한다. 하느님 나라의 모델인 교회는 윤리관, 경제질서 등등이 세속 질서와 판이하므로 세속 속의 교회는 세속 질서 지배계층과 대립 마찰할 수밖에 없다. 하느님 나라의 존립을 위태롭게 하고 심지어 불가능하게.

이러한 교회의 일원으로서의 나는 오늘을 행동함으로서 어제와 내일의 세계가 다르도록 할 의무가 있다. 분명 내일은 하느님 나라에 조금 가까워져야 한다.

나는 지금 글을 쓸 때가 되지 못했다.
말과 글의 가장 기본을 잘 못한다.

두(頭)
앞뒤의 논리성이 없다.
사실(fact)이란 것이 밑바탕을 이루고 있지 못하기 때문에 오는 현상.

지식인의 머리와 민중의 다리를 갖고 살아야 할 텐데.
민중의 머리와 지식인의 다리를 갖고 사는 듯하다.

나는 적어도 나의 시대(나에게 역사가 떠맡겨진 기간 동안)에는 神^신이 되어야 한다. 그러나 나는 그간에 너무 역사를 신에 의존해 왔다. 인간의 손으로 풀어야 할 문제를 너무도 자주 하느님에게 기대었다. 많은 시간을 낭비했고, 그 결과 지금의 내가 남은 것이다. 나약한 나. 너무도 많은 일을 두려워하고 고민과 상상과 감상 속에서 많은 시간을 보내고.

그동안 내가 얻은 것이 있다. 단 하나. 신앙은 민중의 것이라는 것이다. 이런 이의 것이라는 것이다. 민중이 고귀한 것처럼 그 신앙 또한 고귀하다는 것이다. 지식인들의 얄팍한 논리로서 그들을 교육할 때 그것은 자칫 그들의 에네르기를 빼앗는 짓일 수 있다.

지식인과 어른에게는 민중과 어린이의 꿈이 매우 어리석은 것이라 평가될 수도 있다. 지식인과 어른은 이들이 스스로의 노력에 의해서 그 꿈을 실현할 수 있도록 여러 측면에서 도와주는 者이다. 그 꿈은 고귀하며 꼭 이루어야 하며 꼭 이루어질 것이라고 격려해 주어야 한다. 그리고는 그 꿈을 이루기 위한 방법을 경험과 지식을 기반으로 가르쳐 주어야 한다. 이는 그 꿈을 포기한 지식인이나 어른에게서 기대할 수 없는 일이다. 끊임없이 포기하지 않은 지식인. 수많은 시련, 수난을 겪으면서도 그 꿈의 길을 가는 지식인이나 어른에게서 기대할 수가 있다. 이러한 어른은 1 소수이다. 그러나 수많은(보이지 않지만) 추종자를 갖고 있다. 이러한 어른, 지식인은 자기들 말고 다른 많은 사람들이 어떠어떠한 이유로 그 꿈 앞에서 좌절하게 되는지 경험을 통해서 많이 알고 있다. 그 경험을 되풀이하지 않도록 도와 주는 일이다.

나는 인간을 믿겠다.

1982. 10. 19. 화.

나는 아직도 참된 사랑의 힘을 믿지 못하는가?

재ㅇ이와 나는 표류하고 있다.

나의 한 마디 한 마디나 나의 에스로적인 태도 하나 하나는 재ㅇ에게 갈등만 안겨 줄 것인 줄 알면서 ……

1982. 10. 21.

레지들은 웃음과 미모와 풍만한 육체의 각선미를, 학자는 지식을,

노동자는 힘을, 예술가는 예술을 팔아 먹고 산다. 인기 있는 인간 상품
이 되기 위해 노력.

　　대자본이 소자본을 이긴다.(현실)

　　인간이 축적되는 화폐의 노예.

　　인간의 꿈은 대체로 같다. ▨

1982. 10. 23.

　　이 땅에 묻히기 위하여

　　이 땅의 고귀한 넋들과 함께 살아남기 위하여……

　　고귀한 넋들의 믿음과 소망은 이루어지고야 말리라.

　　예수의 넋, 박관현 兄^형의 넋.

　　수많은 사랑의 투사들의 넋.

　　삶과 죽음의 경계선이 없이 영원히 살아남을 넋이여!

　　민주의 감춰진 가슴속에 살아 있는 땅 냄새의 넋이여!

　　우리는 주께서 주신 이 아름다운 넋을 고귀하게 키워야 한다. 믿음
과 소망과 사랑을 담은 넋. 나와 너의 넋은 모두가 하느님의 것이다.

　　다른 모든 것의 속박에서 벗어나야 한다. 노예가 되지 말아야 한다.

　　죽음 앞에서.

　　탄압 앞에서.

　　나는 비겁인가? 우리를 대신하여 십자가를 지고 죽어간 박관현 兄

　　우리는 우리의 넋이 더렵혀지지 않기 위하여 스스로 고통을 선택
하지 않으면 안 된다.

일기

151

탄압 속에서 이기며 살지 않으면 안 된다.

죽지 않으면 안 된다.

우리는 구조적으로 노동자 농민의 넋이 빛을 잃어가게 됨을 막기 위하여 투쟁한다.

지배자의 넋과 피지배자의 넋을 해방시키기 위하여 우리는 세계사적 구조와 투쟁한다.

지금 원풍모방의 700명 노동자들은 단결하여 노예의 사슬을 부수고 있다. 인간답게 살기 위하여, 노동자가 인간다운 사회적 대접을 받으며 살 수 있는 구조를 창조하기 위하여.

인간은 빵 앞에서 넋이 파괴되었다. 지배와 피지배. 자본주의 사회에서 빵은 화폐, 자본이다.

이제 남은 과제는 인간이 자본을 이겨야 한다. 노동자의 넋이 자본을 이겨야 한다.

노동자가 빵의 노예가 되는 것이 아니라 노동자가 빵의 주인이 되는 것이다.

체념과 열등의식과 노예근성 속에서 헤어날 수 없는 이상 구조는 극복될 수 없다.

노동자들의 깊은 단결 속에서 해방은 이루어진다.

넋들의 단결!

나와 너와 세상을 구하기 위해.

이미 죽어간 아름다운 넋들을 기리며……

1982. 11. 1.

- 마르크스는 인간이 노동을 통한 생산 속에서 자기 실현을 추구하는 창조적 존재라고 파악.

- 노동 : 자연에 대해 인간이 능동적으로 관련을 맺어 가는 것.

- 노동(지적 행위 포함)이 인간의 자기 표현. 즉, 개별적인 인간의 육체적 및 정신적 힘의 표현이며 이 진정한 행위의 과정에서 인간은 스스로를 발전시키고 자기답게 된다고 보았다.

- 사유재산제와 노동의 문화가 발달하면서 노동은 인간의 힘의 표현으로서의 성격을 잃고 노동과 노동에 의한 생산품은 인간(인간의 의지와 인간의 계획)으로부터 분리된 존재가 되며 이로써 인간은 노동으로부터 소외되어 인간과 자연의 관계는 '비인간적(inhuman)'인 것인 된다.

- 산업화된 자본주의 사회에 있어서 노동자는,

  1. 그의 노동의 결과물이면서도 그에게 〈적대적이며 멀리 떨어져 있는 외적 객체〉로서 대결해 오는 생산물로부터 소외

  2. 생계를 유지하기 위한 비자의적인 〈강요된 노동〉에서 파생하는 생산행위로부터의 소외

  3. 전문화와 분업 속에 빠져 있는 타인으로부터의 소외

- 〈사유재산의 강제적 폐기〉에 의해 주체(인간)와 객체(생산물)의 재결합을 가져 올 수 있으며, 그에 의해 인간과 그 스스로의 재결합을 가져 오고 개인적 집단적 소유의 모든 고려로

1982. ??. ??.

<table>
<tr><td>김갑철氏^씨</td><td>예수</td><td>–</td><td>맑스</td><td>–</td><td>레닌</td></tr>
<tr><td></td><td>(생활 전반)</td><td></td><td>(정치경제영역)</td><td></td><td></td></tr>
</table>

"공산당 정권은 인민대중의 소망과 태도에 별로 큰 관심을 갖지 않았다. 또 그들이 지배하는 인구를 또 하나의 자원으로 간주하여 왔다."

주)자본가가 노동자를 상품으로 여기는 것과 비슷

혁명 후의 정기 경제 동원은 인민이 민주적 조직에 의해 합리적으로 되어 갈 때 정통성의 문제로 귀결된다.(폭력, 테러는 정통성 상실 우려)

〈정치 권력 탈취와 전복의 시기에는 인민의 빵의 요구와 적대의식, 폭력이〉

정통성 획득의 방법

　1. 루마니아. 민족주의 민족 주권

　2. 유고, 헝가리. 일당체제 내의 민주화

　3. 소련, 중공, 동구. 주민의 생활수준 향상

〈최정호氏^씨 글〉

한 사회의 정상적인 성장이나 자발적인 발전이 굳어버린 정치제도의 저지를 받게 되고 그러한 정치제도가 날이 갈수록 견딜 수 없는 질곡으로 느껴질 때에는 조만간 심각한 위기가 조성되어 발전을 저해하는 질곡이 혁명에 의해서 철폐되고 만다.

즉 혁명의 제1유형으로서 동적인 사회의 성장력이 정적인 정치제도의 질곡을 깨뜨리는 원동력(불란서 혁명, 서구 노동운동)

제2유형은 전체주의적 혁명(후진국 혁명). 정적인 사회의 침체성에

대해서 동적인 정치권력이 혁명을 일으키는 추진력. 식민지 종속 경제 구조(반동적인 (파쇼) 정치제도 동반)

제3유형은 신좌파운동(유토피아의 직접성, 폭력의 직접성 추구, 구체성 결여)

- 레닌은 전위당의 창설. 모택동은 무장투쟁에 엑센트, 맑스정당을 프로(프롤레타리아, 노동자계급) 지반에서 해방.

맑스는 로맨틱한 유토피아 사상에서 몸을 돌려 역사적으로 매개된 단계적 유토피아를 건설하려는 이론. 유토피아의 실현은 단순한 의지나 정열에 의하여가 아니라 경제사회적인 조건의 성숙을 기다려 비로소 가능할 수 있는 것.

맑스의 원론은 19세기의 서구에 타당한 이론이며, 맑스의 기여는 철학과 방법론에서이다. 단계적 유토피아론, 이성과 경제의 중시라는 면을 받아들여 레닌은 시공이 떨어진 곳에서 역사적 과업을 완수했다. 후진 사회의 제3세계 혁명이론의 모델이 되었다.

- 경제구조와 정치구조와 문화, 관습주의 등의 연관성

한국의 혁명이론을 위해서 근대사(경제사 정치사)가 먼저 구명되어야 한다. 대중의 이데올로기, 가치관, 종교 현상, 문화 현상의 역사적 관련성이 명백해지게 된다.

경제 정치 구조의 정상 기능 회복이 모든 문제의 귀결점임을 밝히고 혁명의 필요성을 역설해야 한다. ▨

〈막글터〉에 남긴 글

▶ 〈막글터〉는 제목이 암시하듯이 당시 가톨릭 신자 대학생으로
겪은 고민, 감정, 성찰, 논쟁, 결의 등을 자유롭게 표현하고 소통하는
플랫폼 역할을 하였습니다.
이 글들은 서울대학교 가톨릭학생회(울톨릭)에 비치된 낙서장(막글터)에
기록된 귀리노 형제의 斷想^{단상}(1981. 10. 21.~1983. 6. 18.)들임을 밝힙니다.
주로 울톨릭(서울대학교 가톨릭학생회의 별칭) 후배에게 전달하고자 의도된
글들로써, 그의 신앙과 사상이 비교적 명확히 드러나 있다고 봅니다.
참고로 덧붙이자면, 그는 1982년 중반(6월경)부터 성남 YMCA와
J.O.C.(가톨릭 노동 청년회) 활동에 전념하기 시작하며, 이하의 글에서 울톨릭을
떠나게 된다는 언명은 이를 의미한다고 볼 수 있습니다.
또한, 82년 4학년 2학기에 휴학원을 제출한 후 입대 직전까지 청평역과
평내역에서 철도공무원으로 근무하기도 하였습니다.

1981년 10월 21일

이유 없는 발걸음이 나를 도서관에서, 식당에서, 강의실에서, 교문
에서 여기로 옮겨다 놓는다. 이유가 있다면 관악캠퍼스에서 마지막 남
은 나의 휴식처라는 정도. 나의 방 정도로 자유스럽게 쓸 수 있는, 행동
할 수 있는 안락처로 여기고 있다는 정도. 이건 아주 상대적인 의미일
뿐이지, 이 방이 안식처, 휴식처란 이야기. 실제적으로 나는 이웃의 일
을 갖고 함께 고민했고 행동했고 지금도 계속하고 있는 친구들과의 자
리가 나의 진정으로 유일한 보금자리(천국)임을 알고 있고 몸으로 깨달
았다. 가생회는 아직 그런 자리가 아니다. 후배들이 역겨워 하고 있는

     Sequentia:Dies irae

자리이다(부족한 점). 이웃의 문제보다는 우리의 문제로 고민하면서 하늘이 주신 시간을 허비하는 경우가 많은 모임이다. 그것 때문에 진정한 일치를 모른다. 찾지도 못했고, 하느님의 존재 여부를 개인적인 차원에서만 밝히려 우라질 짓을 한다. 가톨릭학생회에선 나를 계속하여 예수임을 강조한다. 이방인임을 강조하는 것이지. 신과 인간의 헷갈린 모습임을 말이지.

왜? 나는 내가 아무런 일도 하지 않았다는 것이다. 가생회가 나아가야 할 방향을 구체적으로 제시하거나 이끌고 가지 않았다는 점이다. 그러나 여러분을 침체된(미안!) 상태에서 우물 꼭대기로 오게 하기 위한 충동질을 했다. 그리고 항상 기다렸다. 나를 기다리고 있는 사람과 필요로 하고 있는 사람을 항상 용서했다. 세상을 외면하는 이들이나, 기회적인 이들이나. 나의 존재만을 풍겼고 용서받을 수 있음을 알게 했다. 그로 말미암아 용서하도록(분명히 부담될 것이므로) 했다. 또 기다린 것이 있었다. 나를 그리스도로 고백할 수 있는 친구를, 선배를, 성직자를.

지금 내가 이야기하는 것은 예수가 기록됨으로 말미암아 신이 됨과 흡사한 이야기다. 그러니까 사도 '바울의 이야기'는 진정 '신의 이야기'였다. 현대의 가장 추한, 가장 힘겨운 모습의 별 볼 일 없는 '서민의 이야기, 동료의 이야기'는 '신의 이야기'라는 변명을 붙여 둔다.

나는 예수의 제자다. 그것은 나의 삶의 현장에서 예수의 손과 발이라는 것이다. 그 곳은 내가 쉴 곳이 없더라도 살아야할 곳.

'가톨릭학생회에서의 恨呹^{하늘}'은 民(서민, 민중)의 편지임을 밝히고 싶다. 그런데 恨呹이 필요 없는 때가 왔지 않는가 하는 회의를 많이 한다. 나의 발걸음이 회의를 많이 하게 된다는 것이다. 듣는 이가 없고 움직이는 이가 보이지 않기 때문이다. 괜히 지들도 나 恨呹처럼 잠시 들러서 휴식처나 삼거나 지껄임을 남겨 놓고 가거나, 친구들 만나서 소그룹 적인 위안만을 얻고 가겠다는 심보인가. 나는 되게 엿 같은 모습을 보여 주었음을 알고 있단 말이다. 가생회에 대한 태도는 적어도 나와 같은 모습들을 취하진 말으란 말이다. 나는 편지일 뿐이요, 너희들은 여기서 교회를 만들고 세상을 배우고 세상을 변화시켜야 하는 그리스도의, 民의 일꾼임을 직시하란 말이다.

(교회는 너요, 세상은 가생회, 또 교회는 대학, 세상은 민족. 또 교회는 가톨릭, 아무리 생각해도 난 가생회에 불필요한 존재인 것 같다. 고백이 부재한 교회 같은 가생회. 신도들은 잠자코, 신도들은 잠자코 있는 교회.)

나의 恨吃도 이젠 기어들어가야 할 시기가 다가온 것 같다. 그러나 양쪽 귀에 손을 대고 온 심혈로 세상의 작은 소리들, "감 사세요, 수박 사세요." 식당 아줌마의 파, 마늘 또닥거리는 소리를 들어봐라. 이 소리가 당신을 잠 못 자게 할 만큼 큰 소리로 변할 때가 오리라. 恨吃이 웅웅거릴 때 가생회의 기적은 이루어지리라.

일꾼(가생회 전회원)들아! 할 일이 뭔지 찾지 못할 때

나를 찾으라. 구체적인 할 일들은 내 안에 가득하다.

이제 떠날 시간은 조용히 정해 봐야 할 시간 ······.

나와 같은 회원은 되지 말고, 나와 같은 회원을 만들지 말아라.

미안하다. 개 같은 소리 너무 길게 해서 ▨

恨吃^{하늘} I

이제 내가 너희를 찬미하고 감사할 때가 온 것 같다. 이스라엘을 택

하고 마리아를 택하고 예수를 택하고 교회를 택했었지. 이젠 나를 위하여 수난을 당하는 자들이면 누구라도 나의 아들이로다. 수난의 장 예루살렘은 어디며 수난자들은 누구이냐. 내가 너희에게로 가리로다, 가리로다. 누가 나의 사랑하는 백성을 괴롭혀 나를 성가시게 하는 것이냐. 나는 분노하고 있다. 분노하고 있다. 사랑하는 아들들아! 네가 수난함이 나를 깨워 저들을 징벌케 하니 때가 되면 회개하지 않고 너희를 계속 괴롭히는 자들 모든 것들은 내가 뿜는 불에 모두 타 없어질 줄 알아라고 경고토록 하라.

너희는 정직함만을 잃지 말고 내가 있는 땅을 바라보며 지켜보며 기다려라.

나는 이제 한국의 땅바닥에 있음을 알아라. 나의 이름을 누가 야훼라 하더냐. 야훼는 나의 속명이며 나의 본명은 민중임을 나의 사랑하는 자녀 가생에만 먼저 말해 둔다. 나는 너희보다 순수하며 너희보다 용서할 수 있는 자다. 그러나 나의 살아 있는 실체를 보라. 나는 죽지 않았음을 알아라. 나는 움직이고 있다. 수난 당하는 너희들에게로 다가가고 있다. 나는 땅에 있으나 하늘(恨叱)로서 너희에게 계속 말한다. 내가 하늘에 있다고 말하지 말 것이며, 나의 '분노의 사랑의 소리'를 말씀이라고 색칠하지 말지어다. 나는 너희들의 아부에 구토가 난다.

- 1학년 과천 영보수녀원 피정 잘 다녀오시길 빕니다.
영보수녀원에서 오시는 30명의 아기 예수님께(지식인 예수님께)-
동무들아 잘 다녀왔느냐?
주님은 오셨더냐?
주께서 너희를 세상에 보내시더냐?

이제 30으로 예수가 몸을 쪼개어 여기에 오시니

오 주여! 어서 오십시오

어서 오시어 저희 오천만을 도와 주소서.

그러다가 총에 맞아 죽으시옵소서.

(미안하지만) 그때라야 우리는 외면하지 않으오리다.

당신이 총에 맞아 죽게 하는 우리는 죄인임을 고백하오나,

당신은 죽지 않을 수 없습니다.

밑바닥의 저희를 진정 구원하시렵니까.

1981년 11월 17일

(항상 2, 3, 4학년은 나의 글을 읽지 말아 주십시오.)

나의 과거의 낙서를 차례로 쭉 훑어보며, 아니 정독을 하며, 계속 나의 거만한, 자신만만한 자세를 못 버리며 (음! 熙哲(희철)-鬼利奴(귀리노)-恨叱(하늘)-의 변화와 통일이 만족스럽군.) 하고 내뱉는다. 나는 이 모습만을 남기고는 이제 간다. 저들에게로. 너희들 중 누군가가 스스로 찾아가게 될 저들에게로 하느님이 계신 곳으로 나 이제 가네. 먼저 가네!

오늘 또 한 번의 감탄사는 (음! 그때 그때 가장 솔직한 글을 썼구나, 나를 속이지 않았어.) 이것이었다. 거만하게도……

나의 거만함과 거만하게 보여짐이 병렬함을 믿고 나의 모순을 깨부수는 과정을 수차례 했다. 앞으로도 하겠고.

나는 나의 글을 남기고 간다. 그러나 글은 너희들이 목이 마를 때

만 필요함을 알아두고 그후엔 태워져야 마땅하지 않을까? 목마름이 얼추 사라질 시간은 지금 1학년 후배들이 3학년 될 때라 믿는다. 그런데 아직도 나의 글이 이해되지 않는다면 -照哲-이란 글을 나의 변천 중의 글. -鬼利奴- 선배의 글(신앙공동체에서의 선배) -恨叱-하느님, 빈민의 글. 두 가지의 글은 이미 나의 소리가 아님을 들어 주어 그 소리를 귀리노가 하고 있다는 것은 이율배반임을 안다.

이제 세상에서 만나자. 후배들아!

"나의 몸이 너희를 떠난다고 내가 너희 곁에 없다고 생각하느냐!" (예수)

이 말이 나의 인사를 대신할 수 있겠다. 너희 선배를 통해서 만나고, 무엇을 통해 만나자. 또 무엇을 통해 우린 계속 만난다는 희망을 안고. 너희들은 나의 주님! 나는 당신들의 심부름꾼입니다. 성남에 보내지는……

8개월 후쯤에 만나자.

1982년 3월 19일

〈성 요셉 축일에 드리는 기도〉
주님 저희에게로 돌아와 주십시오.
우리가 감히 지려고 하는 십자가를 보시고 여기에 오십시오.
저희는 회개하고 있습니다.
당신을 저희 교회에서 내쫓는
아니 당신이 도저히 머물 수 없는 교회로 만든 자들은

우리 자신들이었음을 깨닫고 있습니다.

당신은 우리가 세상을 위해 지는 십자가를 보시고 다가오신다는 사실을

다시금 깨닫습니다.

한 손에 들 수 있는 금십자가를 쥐고서도 당신을 불렀던

우리 교회의 잘못을 용서하소서.

피땀을 흘려도 다 질 수 없는 십자가를 등에 업고 당신을,

당신의 손길을, 당신의 위안을, 당신의 능력을 기다리겠습니다.

우리 교회는 배부르고 편안합니다.

저희는 아직 당신의 은혜를 간청할 때가 아님을 느낍니다.

우리는 이미 풍성히 받았습니다. 우리는 나약한 믿음이

그 은총을 눈치채지 못하고 또는 너무 쉽게 잊으려고 했기 때문입니다.

우리는 당신 사랑에 앉아서 눈물을 흘리며 감사할 줄은 알았으나

당신께 보답할 줄은 몰랐습니다.

당신의 뜻을 세상에서 이루는 아들, 딸이 되지 못했습니다.

당신의 품 안에서만 주리를 틀고 앉아 있으려고 했습니다.

이젠 일어서서 가야겠습니다.

당신께서 갈릴리에서 하시던 일을 계속하기 위해서

이 땅의 갈릴리는 어디를 막론하고 찾아가겠습니다.

당신의 손길을, 이웃의 손길을 간절히 기다리며 죽어 가는

소외된 장으로 우리는 용감히 걸어가겠습니다.

우리는 혼자 뿔뿔이 흩어진 힘으로 살지 않겠습니다.

그리스도께서 부활하시는 또 그리스도가 주재하시는 교회로써 살

겠습니다.

우리는 홀로 교회가 될 수 없음을 압니다.

우리는 당신을 주인으로

둘 이상이 모여 서로 위로하며 서로 용서하며

당신이 하시던 일을 끊임없이 계속하겠습니다.

우리가 감당하기 어려운 십자가를 함께 짊어지어 주시고

우리가 십자가 밑에 지쳐 쓰러졌을 때는 당신이 생명수로써 일어나

게 하소서.

저희의 안이한 믿음을 회개시켜 주소서.

잘 보이지도 않고 들리지도 않는 저기 저 소외된 형제들의

저기 저 소외된 형제들의 갈구를

귀 기울여 듣게 하소서.

그리고는 당신의 뜻을 우리 교회를 시키어 세상에 펴십시오.

당신을 부적처럼, 아니면

반지처럼 지니고 사는 자들 교회에서 쫓아내시고

달콤한 잠에 취해 있는 교회는 박살을 내어 깨어나게 하소서.

주님 당신은 사흘 만에 교회를 다시 지으신 분입니다.

저희를 잠들지 않게 지켜 주소서.

그리고 당신의 부름에 귀 기울이게 하여 주소서. ▩

1982년 4월 7일

땅만 보는 것은 네 발 동물.

하늘만 보는 것은 죽음.

인간만이, 생명 안에 사는 인간만이

지평선을 보네. 하늘과 땅이. 이상과 현실이.

우리 하늘을 보았다 하지 말자.

진달래가 되어 다시 태어나 보게나.

진정 하늘은 그 위에 있지 않겠는가.

빈민촌에서 밥 굶으며 살아 보라.

침체된 민중들에게서 야유소리 들으며 살아 보라.

고문실에 다가서 보고 옥중수기를 써 보아라.

십자가에 못 박혀 보거라.

진정 하늘은 거기에 있음을 깨달으리라.

"목이 마르다. 하늘이여 당신은 어디서 무얼 하고 계십니까.

오 주여, 이제는 여기에 오소서. 침체된 민중 속에 오셔서

일하시옵소서. 우리, 나를 움직여 주소서."

우리 벗들에게 안식을 주소서.

여유와 동시에 결단을 주소서.

예수 당신이 십자가에 계실 때

얼마나 외로웠소.

부활의 주변에는 당신을 놀리던 사람,

비웃던 사람, 총칼을 지닌 사람, 옷을 찢어 나눠 갖던

어리석은 사람들만이 남아 있지 않았습니까?

부활의 현장은 항상 그리리라 믿습니다.

나는 멀리서 당신을 감상만 하고 머무르지 않겠습니다.

　　　Sequentia:Dies irae

당신 십자가 옆에서 십자가에 매달려 마지막 남은

회개를 하는 죄인이 되겠습니다.

우리는 흑암의 권세 밑에서 당신이 주신 모든 것을

누리지 못하고 사는 것은, 당신의 뜻을 저버린 결과라 믿습니다.

이제 한반도에서는 수만 수십만의

예언자, 수십만의 예수가 살아나지 않는 한

해방을 기대할 수 없습니다.

하나의 예수의 죽음이 불렀던 4.19도 부족했어요.

수천의 예수의 죽음인 부산, 마산, 광주의 봉기, 외침, 피.

아! 이것도 하느님의 제물로는 부족했나 봅니다.

주님이시여, 용기를 주소서.

이 시련을 능히 극복할 힘을 주소서.

깨닫고 나아가게 하소서.

우리로 하여금 옥에 가고, 죽음당하는 예수를

구해 낼 수 있는 용기와 참된 지혜를 주소서.

저는 당신께 드릴 제물입니다.

저의 몸과 죄, 저의 모든 것을 받아들이시어

이 이웃, 인류를 해방시키는 데 써 주소서.

우리가 우리 전부를 하늘의 뜻에 바치는 중에

하느님의 개입으로 말미암아 이루어지리라 믿습니다. 믿습니다.

당신의 부르심에 충실히 응답하리다.

"나의 괴롬을 덜어줄 이들이 너무도 없구나.

나의 진실을 이해하려는 이가 몇이나 있는가."

나는 고통당하는 이웃이 없었다면 내가 살아야 하는 이유를 발견하지 못했으리라 고백한다.

지금의 가생회. 개개인 회원은 물론 울톨릭학생회라는 자체는 구원의 방향, 인간화의 방향으로 커다란 (고통이 따르는) 변화가 일어나야 되리라고 생각하며, 그 껍질을 깨뜨리기 위해 노력한다. 신학의 다양성을 빙자하여, 파격 또는 온건이란 단어로써 저 진실을 향하여 십자가를 향하여 자기가 지닌 모두를 버리고 나아가는 이들을…… 아, 인간화의, 인류 구원의 대행진을 하나의 편협이라고 비웃는 이들이 있다.

신발을 벗어 던지고 '정의, 자유, 진리'에 목말라 해 보라! 그러면 샘이 어디서 솟고 있는가를 보게 될 것이다. 또, 이 샘이 어디로 흘러 언제가 되면 시냇물로 변할까. 언제 시냇물이 강물이 되고 또 바다가 될 것인지도 보게 될 것이라고 증언한다.

주님은 비천한 인간이라 보여지기 쉬운 인간을 통해 당신 뜻을 펴신다. 그 인간은 평화의 도구다. 만남의 계속 중에서 우리는 항상 깨어 있어야 한다. 하느님이 무엇을 통해 나를 부를까? 하고 눈을 부릅뜨고 귀를 활짝 열고, 마음을 열어야 되지. 암, 암.

친구들아, 너희는 지닌 것이 너무 많기에, 아는 것이 너무 많기에 "네" 하고 대답하고 뒤돌아보지 않고 살아가기가 정말로 낙타가 바늘구멍을 빠져나가는 만큼 어려우리라.

힘내라. 힘을 달라고 간절히 기도하라!

1982년 4월

어둠 속을 다 뒤지며 바늘구멍을 찾다, 찾다,

지친 몸을 이끌고 오늘도 쓸쓸히 괴로워하는 벗들이여!

아무리 지쳐도 흔들리지 말고 쓰러지지 말자꾸나.

그 어느 날. 내일일 수도 있고 오늘일 수도 있겠지.

이 어둠 속에 바늘구멍 만한 빛이 새어 들어옴을 믿는다.

우리들이 쓰러져 잠자지만 않는다면

어떤 순간 어느 것이 그 작은 빛 바로 앞에 지쳐 쓰러지지 않았던가?

또 여러분 자신이 진실하려는 한 작은 빛임을 잊지 않았는지.

우리는 너무 작은 빛들,

우리는 진리의 이름 아래 모여 들지 않는 한, 희미한 불빛으로

남아 있을 뿐이거나 꺼져버릴 뿐.

작은 빛들이여.

어느 한 작은 빛 (진리) (정의) (자유) (민주)에 모이자.

우리가 어느 순간에 세상을 밝힐 수 있을지는

우리는 모른다. 그러나 모이지 않으면 밝아질 수 없음을…

하느님의 이름으로.

1982년 4월

너희들은 위기의식과 패배의식에 의해 너무 침몰된 상태로 무의식
의 삶을 영위한다. 너희들은 이미 작은 불꽃보다 큰 불꽃을 좋아하는

〈막글터〉에 남긴 글

놈들로 타락했다. 작은 불꽃은 쉽게 밟혀 꺼진다는 사실을 사실 이상으
로 숭배한다.

그것은 현재 대학 1학년에 의해 새로이 시도되는 세상에 대한 도전.
새로운 시도의 요청이 없기 때문이다. 1학년 놈들 괜히 머리만 커 가지
고 저거들의 역할을 잊고 선배들의 하는 일에 안주하고 1학년 때는 네
발로 걷는 갓난아이, 젖을 요청하는 우는 애야 한다.

어리다는 얘기가 아니지. 이 말, 선동 같으냐?

예수는 너희들을 결국 선동하느니라. ▨

1982년 4월 13일

4월의 바람을 타고
울톨릭의 芳香^{방향}이 곳곳으로 퍼지자
똥파리의 소굴까지 미쳐
울톨릭의 주변을 날고 있다.
우리의 꽃 향기일랑
간직해 두는 방향으로 하자꾸나
에프 킬라와 모기장도 필요해지는
여름이다. ▨

 Sequentia:Dies irae

1982년 4월

지금의 매스컴과 인터뷰하고 싶지 않은 듯이 점점 더 낙서장이 역겹게만 느껴진다. 눈물 단 한 방울의 흔적도 보이지 않는 낙서장과 써클룸. 왜 이리도 둔감해졌을까? 왜 이리도 간사할까? 왜 겨울에만 겨울을 느끼는 것이며 왜 4월에만 4월을 느끼는 것이며 왜 진달래가 피었을 때만 진달래를 느끼는 것일까? 예수의 손바닥 구멍에 손을 넣어 봐야만 따르는 도마의 신앙!

태훈이가 자기 앞에 나타나 '나는 무엇 때문에 죽었다. 너희를 위하여 죽었다.'고 말해 주어야 믿겠다는…… 인간은 한 민족의 피를 이어받은 역사 가운데 살아가면서도 '도마의 신앙' 이상을 증거하지는 못하는 것일까? 또 인간은 왜 신앙으로도 자기의 계급성을 극복하지 못하는 것일까?

아! 외롭다. 왜 몇몇 친구들과 신앙인들만이 미친 애들, 몰지각한 애들로 대접받으며 살아가야 하는 걸까?

지금 몇몇 종교인, 정치인, 대학생들의 아픔은 잠시 잊으면서 생활이 가능하다. 그러나 4.19 때 총 맞아 쓰러진 친구들 이상으로 가난에 찌들린 무수한 우리 형제들이 말 못하고 체념하며 쓰러져 가고 타락해 가고 있다. 한시도 쉴 날이 없이 살아가고 있다. 현실을 생각하기 싫어하며. 지금 현실의 모든 것은 주님의 부르심이다. 외면하지 말아야 되지 않을까? 왜 우리는 몇몇 신부님이 옥에 가는 정도를 서클룸이 시끌벅적할 정도로 화제에 올리면서 많은 노동자들이 진리를 찾고자 애쓰다 해고되고 있는 현실을 없는 듯 간과하며 지낼까? 정말 본말이 전도된 신앙 행위들이다. 한국 땅에 가득 찬 체념과 좌절, 천민의식, 열등의식은 아파하지 않고, 뭉쳐 싸우지도 않고, 신부 몇몇 들어간 것으로 가톨릭이 싸움을 시작하려고 하는 것을 보니 한심스럽기 그지없다. 우리는 지금의 풍토, 의식구조, 이데올로기(교육 많이 받은 자, 돈에 궁핍하지 않고 생존의 위협이 없는 자들, 선진국이 추구하며 유지시키는 이데올로기를 말한다.)와 싸워야 한다. 허구를 밝혀야 한다. 또 하나는 그 허구를 따라 살아서는 안 된다.

빈자와 소외받는 자의 아름다움을 발견하고 추구하는 삶을 살아야 한다. 우리의 가치풍토를 인정하느냐, 거부하며 하느님의 것을 추구하느냐 둘 중 하나이기 때문이다.

우리 부모들은 굳어 있는 분들이다. 주님을 따르는 길을 따뜻한 정으로 막아서는 것은 당연한 일이다. 부모들은 우리가 기득권을 지니며 살길 원하신다. 그것을 우리는 핑계 삼아서는 안 된다. 우리는 배를 곯으며 살길 싫어하는 습성이 있다. 그러나 우리는 밑바닥으로 가는 삶, 밑바닥을 준비하는 삶이 되어야 한다.

또 하나 이 사회 정치경제 구조를 비인간적이라고 폭로하고 바꿔야 한다. 이는 연구를 한 사람은 연구를 바탕으로, 모르는 사람은 현실에 대한 예민한 느낌으로 이 구조를 바꾸는 일에 손을 잡아야 한다. 이 문제에 대하여 도전을 할 때 우리는 수난을 예측, 각오할 필요가 있다. 이 비인간적이고 범죄적인 정치경제 구조 위에서 안정 내지 특권을 누릴 수 있는 자들이 버티고 있지 때문에 이들은 고도의 조직망, 통신망, 경찰력, 군사력, 자기들의 법을 소유하고 있고 여론을 만들 수 있기 때문이다. 그들이 위기를 느낄 때면 어떠한 희생이라도 불사하면서 위기를 막으려고 하기 때문이다.

우리는 하느님의 정의를 믿는 것으로 제도적, 군사적 폭력에 대항

Sequentia:Dies irae

하는 것이다. 지금 우리는 중산층의 신앙을 간직하고 있다. 모두들 하느님, 공동체를 사랑하시는 하느님 앞에 우리의 신앙을 뜯어 고쳐 달라고 갈구하여야 한다. 수백 번 괴로워 눈물을 흘려 보고 극복하여야 한다. 헐벗고 찢기운 몸이 되어 '주님 주님' 하며 형제들의 어깨를 걸고 간구하며 걸어야 할 길을 걸어야 하는 것이다. 우리는 이러한 현실의 부름이 있었음에도 불구하고 '나는 몰랐다. 모른다.' 하며 살아가고 있다. 신음 소리가 들리면 우리가 할 일은 '신음소리가 어디서 들리는가?' '어디가 아플까?' '어떻게 하면 도와 줄 수 있을까?'를 생각하고 알아야 한다.

아, 쓰기 싫은 글을 또 쓰고 말았구나!
매일 외쳐도 듣는 이 없는 소리를……
더러운 낙서장에 더 더러운 소리를 지껄여 죄송합니다.
별로 사랑이 이루어지지 않는 내 친구들, 형제 자매들이여!
더러운 날 씁쓸한 시간에. ▦

1982년 5월 8일

'理想^{이상}'을 잘 생각해 보자.

대부분의 사람들은 '자신의 개인적인 욕망'을 '이상'으로 착각하고 있다. 그렇기 때문에 장식품처럼 '이상'을 간직하기도 하고 포기하기도 한다. 그것은 분명 '개인적인 욕망'이라고 규정하고 싶다. 나는 '이상'을 '민중의 보편적 염원'과 일치하는 것이라고 생각하며 추구하고 있다. 우리는 아직 '이상'을 모른다. 그러나 반드시 알아야 할 것이다.

'民族^{민족}'을 잘 생각해 보자.

분명 民族은 살아있는 실체이다. 노예가 되었을 때 쇠사슬을 바수며 해방되려고 무던히도 애쓰던 실체였다. 그러나 이 한반도란 땅에는 이 民族에게 쇠사슬을 채우고 노예로 만드는 또 다른 실체가 있다. 분명 우리 民族은 분노할 줄 알았었다. 그래서 그들을 '친일민족반역자'로 규정하고 우리 民族의 범주에서 내쫓았다. 그러나 1945년 해방은 실패로 돌아갔다.

民族의 역량이 '친일 민족반역자'를 타도할 만큼 성숙되지 못한 탓이었지. 자! 지금 우리 '민족'의 현실은 분단 현실이다. 허리에 철책을 쇳조각을 박아 피 흐르는 현실이다. 아픔마저 의식하지 못할 만큼 상처가 큰 현실이다. 우리 진정한 '민족'은 철책과 쇳조각을 뽑아내어 민족의 끊어진 몸뚱이를 붙이려고 '갈망하는 자'와 '노력하는 자'라 할 수 있지 않을까? 잘라진 몸뚱아리를 각성시키는 자도 …

그러나 한반도에는 '민족' 아닌 자들도 많다.

민족의 허리에 철책과 쇳조각을 유지시키는 모든 자들!

이데올로기들! '노력'을 탄압하는 자들! 잘린 민족의 현실적 아픔을 망각하게 하는데 기여하는 자들! 분단으로 인한 모든 현실로 인해 편해진 자들!

- 통일을 향한 싸움이 전제되지 않고는 우리는 성화(聖化)될 수 없다. "소외"에서 해방될 수 없다 -

나는 울톨릭 회원들이 民族의 삶을 택하여, 함께 어깨 걸고 걸어나가는 同志^{동지}들이 되길 기다린다.

1982년 5월 18일

광주 영령들의 恨^한풀이는, 아 恨풀이는 …

S! H! W! W! O! H! D!

다시 한 번 불러 보고 싶은 이들.

기다려 보고만 싶은 이들.

하느님과 성서와 성령이 우리의 진실된 만남을 불가능케 하는 거대한 수렁일 때, 나는 하느님과 성서와 성령을 불태워 없애야 하지 않겠는가 밟아 없애고 싶다. 우리는 너무 여유 속에 있다. 위선의 이유! 도피의 여유! 형제들이 들에서 쓰러져 가고 있을 때 '그 따위 예수'는 우리를 방공호 속에서 기도하도록 강요한다.

그 속에서 어여쁜 남녀가 달콤한 사랑을 속삭이도록 강요한다.

그리고 형제들의 신음소리에는 가슴 아파하지도 않고, 그 달콤한 키스나 거부당했을 때는 인생이 끝난 듯이 괴로워한다. '그 따위 하느님'은 분명 방공호 속의 아름다운 여인이니까……

1982년 6월 7일

우리 한국 천주교회에서는 우리 신자들의 단체를 크게 두 부류로 나눈다.

신심단체와 액션(action)단체이다.

#. 신심단체의 대표적인 것으로는 : 레지오 마리에, 본당 청년회, 성서모임, 봉사단체 등등

#. 액션단체의 대표적인 것으로는 : 노동청년회, 농민회, 대학생회 등이다.

이 둘은 교회정신으로 일치하며 교회로 하나를 느낀다.

허나 이 고유의 특성, 특별한 사명을 망각하면서 하나되는 것이 아님이 분명하다. 교회는 이 두 가지가 필요 절실한 것이다. 그런데 이 두 가지는 서로 다른 특성과 역사를 지닌다. 다른 뿌리를 지니면서 가톨릭의 보편적 이상에 자리를 잡게 된 것이다. 그 어느 것만 필요한 것이라 할 수 없는 것이기 때문이다. 그러나 신심단체 나름대로 액션단체 나름대로 자신들이 하는 일에 대한 절실한 필요성과 자부심을 지니고 있다. 이것이 평신도 사도직의 특성이다. 사제들은 두 가지 모두를 교회로 일치시키는 역할만 한다. 그런데 요사이 울톨릭에서는 여러 혼란이 일고 있음을 본다. 액션단체 속에 교회 정신이나 신심이 없는 것이 아닐진대 액션에 대한 불안감 속에 사로잡혀 있는 듯하다.

교회의 특수한 사명을 망각하고 울톨릭 자체를 신심단체로 뒤바꾸려는 노력들이 있는 것이다.

대학생회는 Movement의 과정 속에서 일치와 신심을 키워 가는 특성이 있다. 우리의 고유한 사명을 버리지 말자.

선배들의 노력을 무시하고 울톨릭을 옛날로 되돌리지 말자.

한 사람이 신심단체와 액션단체 두 곳에 있을 수 없다.

한 사람이 분열된다. 20년 정도의 한국 교회 역사가 증명한다.

신심단체는 기도와 봉사로써 사회와 역사를 변혁, 액션단체는 세속화가 특징이다.

1982년 6월 8일

恨叱^{하늘}은 말합니다.

"사랑은 관심입니다."

"사랑은 빵입니다."

"사랑은 땀입니다."

"사랑은 눈물입니다."

"사랑은 이 모든 것을 나눔입니다."

"사랑은 결단입니다."

"사랑은 말과 생각이 아닌 온몸으로 나아감입니다."

아! 대학의 모든 것은

　하느님 앞에서 사치일 겝니다.

1982년 6월 26일

형제들아!

아기가 엄마를 기대이듯, 하느님께 의탁하고 두려워하거라. 아기처럼!

울톨릭을 좀 더 사랑하질 못하고 떠나게 되는 것이 안타깝다.

좀 더 설득하고, 욕하고, 위로할 수 있는 시간이 없는 것이 안타깝다.

멀리서 울톨릭을 지켜보며 가슴 조일 것이다.

울톨릭이 만족하고 기뻐하는 때에 나는 하느님을 원망할 것 같고

울톨릭이 땀 흘리고 찢기고 굶주리고, 갇힐 때 나는 우리를 지켜 주

시고 이끌어 주시는 하느님께 감사의 기도를 드리게 될 것 같다.

울톨릭에 용기와 힘을 주시어 당신 뜻을 이루소서.

진정 울톨릭의 주인이 주인 되게 하소서.

울톨릭은 버려진 양을 더 사랑하는 자로 가득 차게 하소서.

지금 울고 있는 자의 눈물을 닦아 주소서.

지금 멸시받는 자가 존경받게 하소서. 🔲

1982년 7월 9일

들어 주시오!

우리는 당신을 기다립니다.

우리의 아기들이 배고파 웁니다.

지금 많은 친구들이 제3세계에서 죽어가고 있습니다.

우리는 당신들 지식인들의 회개를 기다립니다.

우리의 편이 되어 주시오. 우리도 배우고 싶습니다.

그러나 내 동생과 자식을 먹여 살려야 합니다. 우리는 말도 상스럽게 합니다.

우리를 더 이상 천하게 보지 마십시오. 우리는 굶어 죽지 않기 위해서 민주화 투쟁을 합니다.

당신들은 지금 울고 있습니까?

울면서 싸우고 있습니까?

우리는 빼앗긴 빵과 자유와 평화를 찾고 있습니다.

하느님께서 우리와 함께 계심을 느끼고 있습니다.

우리는 지금 가진 자들의 동정을 바라는 것이 아닙니다.

동정은 위선이며 우리를 마비시키는 것이기에 개 같은 것입니다.

우리는 당신들이 허위와 위선에서 해방되기를 기다립니다.

회개하고, 가진 것에서 해방되어 우리들과 진실을 논하기를 기다립니다.

당신들도 우리와 함께 이 억압, 독재, 수탈을 종식시키는 싸움에 임하기를 빕니다. 당신들도 빵과 자유와 평화를 빼앗긴 자 되어 설움을 함께 나눌 수 있기를 빕니다. 진정코 빵과 자유와 평화를 기다리는 사람들이 되기를 빕니다. 그날을 향하여, 빵과 자유와 평화와 사랑 속에서 하느님과 함께 덩실덩실 춤출 날을 향하여.

이 땅의 모든 사슬과 싸워 굴복하지 않으셨던 예수님을 믿으며 걸어 나가는 사람이 되기를 빕니다.

어서 우리와 함께 하시길 빕니다.

우리는 동지를 기다립니다.

우리는 힘 없고 가난하고 멸시받지만 싸움 속에서 그리스도의 평화를 느낍니다. 우리들은 눈물과 노래로써, 작은 빵을 쪼개면서 그리스도의 사랑을 나눕니다.

우리 노동자 농민을 동정하지 마시오!

우리 제 3세계 민중들을 동정하지 마시오.

동정을 하고 싶은 사람은 바로 우리들입니다.

나는 지금 가난하고 억압받고 병들고, 옳은 일을 하다 지쳐 있는 자들에게 그리스도의 복음을 전하고 있는 것입니다.

지금 가진 자, 존경받는 자, 착취자, 독재자, 무관심주의자, 율법주의자, 엉터리 성령주의자들에게 채찍을 던지는 것입니다.

나는 지금 욕과 위로를 동시에 하고 있습니다.

울톨릭의 땀방울을 사랑합니다. 그 땀방울은 목마른 행인에게 영원한 샘물이 되었기 때문입니다.

지치지 마시오. 하느님께서 돕고 계십니다.

그리고 기다리고 계십니다.

여러분이 하느님을 믿고 뿌리는 씨앗을 여러분이 목표한 이상으로 기적의 열매를 맺어 주실 것입니다.

끝으로 지금 거짓 평화 속에 빠져 있는 많은 이들이 거짓 평화에서 탈출하기를 빕니다. 그리고 간절한 마음으로 기도합니다.

"구겨진 세계사를 어서 펼치소서."

1982년 11월 29일(입영 전일)

H, S, N의 영세를 축하한다.

가톨릭은 공동체라기보다는 조직체니까 호적이 당연히 필요한 것이 아니겠냐? 너희들이 자유로울 수 있게 된 것을 축하하는 것이다.

울톨릭 형제 여러분, 여러분이 하느님의 뜻이 하늘에서와 같이 땅에서 이루어질 수 있도록 열심히 뛰고 노력하는 한 전 끝없는 찬사를 보내며 주님께 감사드릴 것입니다.

교양문화 셀(cell)員들, 제가 과거 셀장을 했었던 때문인지 당신들이 하는 모든 노력, 고민들이 좋은 열매를 맺을 수 있게 되었으면 하고 항상 기도하고 있습니다. 우리가 사는 시대와 사회와 그 안에 살아가는 인간에 대해서 우리는 잘 알아야 할 책임을 가지고 있습니다. 연구 활동을 깊이 있게 해 나가고, 아는 만큼 책임 있게 행동하십시오.

우리 앞에 죽어간 선배들의 영혼 앞에, 또한 지금 고통 중에 있는 노동자 농민들 앞에 떳떳할 수 있도록 하루하루를 낭비 없이 사십시오.

저는 항상 교양문화 셀의 믿음 속에 함께 합니다.

서로 발전해서 만납시다.

1983년 6월 18일

▶ 군대에서 첫 휴가 나와서 울톨릭 방문해서 쓴 글

필진들이 많이 바뀌었구만.

우리 좀 정성스레 씁시다.

우리 깊은 곳의 평화를 잃지 않는 생활을 해야겠지요.

지금은 패배하며 사는 삶 속에 어쩌면 평화가 깃들 것입니다.

그리고 진리란 빤한 것.

항상 어떻게 실천할 것인가를 각자의 분야에서 생각하고 노력하도록 해요.

다음에 또 만나요.

아, 참! 요즘의 대학생들의 모든 것이

무게와 깊이를 잃어가고 있는 것 같아.

울톨릭만큼은 좀 수준 있는 논리와 실천을 겸비했으면 한다.

미안해. 잔소리만 해서.

첫 휴가를 마치며

우리의 무기는 무엇일까요?

나는 "죽음을 이긴 우리의 믿음"이라고 생각합니다.

우리가 얼마만큼 무장되어 있는가를 반성해 봅시다.

이 무장만이 우리 민족의 통일과 자주와 민주주의를 오게 하는데

지름길이 될 수 있을 것 같아요. ▨

Sequentia:Dies irae

Tuba mirum

놀라운 나팔 소리

Tuba mirum spargens sonum per
sepulchra regionum.

놀라운 나팔 소리,
무덤마다 울려 퍼지리라.

기고문과 메모

1) 무인도로 가는 작은 배

(서울대학교 가톨릭학생회 회지, 〈울톨릭 제6호〉 1981. 10. 26.)

네가 歷史^{역사}를, 그 어떠한 歷史를 만들어 나간다 하더라도, 단지 지켜내기만 한다 하더라도 아주 오랜 시간의 만남이 필요함을 인식하거라. 때로는 無意味^{무의미}한, 때로는 無關係^{무관계}한 만남까지도, 외로움도 좌절도 너는 해야 한다.

진실하고 정직한 사람들 앞에 선 나.

더운 심장만은 강간당할 수 없다고 마지막 저항을 알몸으로 해대는 사람들 앞에 선 나.

즉 보이지 않는 民衆^{민중}의 실체 앞에 떳떳하게 선 者^자가 되기 위해서이다.

네게 허위가 있다면, 배신과 나태가 있었다면 스스로 그들 앞에 나아가 심판을 받고, 몇백 년의 歷史 앞에 손가락질 받으며 속죄해야 한다.

아, 민족의 아들이 되고프다.

고통받는 아니 조종당하는 사람들의 종이 되고프다. 아, 어머니. 전 저들의 사람이니 저들에게로 돌아가는 길을 당신의 나약한 눈물로써 막지 말아 주십시오.

전 당신께 아무런 변명도 준비하지 못했습니다. 훗날 당신께서 저의 이 걸음을 이해하실 날은 분명코 오고야 말리라고 믿으며, 불효 소자, 어머님을 떠납니다.

오직 파도만이 거센 작은 무인도.

당신은 잘 모르실 작고도 작은 섬.

가끔 사람들이 왔었던 흔적도 눈에 띄며, 지금은 파편들만 모래사장에 처박혀 있는 그곳은 바로 노동운동의 섬.

나는 이제 육지를 부러워하거나 그리워하지 않으련다. '나도 맘만 먹으면 당신들처럼 육지에도 살 수 있는 실력(?) 있는 놈이야.'라느니 하는 구차하고도 저주받을 自慰^{자위}는 않으련다. 안락한 방을 서성거리는 간사함이 酒^주 앞에 이와 같이 고개들 땐 결단코 그 목을 베련다. 어허. 그러나 언제나 진리는 나를 멈칫거리게 하고 십자가는 항상 나를 두렵게 한다.

"酒여! 서서 걸을 수 있는

民衆^{민중}의 성령을 베푸소서."

2) 이 땅에 하느님 나라를 건설하기 위한 메모(1982)

▶ 아래의 글들은 귀리노 형제가 평소 지니고 있던 수첩에 기록한 것을 옮겨 놓은 것입니다. 다소 산만하고 논리적인 비약도 없지 않지만, 그의 삶에 대한 태도나 이 시대가 안고 있는 복합적인 문제에 관해 고뇌하는 모습이 잘 드러나 있습니다.

가. 恨때^{하늘}의 말씀

"내가 당신에게 행한 것 같이 당신도 가서 당신 형제에게 그렇게 행하시오."

"구원의 손길, 해방의 손길을 간청하다 지쳐 스러져 가는 형제들이 바로 저기에"

"내가 너를 사랑한 것 같이 네 이웃을 사랑하라."

"하느님이 나를 사랑해 주신 듯이, 나도 당신을 그렇게 사랑한 것뿐입니다."

"살아 있는 젊은 예수들이 이 인류를 구원의 길로 이끌 것입니다."

"지금 이 순간도 젊은 예수는 한 마리의 버려진 양을 찾아 헤매입니다."

나. 恨叱^{하늘}은 이제

남을 사랑함으로써 행복하다.

사랑할 대상이 아직 존재함은

내가 아직 더 살 가치가 있음이요.

그것은 내 유일한 기쁨의 원천이다.

民族^{민족}, 人類^{인류}, 가난한 사람들, 방황하는 사람들, 고통받고 신음하는 사람들,

미래가 열리지 못한 어린이들, 자유, 평화, 민주주의, 하느님,

또 진리를 수호하기 위하여 수난당하는 이들, 그리고 나의 가족,

친구들, 애인?

이 사랑해 주어야 할 것들을 결코 포기하지 말자.

왜?

저들은 사랑을 받아야 행복을 느끼는 사람들이니,

또 사랑을 받기만 하면 사랑을 할 줄 아는 이들이니. …

神^신의 사랑을 恨叱^{하늘}의 온 몸을 태워서 가르쳐 주자.

神은 바로 여기에 있음을, 바로 이런 것임을.

     Tuba mirum

다. 보통 사람들

인간을 편의상 아기의 상태, 어린이 상태, 과도기 상태, marginal man 상태로 정의하자.

한 인간의 일평생 중 거의 대부분이 과도기 상태에서 보내지고 있으며, 거의 대부분의 인간들이 여기에 속한다.

과도기란 이중성을 지닌 기간을 말한다. 어른과 어린이, 신과 인간, 완전 불완전, 이웃과 나, 자유와 구속, 기쁨과 슬픔, 신비와 합리, 평등과 불평등, 절대와 상대 등등의 수많은 이중성을 마음에 담고 있는 상태이다.

보통 사람들의 특징은 이 이중성의 어느 하나에만 몸을 두고 있지 않다는 데에 있으며, 허나 순간적으로는 어느 한쪽에 깊이 매몰되는 과정을 밟기도 한다. 이 과정 자체도 역시 이중성을 소화시켜 나가는 것에 지나지 않는다. 그렇다면 보통 사람들을 가장 정확히 인식하고 이로부터 성장의 해답을 얻어내기 위해서 우리는 아기, 어린이의 뚜렷한 특징과 아기, 어린이에게 비쳐지는 엄마의 특징을 잘 살펴보자.

그러면 아기, 어린이를 보자.

인간에게는 안정의 상태와 불안정의 상태가 있다.

이들에게 있어 불안정은 욕구의 불만과 환경의 변화에서 오는데, 그 정도는 매우 민감하다. 이때의 기본 욕구는 생존 욕구 한 가지다.

예를 들면, 엄마 뱃속에서 나온 아기는 울어 댄다.

엄청난 환경의 변화에서 오는 정서적 불안정이다. 울어 대는 것은 구원을 갈구하는 것이다. 자기의 능력이 못 미치는 것 때문에 구원자를 찾는다.(여기서 인간은 첫 경험을 하게 된다. '두드리면 열리리라.') 엄마가 다가온다. 환경을 아기가 견딜 만한 정도로 변화시켜 준다. 울음을 그친다. 아기가 오줌을 눠서 기저귀가 축축하다. 또 운다. 엄마가 젖을 대 준다. 자기 습관대로 빨아 댄다. 잠시 후엔 배가 안 고프다. 아기는 이렇게 안정을 찾는다. 아기가 울어 댈 때 엄마(유일한 친구, 구원자)가 안 오면 불안정이 더 심화된다. '이젠 큰 일 났다.'고 느낀다. 더 크게 울어 댄다. 아기에게 유일한 친구, 절대자는 엄마가 된다. 또 엄마는 자기 생명의 일부인 아기에 대한 애정, 관심이 다른 누구보다도 강할 수밖에 없으므로 아기의 욕구 불만을 제일 정확하게 알아차린다. 말이 없어도 유일한 대화자다. 아기는 엄마의 목소리와 안아주는 자세만으로도 알아차린다. 엄마가 안아줄 때 자기의 친구 엄마가 가까이 있다는 느낌이 아기를 안정하게 하며 행복하게 한다. 아무런 걱정도 없어지기 때문이다. 엄마가 아닌 사람은 아기의 욕구 불만이 무엇인지에 대한 정확도가 아주 낮다. 아기는 울어 댈 때 다른 사람이 가까이 가서 얼려 주면 엄마를 찾아 달라고 운다. 다른 사람은 엄마만큼 만족스럽게 아기의 욕구 불만을 해결해 주지 못함을 이제 알기 때문이다. 여기에 인간의 전인적 성장의 정식이 있다. 즉 안정의 상태의 반복으로, 기본 욕구의 충족으로 성장한다. 그러니까 아까 구별한 아기, 어린이, 과도기, 어른(신인간)의 성장 분류는 정서 안정 상태의 지속 정도에 의하여 이루어졌다고 보면 된다.

인간은 자기 중심적인 사랑을 하다가 아가페적 사랑을 하는 인간으로 성장하는 것이다. 인간은 수차례의 정서적 불안정의 지속을 경험하게 된다. 이로 말미암아 전인적 성장이 많이 늦어진다. 성장의 초기 단계에서 이 브레이크의 충격은 매우 큰 것이다. 점점 커 나가면서 브레이크를 소화하고 극복해 나가는 어른의 능력이 서서히 생긴다. 그러면 가장 큰 인간의 첫 브레이크는 무엇에서 오는가? (이것은 거의 전 생애에 걸처 미치는 성장 제약 조건이므로 이를 당하게 되는 아기는 매우 불행하며, 그 부모의 책임은 막중한 것이다.) 즉 첫 브레이크는 정서 불안정의 지속, 심화이다. 아기는 울어 댄다. 엄마가 한참만에야 오셔서 해결해 준다. 울 때마다 바로 옆에 없어서 한참만에야 온다. 이것도 정서 불안의 요인이므로 어린 아기일수록 항상 바로 옆에 있어야 한다. 아기를 등에 업고 모든 일을 한다면 참 좋은 일이다. 또 한 아이가 운다. 엄마가 없고 가끔 한 번씩만 엄마가 해결해 주고 나머지는 다른 사람이 해결해 준다. 미적지근하다. 울어봤자 엄마는 하루에 한두 번씩밖에 안 봐 주고 실력 없는 다른 구원자가 나타날 뿐이다. 이 아이에게는 구원자가 누군지 구별하기 힘들다. 점차 엄마보다 다른 엄마와 정이 들어 버린다. 만일 어떤 아이에게는 울었을 때 해결해 주는 사람이 안 나타난다고 해 보자. 이 아기는 견디지 못할 불안정 상태로 접어 든다. 조금 더 지나면 체념의 상태로 접어 든다. 이것이 가장 큰 아기의 불행이다. 아기는 그것을 극복할 만한 능력을 갖지 못했다. 인간마다 성장의 정도도 다르므로 그것을 극복할 만한 능력도 다양하다. 한계 이상의 불안정 상태, 이것은 성장을 제약할 뿐만 아니라, 퇴보시키기까지 한다.

이러한 예는 다른 엄마 밑에서 자란 아기들, 엄마가 돈 버는 데 바빠서 자기가 울 때 자주 다가오지 않는 환경(상태)에서 자란 아기들의 경우와, 항상 엄마가 바로 곁에 있어 준 환경에서 자란 아기들의 차이에서 볼 수 있다. 이런 점에서 산업 여성들에게 산후 6~12개월의 산후 휴가를 준다는 것은 실제적인 남녀평등을 이루는 데 필수적이라고 할 수 있다.

또 한 가지 엄청난 불안정의 요소가 있다.

아기는 유일한 능력이 울어 대는 것밖에 없다. 이 솔직한 표현을 어

른들의 잘못된 이성으로 가로막는다면 아기는 또 하나의 크나큰 불안
정의 소용돌이 속에 빠져든다. 아기는 두 가지의 욕구 불만이 동시에 생
겨서 운다. 구원자가 다가가서 그 하나를 발견하고 해결해 준다. 또 하
나를 찾아서 해결해 줄 생각은 하지 않고 울음만 그치게 하려 한다. 안
그친다고 매를 때렸다. 아기는 갑자기 아프니 놀라서 심하게 운다. 또 때
린다. 더 크게 운다. 더 심하게 때린다. 이런 과정이 며칠 동안 반복된다.
아기는 이제 체념을 배운다. 엄마가 울면 때린다. 아직 부족한 게 남아
있어도 더 울지 못한다. 아기가 아무 잘못도 없는데 때린다. 이것은 아기
의 표현 능력을 가로막는다. 부족해도 울지 못하고 계속 부족한 것이 누
적된다. 즉 불안정이 누적된다. 이것도 전 생애의 성장에 커다란 악영향
을 미친다. 그런데 엄마는 아기가 어린이가 되면 이 정서 불안정을 활용
하여 교육(아가페를 배움)에 효과를 올릴 수 있다. 실제적으로 생활이라
는 것을 배우는 시기이다. 주로 선과 악, 좋고 나쁨으로, 즉 예스, 노로
배우게 되며, 그 기준을 제시하게 되는데 이 때도 매우 신중한 책임의식
하에 제시해야 한다. 왜냐하면 어린이에겐 그것이 절대 기준이기 때문
이다. 이 분들의 말(가르침)은 전적으로 예스가 되기 때문이다.

라. 하느님의 사관은?

어떠한 사상이라도 사상이란 무서운 것이어서, 관철시키기 위하여 목표
인 '민중'마저도 수단으로 이용하기도 한다.

크리스천은 결코 민중을 대상화, 수단화(혁명의식, 폭력의식만을 고취
시키려 하는 태도, 적의식 내지는 분리의식만 심어 주는 태도)할 수 없다.

단지 하느님의 사랑을 받는 자녀이며 이 역사의 주인임을 자각시켜
줄 뿐이다.

존중받기 위해서, 또 존중하기 위해서, 사상적 호기심에서, 패배의식에서, 수비의식에서 시작된 어설픈 공산주의자들이 이 운동을 역행 내지 약화 시키고 있다. 그들의 사상적 취약성을 지적해 주고, 운동을 선도해야 한다.

사회주의, 공산주의 체계도 못 갖춘 놈들이 괜히 좌익인 척 하는 태도 내지 운동 표출 때문에, 다른 모든 순수 저항 내지 종교운동, 그 밖에 대중 계몽운동 등에 억압자들이 탄압할 논리만 제공해 준다. 공산주의 철학, 사관, 현 시점의 경제를 해석하는 눈, 전략 등을 지닌 자라야 정부 측이 말하는 공산주의자라 할 수 있다. 그러나 실제적으로 이런 놈들은 없다. 정부 측이 자기 반성을 않고, 양보 않으며 탄압을 계속하는 것은 그들을 공산주의라는 다소 폐쇄된 사고에서 벗어날 수 없게 만드는 것 뿐이다. 서구에서는 이 사상은 어떤 과정일 뿐이지 전체가 아니다.

진정한 이데올로기 교육은 사상을 자유롭게 선택, 실천해 나갈 수 있는 자유까지도 포함시켜야 한다. 다만 사회적 파괴 행위(살인, 방화, 파괴) 등에는 민주주의 체제라도 민주주의 체제이기 때문에 제약을 가할 수 있다.(사회를 일깨우는 평화적 시위는 예외이다.)

직접 사상적 욕망을 막는 행위(여기에서 미성숙 학생들의 과격한 행위가 나온다.)나 생존권에 위협을 주는 행위는 응분의 대가를 받게 된다.

크리스천은 민중을 기만, 이용, 희생시키는 모든 사회 세력에 경고하고 투쟁한다. 민중을 주인 내지 왕으로 인식하지 않는 정치세력에 경고한다.

우리 민족은 필요 이상의 폭력 저항을 싫어한다.

피의 복수를 싫어한다. 자기를 때린 남편을 토막살인하는 여자와 같다.

흰색과 고요와 둥근 산을 좋아하는 민족.

용서로써 회개를 촉구할 줄 아는 민족이다.

그간의 역사에 있어서는 거의 주된 사회관계가 '생산, 분배' 관계였으며, 현대에 있어서도 정치의 가장 큰 비중을 차지하는 부분이 '경제 과정'이다. 인간의 사회관계를 필연적으로 요구하는 것은 재화의 생산과 분배, 이는 경제학이며 또 경제사는 '생산과 분배의 관계'라는 관점에서 그의 변천을 구술해 놓은 것이며 마르크스의 시대적 상황 속에서 그를 기준으로 자신의 이론을 검증하고 경제적 대책과 예언을 한 것뿐.

'인간의 경제적 사회관계를 가장 명쾌한 법칙으로 설명했다.'

우리는 이를 데이터로 삼지 않을 수 없다.

사회학의 첫째 요소이며 심리학, 신학을 하는 데도 매우 거시적 안목을 제공해 주기 때문이다. 이 과정을 거친 지식인 크리스천들은 좀 더 현명한 정치 행위로서 현실을 개혁할 수 있는 방법론을 나름대로 간직할 수 있게 된다. 이러한 이해 이전에는 순수 서정적인 저항으로 역사에 임하며, 인간 개개인의 근본적 회심을 이루어 나가는 신앙생활 태도가 좋다.

지식인들은 많이 알기 때문에 주님의 일에 더 열심해야 한다.

우리는 정치 행위를 병행하고 있다.

예언자적 선포 한 가지도 정치 행위이니까.

정치는 아가페적이어서는 안 된다.

정치의 출발 동기를 상실한다.

민주주의는 독재를 용서하는 것이 아니다.

외국의 침략에는 우리 민족사적 전통(얼)에 의하여 윤리적 타당성을 지닌 채로 전면적인 투쟁이 가능했다.

그러나 민족 내부의 문제점은 전면적인 정부군, 경찰과의 무력 투쟁이어서는 안 된다.

민중들을 서로 죽이도록 이간 선동해서는 안 된다. 부분적 사상이 인간을 죽이고, 죽이게 하고, 가족 동족을 죽인다는 논리이다. 우리가 죽을 각오를 하고 독재자의 폭력에 저항하는 것은 괜찮다.

저항, 탈출, 독립, 예언자적 선포 이상의 것.

우리들이 지배자가 되겠다는 논리는 떨쳐야 한다. 🅴

3) 이 땅의 양심인들에게

……

세계와 우리나라가 전쟁의 위협과 유물론적 공산주의의 지배에서 벗어나려면, 민주주의에 대한 신념과 교회의 신앙을 좀 더 철저히 지켜야 할 것이며 성직자들과 삼십대 젊은 학자들 책임, 또한 현 학생운동 층들의 책임 또한 막중하다고 봅니다.

민족과 민중(개념이 아니라 형제는 실체)의 종으로서의 자세를 견지하십시오.

……

하느님과 민주주의가 우리 한민족을 유일한 권위로 지배하는 날이 오길 빕니다. 하느님과 민중의 마음만이 모든 악과 구조악을 이 땅에서 몰아 낼 수 있는 힘입니다. 하느님을 믿는 국민, 양심을 지키며 사는 국민들의 축적된 힘으로 오는 이 땅의 민주주의와 통일을 기다리겠습니다.

　……

"그간 저의 비밀스런 활동들로 인하여 공산주의자로 몰릴 위험은 여러분 스스로가 지켜 주실 줄 압니다. 유물론의 역사와 하느님의 역사가 어떻게 다른가 공부하십시오."

83년 늦가을 한희철 귀리노 (*군복무 시절 기록으로 추정)

　*이글은 한희철이 사망한 뒤 4개월여 뒤에 열린 홍제동 성당에서의 첫 추도식을 준비하던 가톨릭대학생연합회 회원들이 제작한 추모자료집 '차라리 과녁이 되어'에 처음 실린 것인데, 원래는 한희철이 YMCA 총무님에게 은밀하게 보내는 편지 형식의 유서의 마지막 부분(제 1부에 실린 두 번째 유서)에서 발췌한 것으로 '의도적으로' 유서와 다른 별도의 글인 것처럼 보이게 게재한 것이다. 아마도 당시의 엄혹한 군사독재 정권의 감시로부터 이 유서를 은밀하게 전달하는 과정에 관여했던 한희철의 동료들을 보호하기 위한 것이 아니었을까!

　한희철 사망 후 며칠 뒤에 한희철의 성남시 수진동 성당 동료였던 한영덕이 한희철 사망의 진상을 탐문하기 위하여 한희철의 소속부대를 방문하였을 때, 한영덕에게 이 유서를 은밀히 전달했던 동료부대원 이○○은 '자신이 군에서 제대할 때까지는 이 편지가 전달된 경로를 밝히지 말아달라'고 한영덕에게 간곡히 당부하였다(한영덕의 증언). 이는 당시의 군부대 내에서 한희철의 자필 유서를 군부대 외부의 한희철의 운동권 동료에게

Tuba mirum

전달하는 것이 대단히 위험한 일이었음을 명정하게 보여주는 사례라 할
수 있을 것이다.

4) 1981년 1학기 울톨릭 목요반 학습 커리큘럼

카생회 놀이 프로그램 / 카톨릭학생회 編편

(대부분 Text로 정해진 책은 얇은 책이다. 3시간 정도에 읽을 만한 분량임)

날짜	연구 주제 및 토론 주제	Text / Reference
3월		
16~21일	Orientation	나의 신앙생활. 카생회의 발전상. 앞으로의 계획
23~28일	**교회의 과제와 일치**	월간 『대화』 11월호 〈이 민족에게 희망을〉(김수환·강원룡)
30일~4/4	**소설로 본 두 가지 인간**	『사람의 아들』(이문열), 민음사
4월		
6~11일	**우리 주변 이야기**	『아홉 켤레의 구두로 남은 사나이』(윤흥길), 문학과 지성사
13~25일 (2주일)	**성서 속의 교회상**	『교회사 Ⅰ』, 분도출판사 / 『예수와 그의 시대』, 현대신서 38
5월		
4~9일	**민중의 개념**	『민중과 지식인』(한완상), 정우사 / 『민중과 경제』(박현채), 정우사.

11~16일	**학생과 사회정의**	『학생과 사회정의』(복사) / 『정의에 목마른 소리』(헬더 카마라), 『제3병동』(김정환 소설집), 창비신서
18~23일	**교회와 예수**	『그리스도냐? 프로메테우스냐?』(현대신서) / 『크리스챤의 정치적 책임』, 현대신서
25~30일	**민족 정신**	『동학과 동학혁명』(신복룡), 평민서당. 『한국근대民族운동사』, 돌베개 / 『녹두장군 전봉준』(최동희, 김의환), 동학출판사
6월		
1~6일	**해방 전후 역사**	『해방전후사의 인식』, 한길사 / 『제3세계의 이해』(김학준 外), 형성사
8~13일	**(가톨릭 현대사 공부)**	〃
15~20일	〃	〃
22~27일	**민족운동과 기독교**	『그리스도의 몸이 되어』, 현대신서. 『한국근대民族운동사』, 돌베개 / 월간 『대화』 1월호 〈인간과 자유의 역사〉(복사해서 드림)

7월 중에는 역사 공부, 경제 공부를 할 예정(自意的)

• 월간 『대화』에 실렸던 수기, 르뽀, • 『씨올의 소리』에 실린 글들

(이 책들은 광장서적에 문의하여 구입 가능).

<**Reference 목록**> (대학 1, 2 땐 *必讀書*^{필독서}로)

　　여기 추천서는 이미 선배들이나 벗들이 읽고 상당히 감명을 받았던 책들이며, 특히 우리 크리스챤들이 과제를 해결하는 데 방법을 찾게 해 주었던 책들입니다. 다른 어떠한 목록을 보아도 우리 1,2학년 친구들에게 커다란 도움을 주는 목록임을 경험과 체험에서 확실합니다. 읽을 책이 많다고 부담 걱정일랑 모두 벗어 버리고 성실히 합시다. 안녕, 아는 것을 안다 하고 모르는 것을 모른다 하는 것이 바로 아는 것입니다.

- 『전환시대의 논리』(이영희), 창비신서(언론의 실상과 베트남, 중국에 대한 세계적 견해).
- 『저 낮은 곳을 향하여』(한완상)(신앙??〈사회학 교수〉).
- 『8억인과의 대화』(이영희 편집), 창비〈비매품〉(중국에 들어가기).
- 『문학과 예술의 사회사(현대편)』(하우저), 창비신서(쉽고 체계화된 예술 사회사).
- 『민족문학과 세계문학』(백낙청), 창비(백낙청 교수의 창조적 보편적 문학관).
- 『인간의 역사』(일리인), 동서출판사(일다보면 사이사이에 사무치는 진리가…).
- 『돔 헬더 까마라』(이해찬 역), 한길사(인간 해방 투쟁에 참여하고 있는 라틴아메리카 주교에 대한)
- 『역사와 증언』(안병무), 현대신서문고(한국이 가진 세계적 신학박사 안병무씨의 신학, 신앙론).
- 『아무도 미워하지 않는 자의 죽음』(잉게 숄), 청사(나찌즘 치하의 한 대학생의 삶이 현실감 있게…)

기고문과 메모

- 『어느 돌멩이의 외침』(유동우), 대화출판사(진실하려는 한 근로자(中卒)의 수기).
- 『흑야, 새벽』(엘리 위제), 분도출판사.
- 『불타의 새 얼굴』(고은 감수), 한진출판사(불교학생회에서 참고 구입 목록. 초기 불교의 모습을 찾으려는 시도)
- 『3.1운동』(안병직), 춘추문고(한 민족의 살아 있음을 확실히 해 주는).
- 『어린 왕자』(생택 쥐베리).
- 『지나쳐 간 사람들』, 분도출판사 그림책.
- 『꽃들에게 희망을』, 분도출판사 그림책(현대에 말만으로 하느님과 성서를 전하는 다수의 크리스챤들에게 철저한 회개와 변화된 삶을 요구한다. 스스로 하느님을 위해 고통을 당해 보지 않은 사람은 이 책을 보아도 변화된 삶으로 나아가지 못할 듯, 그 고통은 스스로 선택하는 고통이라야 한다고 ……).
- 『반외세의 통일 논의』(김학준), 형성사(외세에 반대하는 민족주의자들의 ……).
- 『한국 민족주의의 탐구』(송건호).
- 『Pedagogy of the oppressed』(Frerie)(상호 교육에 대한).
- 『민중교육론』(이반 일리치 外), 한길사.
- 『예언자』(칼릴 지브란 시집)(현대의 서성라고 불릴 만한)
- 『풀잎』(강은교 시집), 『농무』(신경림 시집), 『누가 하늘을 보았다 하는가』(신동엽 시집)(매일 선택한 고통을 살 때마다 위의 詩들을 읽어 보시오).
- 『한국 경제의 실상과 허상』(유인호), 평민서당.
- 『후진국 경제론』(조용범), 박영사.
- 『계절풍』(김춘복 장편소설). 『도깨비 잔치』(송기숙 소설집). 황석영 소설집.

  Tuba mirum

- 『한국 농업문제의 인식』(김윤환 外), 물결신서.
- 『제3세계 경제 발전』(김대환 外), 까치.

〈경제 공부의 필요성을 느끼는 절실히 느끼는 친구들은 선배들에게 조언을 구하십시오.〉

자작시

나에게 그런 시절이 있었다

(1982년 성남시대학생 연합회가 주관한 제1회 여명예술제에서 발표한 시)

나에게 그런 시절이 있었다.

하늘은 시퍼렇고 땅은 시뻘걸 때,

레일 위 자갈밭에 귀를 묻고

멀리 굽이쳐 돌아오는

화사한 기차의 봄을 듣곤 했다.

여름날 후려치는 비를 맞으며

빗물에 부푼 손으로

시커먼 석탄차에 매달려 달리고

내 가슴 내리치는 빗물을 눈물 만들어

한여름 내내 마른 땅에 뿌리곤 했다.

　　　　　　　　Tuba mirum

검은 눈물에 대답도 없는 땡볕은
해거름에 밀리어 간 나의 꿈이었다.
망치를 내던지며
삶이란 지지리도 고운 것이라고 이 새끼 하며
술 취한 상사는 내 볼을 후려칠 때도 있었다.
그 시절 삶은 지지리도 고왔고
한 겨울 밤 가까이
시멘트 공장 불빛이 퍼렇게 빛날 때
움푹한 눈동자 같은 초승달에
곱게 찧은 하이얀 눈은
노동자의 꿈이었다.
눈은 잠자는 나의 꿈을 살포시 덮곤 했다.
언젠가 나는
탁트인 황토 벌판에
겨울 바람이 세차게 불어오는 날
부활의 상록수 되어 죽으리라는
소망을 가지게 되었다.
나에게 그런 소망이 있었다.
나에게 그런 시절이 있었다.

　　** 이 시의 타자본 서두와 끝 부분 여백에 한희철의 서울대 동기이며
학생운동 동료였던 이수열은 '언젠가 나는 … 겨울 바람이 세차게 불어오
는 날 부활의 상록수 되어 죽으리라는'이란 표현에서 보듯 이 시가 한희철
의 만 22년의 짧은 삶과 죽음에 대한 예언적 소망을 드러냈음을 지적하는
다음과 같은 메모를 남겼다.

　　이수열이 시 앞 뒤에 남긴 메모:

　　이 시는 한희철의 내면세계를 알 수 있는 내용이 포함된 실제의 것임.

　　※ 발표 당시 한희철은 이 글에 대해 일체의 수정을 거부하며, 이대로
발표했다. 그가 죽은 후 이 글을 보며, 마치 자신의 죽음을 예언이라도 한
듯한 글귀에 놀란다.

　　이수열 　 1991년 12월 6일

Recordare

기억하소서

Recordare, Jesu pie, quod sum causa tuae viae.

자비로운 예수여, 기억하소서.
주께서 오신 이유는 바로 저 때문임을.

군대에서 가족과 지인에게 보낸 편지

(1982. 12 – 1983. 12)

▶ 이하의 글들은 귀리노 형제가 활동을 함께 했던 동료나
후배들에게 띄운 편지들을 묶어 놓은 것이다. 편자의 편의에 따라
인명은 생략하고 첫 머리 글자로 대체했음을 밝혀 둡니다.

1) 아버님 전상서

　　아버님, 안녕하십니까? 이전 집에도 자주 전화 인사 올리게 될 것 같고 하니 긴 편지 드릴 기회도 별로 없을 듯 싶습니다.

　　아버님, 제가 너무도 고개를 수그릴 줄 모르는 것 같습니다. 이상하게도 분명히 아버님, 어머님께 대한 보은에 너무도 무성의했다고 회개하면서도 마음속에서 나의 그러한 몇 년은 필연적이 아니었나. 또 그 도전은 나의 앞으로 남은 삶에 결코 후회를 던져 준다든가 마이너스를 주진 않을 것이라고요.

　　아버님, 그 간 저의 비현실적 태도, 가족에 대한 부족한 정성은 아들이 진정 어른이 되기 위한, 세계를 향해 나아가기 위한 응석 섞인 몸부림이었다고 용서해 주시기 바랍니다.

　　동생들에 대한 저의 책임, 희생이란 뒤돌아보니 하나도 없었던 듯싶습니다. 가난 때문에 훌륭한 능력을 세상에 펴 보지 못하여 평생 한이 되는 그런 일은 없도록 저도 노력해 보겠어요. 아버님, 어머님께서 생활 걱정에서 좀 벗어나시고 동생들이 한 사회인으로서 독립해 나갈 수 있도록 제 직업을 택하겠어요.

　　저를 한국에 태어나게 하시고 또한 이렇게 가난의 연속인 가정의 외아들이 되게 하신 주님의 뜻이 무엇인지 몰라도 이 모든 책임과 순리를 긍정하면서 저의 종교적 사명을 다하려 합니다.

　　우선 제대를 하면 복직을 할 것이고 2학기가 되기 전에 철도청 교육 담당관이나 청장과 상의를 해서 의무 근무 기간을 연장해서라도 학업을 마치도록 하겠습니다. 가정 사정을 얘기해서 월급을 타면서 공부하도록 해야죠. 졸업 후에는 기술연구소로 들어가 일을 하겠습니다.

아버님, 고생이 되시더라도 조금만 더 참아 주십시오.

저도 이 안에서 또 1, 2분을 아끼며 지내고 있습니다.

사업이 바쁘신 데도 이 놈을 찾아 주신 아버님, 저에게 많은 깨우침을 주신 것 같습니다.

형섭이 결혼식에 가서 뵙겠습니다.

영란이, 애영이 공부 잘하고 명랑하게 지내지요?

오빠답게 정성을 쏟아준 것이 없다 보니 빨리 오빠 노릇 좀 해 주고 싶고 함께 생활하고 싶군요. 누나는 정성스럽게 편지도 해 왔는데, 아직 답장도 못했어요. 곧 편지한다는 게 그만.

누님에게도 힘이 되어 주고 싶고요.

안녕히 계십시오.

팔삼 구월 오일　　　　희철 올림　1983년 9월 5일

2) JS 보아라

헤어진 지 벌써 두 달이 되었구나. 네가 고향에 내려 가고 얼마 되기도 전에 영장을 갑자기 받고 지금은 훈련병 생활 중에 있다. JS와 내가 만난 지는 얼마 되지도 않았지만 내가 기댈만한 튼튼한 기둥이었던 네가 갑자기 자리를 비우게 되었을 때 약간 하늘이 원망스러웠다. 그리고 '이것이 역사로구나' 하는 자위로서 마음을 가라앉혔었지.

너를 내려 보낼 때 내가 한 말 잊지 않았겠지. 네게는 너만이 할 수 있는 천주의 소명이 있다. 너무나도 중요한 일이다. 만 사람의 병사가 있어 봐야 그 무슨 소용이 있겠느냐. 너는 지금이라도 깨달아야 한다. 너를 기다리고 너를 필요로 하고 있는 사람들을 가슴 깊이 느껴야 한다.

너의 친구와 선배 후배만이 아니다. 지금 이 순간도 소리 없이 신음하며 이 땅을 일구고 있는 사람들, 보이지 않는 곳에서 헐벗은 몸을 스스로 취하시어 민중을 일깨우고 계신 젊은 예수들, 너는 이들이 너를 부르고 있는 것이 들리는지, 이 형제들에게 뛰어가기 위해서 나태해진 몸이 일으켜지는지.

그리고 그 간에 몸을 많이 회복시켰는지.

JS야, 그 간에 너의 생활 너무도 고마웠다. 나는 너를 주께서 우리에게 주신 선물이라 느끼며 감사했었다. 이제 좀 맑은 공기 먹고 건강해지거라.

JS야, 나는 이곳 생활에서 튼튼한 체력을 유지해 보려 한다. 요즘은 상당히 좋아지고 있고 말이다. 특별히 어려운 일은 없고 하루하루 지날수록 생활이 익숙해지고 동료들도 알게 되고 하니까 점차 재미있는 시간도 많아진다.

참 어제 크리스마스는 근처 성당으로 가서 미사를 보는데 상당히 좋았던 것 같아. 신부님 강론도 마음에 쏙 들었고 미사가 끝난 뒤에 만둣국과 막걸리 잔치가 성당 안에서 벌어졌어. 짬밥만 먹다가 사제음식을 보니 눈이 뒤집히는 거지 뭐. 무려 네 그릇이나 먹었다. 술은 위장병 좀 고치느라 입도 못 대고.

그 보다도 미사 전례를 통해서 우리의 참된 친구들을 만날 수 있었던 것이 더욱 더 기뻤다. 하여튼 우리에게 많은 예수의 탄생은 참으로 감사한 일이야. 우리들에게만은 진정한 위로야.

JS야, 몸 상태는 어떠냐? 공부하는 데 효도하는 데는 지장이 없느냐? 세계와 한국사에 대한 튼튼하며 신앙인다운 이론을 정립해 보도록 해라. 책이 없으면 서울에 있는 친구들에게 부탁도 하고 말이다. 즐겁게 연말을 보내거라.

희철 씀. 1982년 12월 말

3) D 형님

너무 성의 없게도 이렇게 뒤늦게 인사를 드립니다.

군 초년 생활 속에서 계절의 변화만큼은 저의 군생활 방식도 변하여 정리되어 가고 있을 때입니다.

형의 저에 대한 기대만큼은 해 낼 예정입니다.

미래에 대한 어떠한 준비와 자기 훈련을 해 내는지는 한 번씩 만날 때마다 확인하게 되지 않겠습니까?

제가 있는 곳은 대학 출신이 좀 많은 편이고 대부분이, 삼학년을 다니다 와서 가끔 얘기가 통한다 싶은 사람도 상당한 한계를 보임은 어쩔 수 없더군요. 몇몇 친구들의 정신적인 도움이 되어 보려고 하고 있지요. 저도 아무것도 아니지만, 제가 헤치고 나온 부분만큼은 말이죠.

그리고 유연하게 이 군생활에 적응하여 내가 찾아야 할 건강과 시간을 회복할 예정입니다.

위장병은 이제 다 나았고 허리와 관절도 심한 운동이나 훈련을 피하면 괜찮은 편입니다.

그 간 집안의 경제적 어려움과 부모님의 병환 악화 때문에 커다란 심적 부담 속에서 지내기도 했었어요. 그때 형님들에게 하소연을 할까

도 생각했지만 그간 우리 가톨릭학생회 선후배들의 관계가 거기에까지
미칠 것인가 하는 미더움에 감히 펜을 들지 못하고 탄천에 함께 있다가
군에 간 사범대 친구에게 펜을 들었지요. 평소의 사소한 아픔까지도 알
고 있어 그리 긴 이야기도 필요 없었으나 이야기를 했지요.

그 후 집에서 들려오는 소식은 이 불효자의 가슴을 식혀 주는 것이
었습니다. 전 친구들, 후배들, 선배들의 그러한 손길을 예견치 못했습니
다. 전 주님의 도움을 받아들이며 더욱 더 힘 있게 나의 길을 달리려 합
니다. 후배들의 정성도 그런 것인 줄 믿습니다.

형님, 이제 형님의 활동이 필요할 때 아닙니까?

우리의 커다란 수레바퀴를 움직여 버릴 수 있는 힘을 키우는데 모
든 힘을 수렴해 보렵니다. 그 의지가 사랑에서 출발하지 않는다면 그런
점은 다소 시각의 차이가 있겠지요. 그리고는 때묻은 몸으로 자유로이
살아가며 말입니다.

형님, 청소 시간입니다. S형, A형에게 안부 전해 주시고요.

팔삼년 오월 이구일   전선에서 희철   1983년 5월 29일

4) 보고픈 Y에게

유월 이십 오일. 귀리노 불침번 시간 중.

고향에서 별고 없이 재미있게 잘 지내고 있는지.

너의 긴 편지와 책 고맙게 잘 받아 보았어.

워낙 바쁘고 신경 쓰이는 군번이라서 답장하려고 몇 번씩 시도했다
가 계속 미완성에 그친 적도 있고 또 한편 너의 거취를 정확히 몰라 S한

테만 하고 말았지. 입대하고 몇 개월간 네 소식 무척이나 기다렸었단다.

특히나 지난 겨울 포상휴가 때 아슬아슬하게 못 만났던 아쉬움도 있지 않았었겠냐. 하여튼 너의 편지는 나의 기대만큼이나 힘에 차 있어 상당히 흐뭇했다. 군대 편지의 상당히 제한된 언어 속에서나마 그나마 간혹 우리의 뜻을 확인해 나갈 수 있도록 노력하자꾸나. 나는 네가 고향에 간 것이나 그 밖의 어떤 행동, 결정들에 대해서도 어떤 뜻을 지니고 있으리라 생각하고 있다.

우리의 운동을 발전 성숙시키기 위한……

Y야, 며칠 전에도 우연히 운 좋게 붓글씨대회 일등으로 휴가를 잠시 다녀왔다. 네게까진 가지 못했다만 몇몇 친구들을 만나 소식도 듣고 우리 운동권에 대한 설계, 후배들에 대한 격려 정도 하고 들어왔다. 이상히도 S와 나 외에도 상당수가 군대 가 있고 많은 친구들이 개개인 뿔뿔이 흩어져 있고 뚜렷한 미래상도 설계되어 있지 않더구나.

이러한 모든 것을 성당 쪽을 통해서 잘 응축시켜 나갈 생각이다. 이제 나의 군생활도 점점 여유가 생겨 나가겠지. ▧ 1983년 6월 25일

5) JW에게

먼저 1년 간의 중책을 떠맡은 네게 감사한 마음을 전한다. 회장단 선거일에 날 휴가길로 인도하여 주신 주님께도. 그날 JW의 각오와 구상은 매우 듬직하여 나의 군생활을 가볍게 해 준 것 같다.

모든 일은 JW 혼자서 하는 것이 아니라 이제 '실제'에 닥쳐 부딪치게 되는 많은 어려움이 있을 게다. 허나 '스스로 돕는 자에게 도움이 있

다'는 얘기를 믿으며 네가 할 수 있는 최선을 다해 보길 바란다.

선배들의 업적이나 동료들, 후배들에 자신을 비교하지 말며, 너와 너희 회장단으로서의 최선. 우리 역사를 꿰뚫어 보며, '지금' 가톨릭 대학생 연합회(카연)가 할 수 있는 일이 무엇일까? 미래의 '카연'이 할 수 있는 일도 아니고 정체된 '카연'이 할 수 있는 일도 아닌, 진정 책임있는 운동체로서의 부활을 목표로 하고 있는 카연이 할 수 있는 일!

변해 가는 역사적 상황과 변해 가는 우리의 수준에서 지금의 내외적 조건 속에서 카연의 회장단은 무엇을 계획하고 추진할 것인가를 정확히 너무 과대하지 않게 그려야 한다. 후배들을 믿고 또 연합회를 이끌고 계신 주님을 믿으며 너희 대(代)가 할 수 있는 것만 떳떳이 해 나가는 거다. 정의와 평화가 강물처럼 흐르게 하시려는 주님의 구원계획 앞에 우리 정의와 평화에 굶주린 자들이 불리웠음을 굳게 굳세게 믿어야 한다.

주님의 의지를 구체적인 우리 민족사와 민족 현실 속에서 발견하고 우리 연합회를 교회쇄신과 민족 구원의 운동체로 확신하고 JW는 한 해를 살아야 한다.

이제 너는 결코 개인이 아님을 알아야 한다.

네가, 너희 회장단이 개인으로서 행동하고 생각한다면 결코 이 중책을 맡을 자격이 없음을 알아라. 전 회장 WS은 개인적으로는 나의 사랑스러운 후배이고 그의 운동감각이나 태도도 매우 높이 사고 있다. 허나 한 가지 중요한 게 아직 결여돼 있는 것이야. 그 자신에게서 개인이 너무나 중요한 위치를 차지하고 있는 것이야. 우리 민족사의 현 과제라는 것은 분산되어 패배를 거듭하고 있는 민족, 민주 역량을 통일된 조직으로 묶어 외세와 반민주적 현실과 싸우는 것인데, WS에게는 사도직에

Recordare

대한 사도직을 떠맡을 준비 자세, 마음 자세가 안 돼 있었던 것 같다. 그러니까 WS는 연합회 회장에 있으면서 가장 기본적인 것을 결여하고 일에 임했던 것이야. 그러한 모순 속에서 WS는 견디지 못하고 연합회에 커다란 잘못을 남기고 말았지. 개인적인 판단이 우위에 서고 개인적인 운동방식을 택하고 만 거라고 생각해. 비단 WS의 잘못만이 아니라 생각해. 못난 선배들의 잘못이 더 크겠지. 내 얘기는 WS를 비판하려는 것이 아니라 너와 나의 할 일을 위해서야. 또 너에게 수고 좀 해 달라는 애기지. 너희들의 그 일은 우리 왜곡된 역사의 현장에서 매일매일 배고프고, 부자유스럽고 한 민중들에게도 매우 고마운 일이 되어가야 하지 않겠나? 민중은 꼼짝할 수가 없음을 알아라. 또 나중에 얘기하자 꾸나. 수고해!

한 귀리노. 1983년 7월 8일

6) Y에게

네 편지를 받은 지난 토요일은 날씨가 그렇게 짓궂고 면회 오는 사람이 없어도 흐뭇한 하루였어.

나의 멍들었던 얼굴을 아직까지도 기억할 만큼 날 이해하고 있는 네가 그렇게도 고맙더구나. 친구지간에 자꾸 고맙다는 말을 써서 미안하다. 헌데 Y, 우리 젊긴 젊은가 보구나. 부모님 곁에서 일 년 정도 있겠다더니 한두 달 만에 기숙사 생활로 옮기다니 네 나름대로 생각이 있으리라 믿는다.

Y, 한 보름 전에 포상휴가를 또 한 번 갔다 왔어. 우리 사단에서 붓

글씨대회 1등을 했지. 남들이 군대 운이 되게 좋은 놈이라고들 하더라. 집에 가서도 붓글씨 숙제를 해야 하다 보니 시간에 상당히 쫓기었지. 성당 친구나 샘터, 만남의 집 모두 못 만나고 왔어. 그간 나 나름대로의 설계가 있어 주로 가톨릭대학생연합회 친구들을 만났어. 이유는 나중에 만나면 자세히 얘기할게. 또 샘터 교사진들을 만났고, Y선배, J형, M형, S형, Y형 등도 만나긴 했는데 별 얘기할 새도 없이 인사만 하고 헤어졌어. H누나와 A도 보고 B도 다행히 만났어. 훈련을 마친 지 얼마 안 되나 봐. 신병 냄새가 좀 나더라. 한두 달 지나면 B로 돌아올 것 같아. ○○○동 예비군 중대에 있대. H를 못 만나고 온 것이 아주 미안해서 이제 곧 편지를 해야겠어. 그는 학교에 복학해서 잘 다니고 있고 J, H, B에게 너도 편지 좀 해라. 자주 할 시간은 없지만. 가끔 말이야. H누나는 아파트 몇 개 동의 어머니 모임을 만들어 아파트의 모든 일들이 어머니들의 회의를 ……

헌데 요새는 틈틈이 신문 주요 기사나 좋은 글을 보고 있거든. 샘터니 리더스 한국인 등 말 그대로 교양잡지에 지나지 않아.

샐러리맨들에게 약간의 비판정신을 심어 주는 정도의 편제야.

나와 우리의 미래에 대한 유익한 시간을 보내려 한다. 그리고 부대 반입금지 서적이 많은 이유를 감안하여 앞으로 내가 필요한 것 메모해서 편지로 띄울게.

노래와 시를 많이 까먹었어. 우리가 좋아하던 시, 노래들. 노래에는 기타 코드도 함께 적어 보내 줘.

건강에 너도 신경 써야지? 나는 매우 건강해지고 있다.

보고 싶은데 1년이고 2년이고 못 참을라고.

지금 현재 네 주위에 있는 친구들 사랑으로 돌봐 주고, 편지 한번

Recordare

하기가 여전히 힘드니까 이렇게 얘기가 길어지는구나. 헤헤, 안녕.

팔삼 칠월 십일일　　귀리노 ▨ 1983년 7월 11일

7) Y!-1

이번 주는 반가운 만남들의 연속이구나.

일요일엔 H와 S가 햇빛 쨍쨍 내리쬐는 한낮에 부대를 찾아왔더구나. 보통 때 같으면 밤에까지 외출을 할 수 있었을 텐데 요즈음 밤잠을 못 자가며 해야 하는 바쁜 일 때문에 두어 시간밖에 외출 허락을 못 받았어. 영내 면회소에서 애들이 사온 과일을 우리 내무반원들과 함께 나누다가 밖에 나갔어. 날씨가 너무 더우니 어디 들어앉을 만한 곳이 별로 없더구나. 그래서 바로 앞에 강가에 갔지. 일이 분 거린데 놀러온 사람들이 꽤나 많은 곳이었어. 우린 그늘을 찾아 강물에 발을 담그고 얘기를 나누었다. 주로 H의 갈등이 얘기 되었던 것 같다.

마리아는 별 얘기 않고 주로 웃으면서 듣는 편이었어.

H는 지오쎄 안에서 부딪히는 생각들이 많고 또 지오쎄라는 것이 시간적으로도 생활을 하는 것이 더 나을 것 같다는 거지.

나는 나름대로 이런저런 얘기들을 많이 해 줬어. 그러나 지금 다시 반복할 만한 뚜렷한 대안이나 얘기란 없었던 것 같아. 내가 더 이상 지오쎄를 강조한다는 것은 우리의 발전을 초래한다기보다는 하나의 심적 부담과 억압으로서 나타날 것 같아. '나는 우리 민족의 문제나 민중 전체의 문제를 현장인들이 논한다거나 고민한다는 것은 좀 말이 되지 않는 것 같아.'

현장인들은 자기들의 이익과 권리를 민주주의 논리 속에서 최대한 찾아나가고 젊은이와 지식인들은 민족과 세계라는 문제를 계속 해결해 나가고, 여기서는 이익보다는 역사의식이 주된 동력이 되겠지. 이 약자의 노력은 이제 어떤 합일점을 찾아야 하고 또 그렇게 되어 가고 있다.

각자는 '독특한 자기 영역의 일을 성실히 할 필요가 있어, 꾸준히.'

Y, 우리 한국 가톨릭 각 본당의 소모임을 통하여 일어서 보자. 진실된 사람들, 가난한 청년들의 허물없는 모임, 역사적 감각을 다소 가지는 젊은이들 모임 안에서 오랜 우정을 나누며 살자. 제법 자신 있는 팀이 되었을 때 함께 회합도 해 보는……

좋은 일이 준비되었을 때는 서로 초청도 해 가며.

Y야, H가 이번 휴가 때 너를 찾아갔는데 길이 엇갈렸다고 하더라. 매우 아쉬웠을 것 같아. 나 면회 올 때도 못 만날까 봐 걱정했다더라. 그런데 예상외로 건강해지고 살찐 내 모습을 보고는 너무 좋아하더구나. 우리들은 서로의 평화와 안식을 항상 걱정해 주는 美^미를 잃지 않았더구나. 너무 시간이 짧아 섭섭했고 다음에 올 때는 토요일 오후에 '화투'를 지참하고 오는 게 어떠냐고 은근히 강요했지.

Y는 휴가 없나? 나는 시월 경에야 좀 시간이 날 것 같아.

그전에 네가 한번 오지 그래. 가을에는 내가 찾아가겠다.

어려운 형제들과 항상 함께 생활하는 너.

그들에게 희망과 용기가 되는 생활을 하리라 믿으며.

네가 보내는 시 너무 좋다. 수고 좀 해다오.

팔월 구일 전선에서 희철   1983년 8월 9일

8) Y!-2

거의 다 갔지? 땀으로 목욕시키던 여름, 이제 제법 선선하다. 책 좀 봐야겠지? 부탁이 있다. 여기 도서실에 없는 책 좀 꼭 봐야겠거든.

일반 문학전집, 단행본. 『한국인』, 『리더스』, 『샘터』 『북한』, 『2000년대』 등은 여기 도서실에서 필요한 대로 빌려볼 수 있게 되었어. 담당 사병을 개인적으로 잘 사귀어 두었거든. 월간 『시사영어 연구』라는 책이 필요해. 좀 비쌀 거야. 팔백 원도 넘거든.

어제는 어머니, 아버지가 오셨더라. 부대가 훈련 중이라 외박을 또 못하고 말았어. 외출은 했는데, 값싼 자리 얻기도 그렇게 힘들더만. 중국집에 가서 육개장 국물 하나 소주 한 병을 시켜 놓고 얘기를 나누었지. 어머니는 찹쌀밥에 소고기 지짐을 싸 오셨더구나.

아버님, 어머님 모두 나에게 의지하시는 마음이 역력하더구나.

이런저런 얘기들에 어려운 처지 아닌 것이 없더구나.

나의 부모님 얼굴을 다시 쳐다보니 마음속으로 용서를 빌 수밖에 없었어.

20여 년을 나와 우리 형제를 위해 땀 흘리고 애태우고 때론 눈물을 흘리시며 주름살만 늘리며 살아오셨는데……

이제 운동에 대한 설계는 개괄적으로 끝난 듯 싶으니 가족의 생활을 책임질 수 있는 설계도 구체적으로 해 놓으려 한다.

Y, 잘 있게나. 항상 살아 뛰고 가난한 이들의 문화는 찌든 현실 속에서 여유와 즐거움을 누리며 사는 지혜에서 나오는 것 같아.

즐거운 시간을 빈다.

희철 1983년

9) S!

　오랜만이군 그래. 무척 기다리던 차에 내가 편지를 띄우려고 봉투만이라도 써 놓았던 차에 S 편지를 받았다. 말 주변은 없어도 항상 정곡을 찌르는 얘기로 많은 친구들을 고개 숙이게 하던 그 모습은 편지에서도 어디 가지 않더군.

　Y한테서도 일전에 편지를 받았었지. 너희들의 편지는 나에게 항상 힘을 넘치게 하고 있어. Y가 성남에 간다길래 답장을 하고 싶었어도 말이야. 우리들 사이엔 백 마디 얘기보다도 중요한 믿음이 있잖니. 단지 보고 싶을 뿐이라는 것이 가장 솔직한 나의 표현일 것 같아.

　우리 지오쎄 회원들에게 일찍 편지 못한 것은 눈코 뜰 새 없이 바빴던 탓, 집안에 약간 어려운 일이 있던 탓, 내 몸도 좀 불편한 탓도 있었겠지만 요즘 우리 군의 검열 강화, 의식화 서적 반입 금지 등의 조치들 때문에 각별히 주의하느라 그랬던 점도 있다. 회원들의 소식 궁금하기 그지없으나 그리움을 참아 낼 수 있는 힘도 우리에게 필요할 것 같아.

　그것은 또 내가 만남의 기쁨을 더 크게 해 주기도 하잖아.

　S, 내가 해야 할 일이라 생각하는 것은 형제적 사랑이 넘치는 민중 조직이다. 깨어 일어나 정치적 책임까지 견지한 민중 조직 말이야. 지금 당장엔 아무리 힘이 없어 보일지라도 시간이 흐를수록 승리를 분명히 누리게 될……

　S, 부탁한다. 우리 지오쎄는 현장의 민중들에게 너무나도 필요한 운동체임을 재확인하고 주변의 어떠한 비난도 이겨 나가며 우리 '확대, 확산'에 힘쓰자. 그리고 내적으로 복음을 재해석하고 평화로 무장하며 사랑으로 결속하고 사회적 지식도 늘리고 대 사회적 조직 능력도 배양하

고 한국민족사에 대한 책임의식을 갖는 그러한 지오쎄로 돌아올 수 있
도록 자체 갱신에 힘쓰자.

그리고 S, 우리의 생활 전부가 사랑의 정신. 그 빛으로 이루어짐은
바람직하나 우리 생활 전부가 정치 일색, 이념 일색이어서는 안 된다고
생각한다.

연애도 하고, 여행도 하고, 놀이도 하고, 가정에서도 자기의 위치에
서 오늘 사랑의 책임을 다하는 등등.

S, 조급해 하지 말라고 얘기하고 싶다. 우리는 승리된 삶을 살고 있
기 때문에. 친구들에게 지금은 건강히 맘 편히 살고 있는 귀리노 소식
을 전해 주고 나의 보고 싶어 하는 마음도 전해 주렴.

S와 우리 만남의 집 형제 자매들에게 평화!
더위와 장마로 계속 찌뿌등한 여름.
에어컨과 시원한 음식과 충분한 바캉스를 즐길 수 있는 우리 도시
의 일꾼들은 제법 하루하루가 짜증스럽기 마련이겠구나. 우리 전선의
사병들도 하루의 가장 큰 낙이 하루의 배인 땀을 씻어내는 저녁 목욕이
란다. 잠이 항상 부족하고 개인 시간이 좀 없는 편이라 상당한 각오를,
요령을 가진 사람도 하루 기껏 몇 페이지 책을 읽는 것이 고작이란다.

세상과 나라의 주인으로서 노동과 병역에 임할 수 있게 되는 계기
가 주로 책을 통한 간접 경험의 확대에 있는 것이 아니냐.

허나 현실을 말한다면 우리 일꾼들이나 사병들이 자기 마음의 양
식을 키워 똑똑해지고, 자기의 법적 권리를 찾고, 창의성을 계발시키는
것은 항상 건방지고 주제 넘는 일로 지탄을 받더라. 이것이 발전의 장해
요인이지.

S야, 우리가 가야 할 길이야.

일꾼들의 생활과 생명이 가벼웁게 취급되는 풍토를 우리 생활 주변에서부터 없애 나가자꾸나.

고생하는 일꾼들과 사병이 없이는 우리나라의 될 수 있는 일은 아무것도 없다. 이들이 가난하면 바로 우리나라가 가난한 것이 아니냐.

우리는 지오쎄를 통해 만나고 나아간다. 안녕.

전선에서 귀리노 1983년

10) Y야.

보내 준 『한국인』 9월호 잘 받았다.

정희성 씨의 시와 또 하나의 짤막한 글, 너의 의지를 읽는 것 같아 힘이 솟더구나.

편지가 있을 법한데 아무리 찾아도 없어. 나와 친한 상병과 '웬일이지?' 했었는데 이틀이 지난 후 동료가 책 속에서 편지를 발견했다고 콘을 사내라고 난리더구나.

기쁘기 그지 없었고 네 솜씨에도 놀랐다. 요즘은 『당신들의 천국』이란 책에 손때를 묻히고 있는데 하도 짧게 짧게 시간을 내서 보다 보니 가속도도 안 붙고 빌린 책인데 접은 곳 투성이다.

문둥이들과 육지에서 건너온 자선 사업가들, 용기를 내서 찾아온 봉사자들 안에서 이루어지는 온갖 갈등을 그려 놓았어. 백성들 민중에게 꼭 필요하고 또 해서 좋은 일들이 과정 속에서 민중을 배반하는 사례를 그리고 있는 것 같아 아직 책의 결론은 모르겠는데. 나에게 많은 반성을 주고 있어. 모든 책들이 그렇기도 하지만 말이야.

우리의 역사는 근 백여 년을 곪아 왔으니 그 수술이란 것이 엄청나게 힘들기 마련이지. 견디기 힘든 아픔을 참으며 짜내야 산다고 하는 이와 짜내는 아픔을 못 견디겠다는 본인. 차라리 그냥 지금처럼 서서히 큰 아픔 없이 썩어 죽어 가는 것을 택하기도 하는 역사 속의 민중들.

부분적인 비유를 들어 봤어. 또 어떠한 일을 해 나감에 있어서 일에 대한 사명감이 너무도 강한 리더에 의해, 실제적인 일의 주체이고 일의 수혜자여야 할 민중들은 이용되기도 하고, 심지어는 피값마저 가벼이 여겨지고 마는 경우가 생기기도 하잖아? Y야, 너무 애기가 길어질 것 같구나. 우린 낭비적인 사색이나 이빨보다는 믿고 진실되게 실천하는 하루하루가 되도록 노력하는 게 낫겠지.

건강은 어떤지 얼굴은 어떻게 변했는지 빨리 보고 싶다.

희철 씀 　1983년

11) Y에게

안녕. 그렇게 기다리던 만남의 날이 그리될 줄 누가 알았겠냐.

네게 미안함도 이를 데 없어라.

나도 떠나면서 내무반 J 상병한테 신신당부를 해 놓았었어.

대신 면회라도 나가서 허전함이 없이 돌아갈 수 있게 해 달라고.

헌데 네가 위병소에서 위병소장만 만나고 부대 안에 연락도 안 된 채로 떠났다더구나.

네가 준 용돈과 김수영 씨 산문집은 잘 받았다.

너의 돈은 너의 땀이 어려서 그런지 귀하게 써야겠다는 생각이 항상 든다.

그날 난 일이 잘 손에 안 잡히더구나. 지금쯤 Y가 면회를 왔었을 텐데 하는 생각으로 그날은 좀 길었어. 군대란 곳은 가라면 가야 되는 곳 아니냐.

요즘은 '믿는다'는 자체도 힘들고 '믿는 바대로 행한다'는 것도 힘든 '우리의 믿음'에 좀 더 성실히 임하려 애쓴다.

Y야, 나의 믿음은 불상 앞에 합장을 하고 앉아서도 기도 할 수 있는 믿음이다. 허나 나는 주님께 대한 참된 기도는 앉아서 명상하거나 입으로 뇌는 것이 아니고 나의 온 몸으로 주 뜻에 가까이 살아가는 것이라고 생각해.

Y야, 우리는 역사 속에서 정의와 평화를 위한, 자유를 위한 운동들을 본다. 또 때론 우리 시대에서 그러한 운동들을 보거나 겪게 된다. 우리는 현재의 삶에서 과거의 운동 속에서 배운 교훈들을 중시하지 않은 경향이 있는 것 같다. 우리들만은 그러한 교훈을 굳게 간직하며 우리의 오늘과 내일을 설계해 보자.

시월 초에 예정되었던 휴가가 스물 엿새 날로 부대 사정상 연기되었다.

어떻게 만나는 것이 좋을까? 내가 찾아갈 예정인데.

S 편지를 오랜만에 받았다.

요즈음 대학의 움직임과 몇몇 커다란 사건들 때문에 잠도 별로 못잘 정도로 바쁘단다. 몸 건강히 잘 있나 봐. 우리의 마음은 항상 나래를 펴고 모여 선을 잡고 있지만, 우리의 몸은 아직 제각기의 영역에 갇혀 있나니 … 우리의 몸도 함께 모일 수 있도록 기도하자. ▨ 1983년

12) Y!-3

괜찮은데…… 편지 잘 받았다.

오늘 휴가를 출발하기 앞서 예정표를 너에게 먼저 밝혀 보노라 언양 땅을 빨리 밟아보고 싶은 마음은 굴뚝 같지만 십이월 오일에 가기로 마음먹고 있다. 네게 다녀오는 길에 동생 영숙이가 기술 공부를 하고 있는 구미에도 들릴 예정이다.

성남에서 함께 시간을 낼 수 있는 친구가 있다면 동행하리라.

평화와 승리가 계속되길 우리 함께 빌자.

보름을 다만 성실히 보내겠다고 약속한다.

나를 잘 아는 친구여 잘 있게.

팔삼 시월 이십육일 귀리노 1983년 10월 26일

Confutatis
저주받은 자들이

*Confutatis maledictis, flammis
acribus addictis: voca me cum
benedictis.*

저주받은 자들이 불길에 던져질 때,
저를 복된 이들과 함께 불러주소서.

울톨릭 후배 글 모음

1) 이성훈

희철이 형의 모습.

웃는 모습이 변함이 없는 것 같다.

아니 내가 변하지 않아서 그렇게 느껴지는 것일 게다.

고목나무.

그루터기.

희철이 형.

천년을 굵어온 아름등걸 …

열심히 살고

서로의 삶을 지켜봅시다.

그리고

어느 낯선 거리에서 만날 때

긴 이야기 해요.

이성훈 81   1983년 6월 18일

2) Dete

벌써 첫 눈 왔던 12월의 첫 날도 가고 내 생신도 가고 한희철 선배 기일-추도식 날이 되었다. 아침부터 90학번들이 여럿이서 오늘 일을 준비하는 모습이 참 훈훈하다. 내리 3년여 동안 이맘때면 영은이 오빠의 주도로 추모사업을 해 왔지만, 올해만큼 많은 울원들의 가슴에 선배의 흔적과 열정이 깊게 자리잡은 적은 없는 것 같다. 기회가 있을 적마다 선배의 글이나 일정을 이야기하던 용덕이의 모습은 무척 신선하다. 우리가 어떤 한 사람을 기리고 기억하는 것은, 그가 이룩한 결과물뿐만 아니라, 죽음당함 때문만이 아니라, 우리 자신의 역사가 그에게 있기에, 그의 과정이 아름다웠기 때문이기도 하지 않을까? 그의 고뇌와 생명력이 지금 단 한 명의 후배에게서 다시 살아 움직인다면 (용덕이처럼, 영은이 오빠처럼) 그의 삶은 그의 죽음은 무의미하지 않을 거야!

바람이 있어요. 충격의 강도가 커져 가는 바깥 세상이지만 우리 울톨릭 안 세상에서부터라도 작은 것에 숨어 있는 아름다운 것들을 읽어 내도록 해요. 우리 자신의 터와 우리의 역사에서 올바른 것들을 발견해 내고 계승할 때 우리는 어떤 외세(나쁜 문화, 나쁜 사상, 나쁜 …)에도 끄덕 않는 탄탄한 자주 신앙공동체가 될 거예요.

용덕, 현아, 장원, 경호, … 그리고 영은 오빠 모두들의 수고에 즐겁습니다.

Dete 📧 1990년 12월 11일 화

3) 꿈틀거리는 지렁이

참으로 소중한 날이었습니다.

한희철 형의 초혼장, 많이 함께 참석을 못해 안타까웠습니다.

박종철, 전태일, 조정식, 한희철…… 그리고 이름도, 꽃도, 십자가도 없는 이 시대의 순박한 순교자들,

올바른 삶을 살기 위한 다짐조차 두려워지는 제게는 커다란 일깨움과 질책을 주는 그들의 침묵,

초혼장이 끝난 후 용덕, 양숙과 유가협을 방문했습니다.

귀로만 듣고 지면으로만 만날 수 있었던 전태일 열사, 송광영 열사, 김성수 열사의 어머님들, 양심 있는 전경들의 어머님, 윤석양 이병 어머님과 누님,

그들은 전혀 생소한 분들이 아니었습니다.

그저 소박하고, 기뻐하고, 분노함을 거짓없이 드러내시는 우리의 할머님, 어머님들이셨습니다.

모성애와 분노 하나만으로도 흩어짐 없이 일어서시고 굽히실 줄 모르는 분들,

그분들의 일분 일초의 삶들이 인간의 삶이었습니다.

인간이기 때문에 일어나지 않을 수 없었던 분들,

한 사람의 희생, 한 사람의 운동가 입에서 나오는 달변들, 너무나도 사치스럽게만 느껴졌습니다.

많은 걸을 반성했습니다.

너무도 헛되고, 겉보기에 좋은 것만을 좇기에 급급하고, 바둥거리지만은 않았는지. 그런 것들은 전혀 인간답게 살려는 노력이 아니었습니다.

우리는 인간이기 때문에 인간적인 의무가 있기 때문에 일어서야 한다는 작은 깨달음을 준 체험이었습니다.

선배님들 걱정 마세요. 저와 후배 90학우들이 나약하게만 보일지라도 가능성을 믿으세요.

그리고 우리들의 생활이 세미나와 모임에만 매몰되지 않기를 바랍니다.

- 꿈틀거리는 지렁이 한 마리가,

쨍쨍한 해의 날 1990년 12월 9일 해의 날

4) 민섭

곳곳에서 모락모락 김이 오른다.(하수구)

남대문 시장에선 큰 불이 나서 재산 피해도 엄청난 듯 그 많은 사람들은 올 겨울 어디로 나 앉아야 하지.

그러면서도 뻔뻔스런 금뱃지 놈들 하는 꼬락서니엔 불감증에 걸렸나 보다.

아.-- 빨리 의식화시켜야지.

한희철 열사 기일인데 참석 못할 걸 같아. 선교부 아해들에게 너무 미안하다. 열사의 부활은 바로 우리들 속에서 드러나는 것인데. 마음은 있되 몸은 못 있을 수밖에 없는 지금.

애들아, 내 몫까지 열심히 해 주려무나.

민서비. 1990년 12월 11일

5) 미상

지난 며칠 간 막글터에 남겨 놓은 울원들의 삶을 읽으며 추운 겨울을 훈훈하게 보낼 수 있을 것 같은 생각이 든다.

한희철 선배의 추모사업은 '울'을 위해 일하셨고, 이 땅의 민중을 위해 일하셨던 그 분의 삶을 몇몇 사람에게나마 부활케 했다는 점에서 물론 가장 의의 있는 일이었지만, '울톨릭' 자체 내의 내공을 다지는 데에도 빼놓을 수 없는 한 몫을 한 것 같다.

특히 I를 포함한 90학우들에게 힘을 불어넣어 준 일이었던 것 같다.

room에 불을 키면서, "울톨릭"이라고 작게 불러 보면서, 그 어느 때
보다 '울'에 대한 애정을 느낀다.

오늘 떠나는 성열 형을 위해 기도 드리고 있다.

그의 삶이 이곳에서와 같이 떠나간 후에도 민중을 위하는 삶의 일
부가 되길 빈다.

얼마 남지 않은 1990년.

떠나는 사람이 하나둘 생겨났지만 더 활기찬 91년을 위해 이 겨울
우리들의 삶에 더욱 매진해야겠죠.

아주, 참으로 오랜만에 아침기도를 합니다. (혼자) No. with 주영.
AM 8:35 아침 일찍. 모임방에 모여서 함께 기도하고. 새로운 날을 시작
했음 좋겠군요.

마태복음 14장 세례자 요한의 죽음 소식을 들으신 예수께서 이어
오천 명을 먹이신 기적을 행하셨다. ▨ 1990년 12월

6) 용덕

아름답게 보이지 않고, 비처럼 몰아치는 싸래기 눈발.

그 속에서 비 맞으며 등교한 나.

새삼스럽게 주위가 좀 더 구체적으로 내 옆이 쓸쓸한 것을 깨닫고
연인과 같이 걸어가는 날은 언제일까 하며 피식 웃었다.

희철이 형!

"제가 쓴 막글터에 형의 말이, 대답이 실려진다면? 형은 뭐라고 말
할 겁니까?"

兄^형(희철)

"어제 고생했지, 짜식 C.C.하지. 덩치도 좋은 게."

"사람을 잘 돌봐 줘, 나는 싸우고 올게."

"이 싸움을 하면서 너는 무엇을 느꼈니?"

"하느님은 어디 계시지?"

"전경들이 많이 다쳤다지, 그들도 우리와 같은 하느님의 자녀들이야. 큰 부상이 아니면 좋을 텐데."

容^용(용덕)

"형, 윤석양 이병이 양심선언한 것 봤지요? 감격스럽죠! 형도 해 볼 걸 그랬나요."

兄아, 兄을 위해서 우리들이 준비를 하고 있어요.

兄은 울톨릭, 그토록 형이 사랑했던 울톨릭의 성원들이 兄의 기일을 맞이해서 무엇을 했으면 좋겠어요. 아마 답답한 형의 가슴을 시원하게 해 주길 바라겠지요. 그건 아마도 먼저 형의 얘기를 드는 것에서부터 시작할 것 같군요!

"'울' 성원들의 노력이 형의 마음에 얼마나 드는지?"

           – 용덕

7) 88들에게 고한다

(어쩌면 87 이상들에게도 해당될지도……)

요즘 확실히 88들의 분위기가 저번보다 확실히 나아진 것만은 분명하다. 하지만 겉으로 드러난 분위기가 나아졌다는 것이 우리들의 관계가 더 나아졌다는 것과는 다른 것이다.

왜 꼭 끼리끼리 모여야만 하나?

서로 모든 걸 떨어버리고 겸허하게 만납시다. 물론 어느 정도 마음이 통할 때 같이 하려는 마음이 있는 건 사실이지만, 그 사람이 날 이해해 주기에 앞서 내가 그를 이해하려거나 가까이 하려는 노력을 했는지 각자 반성합시다. 또, 간혹 오해가 생길 수도 있는 일을 갖고 그것을 풀려 노력하기보다 자기 나름대로 독단적으로 판단해 버리고 마는 그런 일이 없지 않았나 각자 생각해 봅시다.

88 여러분!

살아가는 주체는 바로 나 자신이지만 용기를 주고 격려해 주는 이웃이 있다면 살아가는 데 훨씬 수월하고 재미있지 않을까요. 내 자신이 도움 받기보다, 위로 받기보다 내가 먼저 베풀 수 있도록 합시다.

마지막으로 당부합니다.

서로서로 격려하고, 따로 놀지 말고 즐거운 마음으로 대할 수 있도록 애씁시다.

- 한 88 학우가
88 울톨릭을 안타까운 눈으로 보면서

8) 미상

어제 향백에서 동국이 형(82(?) 회장)이 마리노 앉은 자리를 가리키며, "희철이 형이 바로 저 자리에서, 우리 곁을 떠나기 얼마 전에 바로 저

기에서 신부되겠다는 말을 했다오.” 했을 때 나는 역사 속의 울톨릭을 확연히 느낄 수 있었다.

할 일이 너무나 많다.

울톨릭을 좁은 틀 속에 가두지 말자.

울톨릭은 하느님 나라가 깃들일 겨자씨로 자라고 있다. 🔲

9) 89 달

room에 왔더니 온통 난장판이다. 울톨릭 들어온 이후로 가장 더러운 것 같다. 깃발들은 널려 있고 정리되지 않은 물건들. 술 냄새까지 한몫한다.

11시 30분임에도 불구하고 아무도 오지 않는다. 정옥이가 다녀가고 철묵 오빠가 숙제를 하고 있을 뿐.

울 엄마는 가끔씩 심각하게 애기하신다. ‘더럽게 하고 사는 사람들과는 놀지 말아라.’ 갈등 생긴다. (이히히)

****

엄마 아는 분 중에 한 분은 하루에 막걸리 한 병씩을 마신단다.

왜 그렇게 과음을 하시냐면 애지중지하던, 믿었던 대학생 아들이 군대 가서 죽은 까닭이었다. 5공때 강제징집되어서 그렇게 됐나 보다. 학생운동을 격렬하게 했다는데.

집안 형편도 좋지 않아 아주머니께서 일을 하셔야만 하는데 그냥 맨정신으로 살기에는 너무나 큰 한을 가지고 계시기 때문에 술을 드신단다.

술을 드시면 우시면서 아들이 조금만 더 참고 고생하시라고 했던 얘기를 하시곤 한단다. 전두환이를 가장 미워하시고.

한희철 선배님을 생각해 본다.

불의를 향해 투쟁하는 울톨릭 사람들도 생각해 본다.

그리고 나의 모습도.

89 달 ▨ 1989년 10월 30일 월요일 11시 21분

10) 미상

혹시 알고 계세요?

민중의 앞길엔 아직도 수많은 고통이 가로 놓여 있고 아직도 끝도 없이 피를 흘려야만 한다는 것을. 하지만 이 모든 것, 모든 고통, 그리고 나의 피는 내 가슴속에, 내 골수에 벌써부터 박혀 있는 희망에 비하면 아무 가치도 없다는 것을 알고 계십니까? 전 이미 부자입니다.

밤 하늘의 빛을 발하는 별과 같은. 전 참고 또 참았습니다. 왜냐 하면 어느 누구도, 어느 무엇도 결코 압살할 수 없는 기쁨이 자라 숨을 쉬고 있기 때문입니다. 바로 이러한 기쁨에서 힘이 나오는 것입니다.

한 희 철

미-노태우 독재는 감옥에서 고문실에서 뿐만 아니나 비밀적인 장소, 놈들의 권력의 보호막 아래서 수많은 애국 민주 인사와 양민들을 학살했다. 그들은 이를 통해 자신들의 무소불능의 권력을 시위하고자 했고, 애국자와 민중들의 굴종을 강요하기 위해 애국민주운동에 대한 공포를 불어 넣고자 했다.

그리고 나서 놈들은 진실을 통제하고 이들 죽음을 자살이나 우연사로 가장하여 자신의 범죄행위를 은폐하려 했다.

삼청교육대, 강제징집 녹화사업, 그밖에 노동자, 학생들의 의문사. 얼마나 많은 목숨들이 무고하게 희생되었던가!

의문사의 진상을 밝혀 의문사 유가족들이 한을 풀고 민중의 생명을 지키며, 미-노 독재의 만행을 샅샅이 밝혀 내는 것은 우리의 엄중한 임무이다.

• 파쇼 폭압의 산파 미제에 대한 불타는 적개심으로 반미구국의 한 길로 떨쳐나서자!

• 파쇼 폭압의 산실, 보안사, 안기부, 치안본부 대공분실을 우리의 힘으로 박살내자!

이것만이 우리의 선배를 진정으로 추모하기 위한 가장 올바른 자세이다. 🔲

11) 유림

어제 수료식을 무사히 마쳤다. 수료식 때 받은 펜으로 바꿨다.

생각보다 훨씬 많은 사람들이 왔다. 어제 와 준 멋진 울퉁릭 사람들 (상훈, 경미, 영은, 은정, 근영, 운기)에게도 고맙고, 확이 오빠, 재원이 유경이한테도 고맙다. 장애인들에게 특별히 관심이 있어서 수화를 배운 것은 아니다. 널널한(물론, 자체적으로) 학교 생활에서 뭔가 보람 있는 일을 해 보자는 뭐 그런 내 위로적인 발상에서 배운 것일 뿐이다. 또 울퉁릭 애들과 같이 할 수 있어서 끝까지 잘 마칠 수 있었을 것이다. 수화를 안

배웠을 상황을 생각해 보면 그래도 지금이 더 행복하다고 스스로 자부
한다. 사람들은 말한다. 꼭 수화가 아니더라도 할 수 있는 봉사활동은
많다.(봉사라는 말은 내가 너무 싫어하는 말이다.) 장애인들에게 관심을 갖
고 좀 알려고 노력하는 것들이 소중하고 중요하다고 말한다. 실상 시간
을 내서 그들을 찾아보고 같이 해 주는 게 뭐가 그리 어렵겠는가? 그들
에게 관심을 가질 수 있는 마음, 그런 게 생겨 난다는 것이 나에게는 더
큰 문제이고 내가 계속 실망하는 문제이다. 대부분이 그렇지 않은가. 자
기 문제에서 헤어나지 못 한다. 언제쯤 내 문제를 깨고 … 그럴 날은 없
을 것 같다.

오늘 아침 문화부 모임이 있었다. '풋사랑' 독서토론. 솔직히 말하면
잘될 것 같지도 않았고 아침에 생각도 못했다. 문화부 모임은 계속해서
나가리되고 있다. 나가리된 데는 불만도 많고 왜 이만큼밖에 못할까 정
말 마음에 안 들지만 내가 할 수 있는 일도 없다. 나도 하고 싶은 의욕
이 없고 능력도 없으니까. 문화부. 어제 확이 오빠가 한 말 중에 울톨릭
은 사람을 괜히 고민하게 만들고 또 그런 것이 울톨릭의 원동력이라고.
이 말에 정말 공감한다. 어쩌면 제일 불안한 사람이 고민하지 않는 사람
일 거란 생각이 든다. 사랑하는 문화부들아, 많이 많이 생각해라. 뾰족
한 수가 없더라도 처음이나 지금이나 너희들과의 거리가 비슷한 것 같
다. 미안하다.

사람들은 내가 무슨 생각을 하는지 모르겠다고 한다. 나한테 말을
안 한다고 채근하기도 한다. 나도 내가 무슨 생각을 하는지 잘 모르겠
다. 아마 아무 생각이 없나 보다. 또 말도 별로 하기 싫다. 하지만 솔직한
자기의 느낌을 표현하는 것은 대단히 중요하다. 자기를 알리는 것도. 그
냥 무턱대고 나 좀 알아줘라고 하는 게 잘못된 걸까. 자기 신념에 찬 것

처럼 보이는 선배님들을 보면 힘이 난다. 울퉁불퉁 사람들 대부분은 감정의 변화가 심한 것 같다. 나를 포함해서(혹자는 나에게 시종일관이라는 표현도 쓰지만 결코 그렇지는 않다.) 또 믿고 있는 선배들이 사적인 감정에 흔들리는 걸 보면 힘이 빠지기도 하지만 어차피 모든 것은 사적인 감정들의 연속인데 뭐. 나도 그렇고. 안 그런 척 할려고 애쓸 때도 있지만 그것 자체도 벌써 그렇고.

쓸데없는 말을 굉장히 많이 썼구나. 너답지 않게. -답다라는 말은 참 안 좋은 말이다. 어느 누구도 나에게 유림이 답다라는 말을 하지 않았으면 좋겠다. 오늘 학교에 안 올려고 했는데 어제 잘 때 생각을 바꿨다. 내 머리 용량이 너무 작아서인가. 어제 열.추.준.모임(열사추모사업준비모임)에서 맡은 게 있는데 한희철 열사께서 의문사당하신 때를 전후로 시대상황을 조사하는 것이다. 뻔한 것이지만 가장 잘 압축해서 전달할 수 있는 글을 싣도록 해야겠지. 그렇지만 지금 나는 이런 말 할 자격이 없다.

유림 데레사 ▨ 1993년 12월 3일

종이학 접기 종이를 오늘 사다 놨으니까 제발 형식에 치우치지 맙시다.

12) 형민

어제, 오늘 나한테 많은 계기가 된 것 같다. 열사추모사업 함께 하면서 크게 다가오기 시작했다. 다른 사람들도 희철이 형 글을 읽고, 자기 얘기를 하고 있다는 걸 느끼게 되면 그럴 것이다. 울에서 있으면 딴 짓을 하고 싶어도 그러지 못 한다. 하느님이 날 잡고 계시다. 내가 찾지 못한 것이 안타까웠다. 울에 보이지 않지만 없으면 안 되는 사람이 많다.

다들 소중하고 그런 사람들이 관악 안에서 함께 울을 느낄 수 있있으면 좋겠다.

13) 영준

기대하지 않았던 시간이 나서 잠시 울방에 앉아 있게 되었다. 한동안 울방에 오기 힘들었고 울톨릭에서는 뭐하고 있는지를 잠시 생각하게 되었다.

대학 내 분위기가 참 엿 같다. 바깥에서는 노동법 개정이 어쩌니 하고 노동자들이 총파업을 하겠다고 하는데 과거 같았으면 먼저 선도적으로 나섰을 대학생들이 뭘 하고 있는지 모르겠다.

정말 시대가 변해 버린 것인가? 자기 만족적이고 소시민적 운동에 위안 삼는 투철하지 못한 우리들이 많기 때문은 아닌지. 울인들이 희철이 형 추모 사업에 열심인 것 같다. 함께 하지 못해서 미안하지만 희철이 형의 기일에 즈음하는 지금의 울 분위기가 마음에 드는 것은 아닌 것 같다.

이미 오래 전에 죽어버린 선배를 백날 추모하면 뭐하나. 정말 희철형을 추모하겠다면 머릿속의 관념 속의 민중, 사람을 벗어 던지고 보다 구체적 현실을 보았으면 좋겠다. 301동에 여덟 장의 대자보를 붙이고 마지막에 이렇게 썼던 기억이 난다. "학생은 노동자가 아니기 때문에 지금 시기 구체적으로 할 수 있는 데에도 한계가 있겠지만 총파업에 지지를 보내자."

정말 일백보 양보해서 쓴 말이었다.

희철 형에 대한 추모에서 비롯되는 신앙적 감수성을 혁명적 대학 정신의 복원으로, 구체적 투쟁으로 순화시켜야 할 시대적 임무는 변해 버린 시대 때문도 아니고 우리가 해야 할 일들이 아닌가 한다.

잠시 좀 주저리주저리 했다.

그다지 실천적이지 못한 내가 정말 열심히 뛰어 다니는 동지들에게 누를 끼친 건 아닌지 모르겠다.

영준 1996년 12월 5일

14) 95를 사랑하는 94

얼마 안 있으면 모란공원에 가게 된다. 그리고 울톨릭에서는 관악 추모식이나 추모사업 준비에 바쁠 것 같다. 그런 행사들을 치르면서 우리 2학년 후배들에게 꼭 해 주고 싶은 말이 있다. 사실 일꾼일 때는 이런 말이 귀에 들어오기 힘들겠지만⋯ 추모사업으로, 일로만 보는 오류를 피했으면 좋겠다. 그렇지 않아도 힘 빠지기 쉬운 이 겨울에 사업이긴 하지만 보다 더 마음에 깊이 새겨야 하는 것은 그 사업 속에 숨은 정신을 느끼고, 배우고, 스스로 성숙해 가는 것일 거다.

어쩐지 희철이 형 집을 찾아가는 발걸음이 무거워 보였다. 책임을 맡은 사람에겐 그럴 수 있는 일이지만, 가서 부모님도 뵙고 추모 사업하면서 예수님, 선배님, 동기들 친구들, 후배들을 느끼고 만날 수 있는 여유가 있었으면 좋겠다. 조금만 단순해졌으면 좋겠다. 많고 크고 멋진 일이 아니라 자신들이 벌이고 있는 그 사업들 하나하나에서 바로 우리는

그 분을 만나고 있다는 희망과 기대를 체험했으면 좋겠다. ▨ 1996년 12월 4일

15) danny

희철 형 추모식. 벌써 13주기가 되었군.

대학 3년생. 세 번째 추모식이군.

해마다 다르게 느꼈던 것 같다.

많은 이들이 부끄럽게, 그리고 답답하게 생각한다.

나도 그렇다.

주저함이라. 무엇이 나를 그리고 우리를 주저하게 하는가. 참 많은 것들이 우리에게 중압감으로 다가온다.

학업. 인간관계. 나의 미래…

그리고 그 중압감이 두려움과 공포를 낳는 것이 아닌가.

나의 딜레마. 우리의 십자가는 당연히 짊어져야 한다.

하지만 나의 십자가는…

우직한 자의 우직함이 세상을 변화시킨다던가.

그 우직함이 몽매나 우둔은 아니리라.

두려움을 딛고 일어섬이 우직함이 아닌가.

주저한다. 주저하게 된다.

이제 주저함은 벗어던져야 하지 않을까.

'주저'에 감춘 나의 오만과 두려움을 벗자.

우리의 십자가는 있다.

나의 십자가도 있다!!!

할 수 있는 것이 있음에도 애써 외면하고 있지는 않은가.

힘을 다했으나 그 힘이 못 미침은 두려워하지 않아도 된다.

그 힘을 다하지 않고 꺾어짐을 두려워하자

옆에서 희철 형 묵상 모임을 진행하는 이쁜 울인들이 있다.

제발 주저라는 말이 올해에는 나오지 않았으면 한다.

그 주저라는 말 속에 힘 다하지 않고 꺾임을 감추지 않았으면…

danny 1996년 12월 6일

16) 희철이 형을 생각하는 모임

"한희철 그는 우리의 양심을 지켜 주는 하나의 등불입니다."

표지에 실린 이 말이 절대 과장된 것이 아님을 느낍니다.

정말 열심히 그리고 솔직히 하느님 말씀을 실천하며 살다간 그의 삶의 흔적이 자료집 곳곳에 배어 있다는 생각이 듭니다.

그러나 헷갈립니다. 정의, 평화, 삶, 운동… 이런 등등에 대한 생각이 아직 정립되어 있지 않은 저에게 희철이 형의 삶과 의식에 의해 확고해질 법도 한데, 오히려 운동, 예수님의 삶(?)에 대한 두려움과 갈등만 커진 것 같습니다. 제가 너무 나약한 탓일까요?

그는 우리들에게 "빈자와 소외받는 자의 아름다움을 발견하고 추구하는 삶을 살아야 한다"라고 말합니다. 가난한 이의 삶을 맛보지 않고서는 진정한 하느님 나라 구현은 불가능하단 말이겠죠.

그러나 저는 이 세상이 가난한 이들의 것만이 아니라고 생각하기

Confutatis

때문에 너무 가난한 이의 입장만을 생각하는 그를 완전히 받아들일 수 없습니다. 이런 생각, 제가 자본주의적 의식구조에 찌들어서 그런 건가요? 과연 제 의식 구조가 그렇게도 잘못된 것인가요? 정말 모르겠습니다.

주님! 모르겠습니다. 모르겠어요. 정말 모르겠습니다.

이런 글을 다른 사람들에게 보이고 싶지 않았습니다. 부끄러웠습니다.

하지만 묻고 싶었어요. 그리고 확인하고 싶었어요.

여러분들은 어떻게 생각하시는지.

P.S. 깊은 생각 끝에 쓰여진 글이 아닙니다. 죄송합니다. 1996년 12월 6일

17) 정임

묵상글을 읽으면서 희철이 형이 멀어진다는 느낌을 받았습니다.

희철이 형의 삶이 왜 부담스럽게 느껴지는 걸까요? "가난한 이들의 입장만을 생각하는"이라는 말에는 참으로 마음이 아픕니다. 가난한 이, 그렇지 않은 이를 편으로 나누는 듯한…… 결코 형은 그렇게 한 쪽의 입장만을 고려하지 않았습니다. 가난한 이들의 삶을 맛보는 것이 아니라 그래서 하느님 나라가 구현되는 것이 아니라, 하느님 나라에 알맞지 않은 모순들에 반대하고 그런 구조 속에서 고통받는 이들과 하나가 되는 것…… 형이 살고 싶었던 삶이 어떠했을지 생각해 보게 됩니다. 이런…… 하고 싶은 말을 뒤에 하기가 힘듭니다. 그저 희철이 형을 생각하면 눈물부터 나는 것은 왜일까? 답답하되, 짜증나지 않는 답답함……

12월이 되면 여지없이 찾아오는 희철이형에 대한 단상들……

막글터의 글에도 희철이 형이 여기저기서 등장하는 걸 보니 역시 12월이구나 하는 생각이 든다. 물론 약간의 아쉬움과 함께……

접때 희철 형 추모모임 준비에서 각자 자신, 울, 희철이 형을 묵상했다. 난 그때 시간이 없던 관계로 함께 나누지 못했는데, 계속해서 말전에도 못 와서 너무 속이 상한다. 준비하는 과정에서 내 안을 채워 가는 게 정말 부족하다는 생각이 든다.

지난 토요일에 희철이 형네 집에 갔던 일이 요즘 계속 생각난다.

자료집을 통해서 희철이 형에 대해 많이 알게 되고, 아버님께서 하는 얘기들이 전혀 새로운 것들도 아니었음에도 불구하고, 난 가슴 속에서 뜨거운 덩어리 같은 게 솟는 것 같이 느꼈다. 그것이 가슴 속에서 날 계속 짓누르는 것이다. 그 어떠한 말씀에도 꾸밈이 없으셨다.

"희철이 그 녀석 참 부지런했지."

"내가 혼도 많이 냈지. 공부 안 한다고"

"학생들도 희철이한테 배울 게 있긴 하지. 공부 안 한 것만 빼고."

먼 곳에 있는 모습이 아니었다. 단련되지는 않았지만 그만큼 철저하고 치열하지는 않지만, 울퉁릭의 모습이었다. 그래서, 우리는 희철이 형을 생각하나 보다. 우리랑 닮았기 때문에 난 감히 울퉁릭의 모습이 희철이 형과 닮았다고 말하려 한다. 많은 반성과 실천이 필요하기는 하지만, 희철이 형은 먼 곳에서 우리와 떨어져 존재하는 분이 아니라는 생각이 든다.

희철이 형의 글 중 기억나는 구절이 문득 떠오른다.

"밑바닥으로 내려가자. 저 아래 가장 낮은 곳으로 내려가자."(정확한 표현이 아닐지도 모름)

하느님께서는 우리 인간을 위해서 몸소 육화하셨고, 예수라는 사람

Confutatis

은 스스로를 가난한 사람들 가운데 던지셨다. 항상 저 낮은 곳을 향해서 그들의 눈은 빛나고 있었다.

울톨릭의 모습도 이러해야 하지 않을까? 꿈과 이상, 희망은 아주 높은 곳에, 그러나 우리의 미음은 저 낮은 밑바닥을 향하고 있어야 하지 않을까 하는 생각이 든다.

부끄럽게 하는 말이다. 날, 그리고 우리들을…

더욱더 날 부끄럽게 하는 건 이런 생각을 하고 난 뒤. 철거촌 공중 화장실을 들어가면서 난 더럽다는 생각을 했다는 사실이다.

이게 왜 부끄러운 일인가?

왜 부끄럽냐구?

난 그곳에 사는 주민들과 웃고 떠들고 술을 마신다. 그분들의 자식들을 가르치면서 그분들에게는 올바른 교육이 무엇인지 함께 이야기하기도 한다. 진정 내가 그들과 함께 더불어 살아가고 싶은 마음이 있다면, 그 사람들의 삶을 사랑해야 한다. 그 사람들은 정기적으로 그 화장실을 청소한다. 난 한번도 함께 청소해 본 적이 없다. 그들은 자신들이 청소한 화장실을 아주 자연스럽게 사용한다. 자기 집 화장실처럼. 그치만 난 한번을 가려고 해도 찜찜한 기분을 떨치지 못한다. 그래 이것이 내가 부끄러운 이유이다. 진정 더불어 사는 모습이 아니기 때문에…

정임 📗 1996년 12월 6일

18) Dorothy

오늘 오전 8시 울방은 예전과는 달리 사람들로 꽉 찼습니다. '희철이 형 생각하는 모임'에 함께 하고자 하는 사람들이 이른 아침 졸린 눈을 비비며 다들 울방으로 왔습니다.

잠시 성서 묵상을 하고, 각자 왜 희철이 형을 생각하고 있는지 나눔 시간을 가졌습니다. 제각각의 사람들이 각기 다른 생각들을 가지고 이 모임에 왔지만, 모두들 한 방향을 바라보고 있는 듯해서 기뻤습니다.

모두들 희철이 형을 함께 생각합시다. 그 분이 무슨 고민을 했는지 우리들도 함께 고민해 봅시다. 단지 형식에 치우친 추모식은 희철이 형도 원하지 않을 것입니다. 추모식을 통해서 울톨릭의 실천적 모습도 고민해 봅시다. 우리 안에서 희철이 형을 되살릴 수 있도록 모두 기도합시다. ▨ 1995년 12월 1일

19) 유경

방금 희철이 형 되살리기 준비 첫 모임을 했다. 그리고 지금은 문화부 세미나를 한다. 세미나 하기 싫어서 그냥 있으니까 정말 할 일이 없구나.

모임 때에도 얘기했지만, 해마다 1학기 중간고사 이후 2학기 말쯤 되면 울이 고민한다. 뭔가 대단한 것을 하는 집단 같았는데 지금 내가 울에서 뭘 하고 있지? 그냥 한 번 발 담근 곳인데 쉽게 빼버리지도 못하고 별생각 없이 미적거린다. 아니면 더 이상 진전이 없는 소모적인 고민에 휩싸인다.

희철이 형은 이런 우리를 질책하신다. 물론 80년대 초의 울톨릭 모습을 꼬집는 것이지만 지금과 같은 상황이 매년 반복되는 것이므로 지

금 94년을 얘기한다고 할 수 있겠지.

가생회는… 이웃의 문제보다는 우리의 문제로 고민하면서 하늘이 주신 시간을 허비하는 경우가 많은 모임이다. 그것 때문에 진정한 일치를 찾지 못했고 하느님의 존재 여부를 개인적인 차원에서만 밝히려 우라질 짓을 한다.

… 양쪽 뒤에 손을 대고 온 심혈로 세상의 작은 소리들. '감 사세요, 수박 사세요' 식당 아줌마의 파, 마늘 또닥거리는 소리를 들어 봐라. 이 소리가 당신을 잠 못 자게 할 만큼 큰 소리로 변할 때가 오리라.

오늘 모임 중에 묵상했던 희철이 형의 글의 일부이다.

나도 이제서야 희철이 형에 대해 생각하기 시작하면서 모임을 꾸려야 한다는 것이 부담으로 다가온다. 내가 진정으로 희철이 형을 받아들이고 변화된 내 모습으로 그분을 증거할 수 있을까. 함께 형을 생각하고 알려 내고자 하는 동료, 선후배가 있어서 어쩌면 가능할 것도 같다.

예수를 참 그리스도로 받아들이고 그분을 닮아가려 노력하는 것도 울톨릭 사람들이 함께 하기에 더 수월해질 수 있는 걸까.

겨울비가 내리는 밤에.

유경 1994년

20)미상

고등학교 다닐 적에 나는 막연하나마 몇 가지 대학 생활 계획을 세위 두었었다. 그중 하나가 꼭 동아리 활동을 해야겠다는 것이었다. 내성적인 나의 성격에 불만이었던 나는 동아리 활동을 열심히 하다 보면 자연스레 바뀌리라고 생각했다. 그래서 입학하자마자 한 동아리에 가입했다. 울톨릭. 내가 이 울톨릭을 선택한 것은 별다른 이유가 있었기 때문은 아니었다. 기숙사 여기저기를 돌아다니던 중 우연히 울톨릭 벽보를 보게 되었고 하느님의 존재에 대해서조차 의심스러웠던 나로서는 울톨릭에 들어가면 신앙에 있어 뭔가 달라지지 않을까 생각되어 들어갔을 뿐이다. 하지만 각오는 단단히 했다. 동아리에 들어갈 바에는 확실히 활동하겠다. j는 동아리를 몇 개씩 가입했지만 나는 그러지 않았다. 몇 개씩 하다보면 어느 것도 제대로 할 수 없을 것이란 생각 때문이었다. 3월이 지나갈 즈음 나는 차츰 실망하기 시작했다. 나에 대한 실망이었는지 울톨릭에 대한 실망이었는지 그건 확실히 모르겠다. 아마 둘 다였을 것이다. 사람들 속에 있으면 자연스럽게 바뀌리라 생각했던 나의 생각은 완전히 빗나갔다. 바뀌기는커녕 남들 앞에서 제대로 어울리지 못하는 내가 더욱 한심스럽게 느껴질 뿐이었다. 그건 나 혼자서 해결할 문제였지 사람들과 해결할 문제가 아니었던 것이다. 울톨릭 사람들은 오히려 고민을 던졌다. 선배들은 나의 눈을 나 자신에서 사회 전체로 돌릴 수 있도록 도와주려고 했던 것이지만 말이다. 어쨌든 나는 점점 혼란스러움을 느낀 나머지 울방에 가지 않기로 했다.

지금 81년 10월 21일 희철이 형이 막글터에 남겨 놓은 글을 읽어 보았다. 고민과 번뇌가 가득찬 글이다. 종이를 한 장 넘겨 다른 글을 읽어보아도 마찬가지이다. 희철이 형이 61년생이니까 81년이면 20살이다. 지금의 나와 1, 2살밖에 차이 나지 않는다.

그런데 왜 이렇게 나와 사고 방식이 다른 것일까?

　　　　　Confutatis

며칠 전 선배들과 울톨릭의 나아갈 방향에 대해서 심각하게 토론한 적이 있다. 그때 생각을 해 보면 비단 희철이 형과 나의 차이가 시대의 차이 때문만은 아닌 것 같다. 희철이 형이 지금 시대에 산다고 해도 현실 문제에 적극적으로 참여하며 살고 있을 것이고 내가 80년에 살았다고 해도 지금처럼 한 걸음 뒤로 물러서서 사회를 바라보았을 것이란 생각이 든다.

지금 고인을 추모하는 마당에 며칠 전에 했던 토론을 또다시 할 생각은 없다. 하지만 의문은 여전히 남는다. 희철이 형이 쓴 글처럼 우리의 개인적인 문제로 고민하는 것이 하늘이 주어진 시간을 허비하는 것일까? 나는 그렇지 않다고 본다. 한 번 희철이 형의 삶과 나의 삶을 비교해 본다는 의미에서 나의 1학기 생활을 돌이켜 봤는데, 이런 나의 고민은 대학 1학년을 몇 번 다시 한다고 해도 꼭 맞부딪치게 되었을 고민이란 생각이 든다. 오히려 자기 고민도 해결하지 못한 상태에서 외치는 사회 개혁은 자기 기만적인 일일 것이다. 우선 자신의 문제를 해결한 다음 사회문제로 눈을 돌리는 것이 올바른 순서가 아닐까?

나는 이번 희철이 형 추모 사업이 울톨릭이 거듭나는 계기가 되어야 할 것이라고 생각한다. 80년대는 광주에서 많은 사람들이 죽는 등의 일로 해서 자신의 고민 따위를 하는 것은 사치스러운 일로 여길 수도 있을 것이다. 그러나 90년대도 하반기로 넘어가는 이 시점에서도 80년대와 같은 방식으로 고민하고 울톨릭을 이끌어 나가야 하는지는 다시한번 생각해 볼 일이다. 비록 지금 사회적 모순점들이 없어진 것은 아닐지라도 앞으로의 울톨릭의 정체성에 대한 내 생각을 말해 본다면 나는 자신의 세계 안에서만 안주하는 기독교에 대해 100% 동의할 순 없다. 하지만 신앙으로서 자신의 고민을 해결하는 것은 본받아야 학점이라고

생각한다. 지금까지 울 톨릭은 신앙으로 우리들 내부의 문제점들을 해결
하려는 시도는 소홀히 해오지 않았나 싶다. 우리 스스로는 우리의 신앙
에 대해 의심하지 않는다. 하지만 그것이 참된 신앙일까 점검해 보아야
하지 않을까?

희철이 형 추모하는 자리에서 너무 나의 주장만 늘어 놓은 것 같다.
하지만 희철이 형과 나 사이에 놓여 있는 엄청난 간격 앞에서 어쩔 수
가 없었던 것 같다. 1996년 12월 4일

21) 미상

자기 고민도 해결하지 못한 상태에서 외치는 사회 개혁은 자기 기만
적인 일이란 말. 참 많은 생각을 하게 한다. 과연 과거 우리 선배들, 시민
들, 지금 제3세계에서 운동을 벌이는 사람들은 모두 자기 고민을 전부
해결한 사람일까? 아닐 것이다. 그럼, 그 사람들은 모두 사회 개혁을 외
치지 말았어야 하고, 또 말하지 말아야 하나? (왠지 이분법에 빠지는 느낌)
어쨌든 지구상에 있는 모든 사람 중에 자기 고민을 모두 해결한 사람은
얼마나 될까? 거의 없을 거라 생각한다. 사람은 불완전하다. 그러므로 사
회적 존재라 불린다. 완벽하지 않은 자신을 사회 안에서 하나씩 하나씩
완전하게 만들어 나가는 것이 사회적 존재라는 말의 의미라 생각한다.
예수님도 그랬을 거라 생각한다. 위 말대로라면 예수님도 자기 기만적
사람이다. 복음의 전파를 위해 가정을 버리고 떠났기 때문이다. 하지만
지금 누구도 예수님을 자기 기만적 존재라 하지 않는다. 왜인가. … 신의
아들이 하는 일은 다 옳았기 때문에??? 아닌 것 같다. 자기 현실에만 안

 Confutatis

주하지 않았기 때문이라 생각한다. 자기 고민에만 속박되어 있지 않고 자기 고민과 더불어 이스라엘 백성을 위하셨기 때문일 것이다.

자기와 자신의 가정에 대한 고민을 먼저 다 해결한 다음 사회에 눈을 돌리는 게 순서라면, 그리고 그러지 못한 것이 자기 기만적인 것이라면… 예수님은 분명 자기 기만적인 사람이 되어버릴 것 같다는 생각이 든다. ▨

22) Danny, 81번째 막글터

희철형 묵상 프로그램 중. …

용원이 형 말씀.

희철이 형과 별로 말을 많이 나누지 못했다.

제 기억에 의존해서 희철이 형은 별로 잘생기지 못했고 노래도 잘 못했고 항상 너저분한 옷, 고무신 … 그러나 눈빛이 정말 맑았다. 가시도 없었고 자신을 낮추는 데 열심이었다. 어려운 가정 형편으로 정기적 학교 등록을 못했다. 자신의 처지를 그대로 인정하고 자신이 선 그 자리에서 무엇을 할까를 찾으려고 했다. 어디에 가든 자연스러운 모습이었고, 우리 신앙과 울을 바라볼 때 예언자적 사명을 다하려고 노력한 분이었다.

오늘 성남에 다녀왔는데 성남을 철거민의 도시로, 형은 당시 그곳으로 뛰어들어서 자신이 스스로 일을 찾아 했다. 당시 울 분위기는 사회 운동파와 성령 쇄신파의 싸움이 극렬했기에 특히 성령 쇄신파 쪽이 강했다. 형은 열심히 공부하던 중 박 정권 붕괴 후 생각이 바뀌면서 많은 사람을 만나고 적극적 활동을 추진했다. 크리스천의 입장에서 스스로 일을 찾고 양심을 찾은 사람은 드물지 않은가. 우리가 그를 기억하려고 한다면 그 이유는 철저하게 크리스천임을 내부로부터 확신하고 거기에 순종하려고 하는 모습에 있다고 생각한다.

형의 죽음 직후 관악서의 침탈이 있었고 당시의 폭압적 상황 하에서 어떤 현실적 저항도 못하고 암담해 하던 기억이 난다.

23) Danny, 88번째 막글터

〈아름다운 청년 전태일〉을 보았다. 영화를 보고 나서 사람들이 보이는 반응들은 대체로 3가지로 요약된다. "좋았어" "그저 그래" "생각보다 별로였어"

혹자는 이 영화가 세 번째였다고 이야기하더라구. 또 다른 사람은 이렇게도 얘기하더군.

"나는 기억의 파편으로 존재하는 전태일이 아니길 빌었고 공장의 천장이 좀 더 낮고 먼지가 더 날렸으면 했고 서울대의 집회에 딸랑 몇 명이 아닌 많은 사람들이 모인 장면이길 바랬고 방패도 제대로 못 들고 줄도 못 맞추는 전경이 아니길 바랬고 7000여 명의 후원인의 이름이 더 웅장하게 올라갔으면 했고 전태일의 어머니가 더 낯익지 않은 배우이길 바랬고, 이 영화가 대우시네마를 통해 배급되지 않기를 바랬고…"

하지만, 정말 하지만, 난 영화를 보고 난 후 몇 년 만인가 눈물을 흘렸다. 나는 전태일이 성인군자로 그려지지 않고 내 옆의 한 청년으로 그려진 것에 다행함을 느꼈다. 영수라는 인물을 통해서 전태일을 보게 된 것에 다행스러워했다. 그리고 나는 전태일 영화가 대중적이지 않은 선동 영화가 아닌 것에 다행스러워 했다.

영화 도입부에 나오는 May Day 집회의 모습은 얼마나 감동적이었던가. 아는 얼굴들로 수두룩한 서울대 집회 장면은 우리가 거기 있었다는 것만으로 기뻤었다. 그랬다.

작년 희철 형 추모사업을 준비하면서 생각했었던 것은 "형은 성인 군자도 영웅도 아니다." 는 것이었다. 우리와 같은, 단지 우리보다 더 여렸고 그래서 더 큰 열정이었을 뿐이다.

희철 형을 보자. 그리고 형을, 우리를 죽음으로 몰아넣은 사람이 감옥에 처넣어지는 것도 보자. 희철 형의 역사를 울톨릭의 역사를 보자. 대체 어느 때 그 역사가, 수많은 울인들의 눈물이 완성될지 지켜보자.

■ 12월 5일

Lacrimosa

눈물의 날

Lacrimosa dies illa, qua
resurget ex favilla.

눈물의 날, 그 날은 재에서 일어날 때.

지인 추모글 및 후배 글 모음

그립다 상록수로 부활하는 이가
- 한희철 42주기에 붙여

하동근 성남YMCA 선배, (사)성남민주화운동사업회 이사

언젠가 나는
탁트인 황토 벌판에
겨울바람이 세차게 불어오는 날
부활의 상록수 되어 죽으리라는
소망을 가지게 되었다.
나에게 그런 소망이 있었다.
나에게 그런 시절이 있었다.
　　- 한희철,『나에게 그런 시절이 있었다』부분

이　시의 작자와 나는 동네의 형 동생으로 격렬했던 80년대 초반을 함께 보냈다. 40년 넘는 세월이 지난 지금, 그와 함께했던 시절을 얘기해 달라는 부탁을 받고 한참을 망설였었다. 나이 탓인지 기억력이 쇠약해 있어서 그와의 추억을 소환할 자신이 없어서였을 터이다. 40년이라는 물리적 시간도 시간이겠으나, 당시의 정치 상황이나 자본의 지배방식이 바뀌었고 따라서 사유 방식이 바뀐 지도 한참 오래된 사정 때문이기도 했을 것이다. 그래도 희철이의 따뜻한 미소와 다정했던 시간들이 아직도 생생하여 용기를 내어보기로 했다.

부활의 상록수 되어 죽는 소망. 죽음과 소망은 정반대의 방향을 향하고 있는 것이 상식적이다. 그것이 어떻게 하나로 묶일 수 있는 것일까?

오이디푸스는 쾌락 욕망을 따랐었다면 편안하고 행복한 삶을 누릴 수 있었다. 그러나 그는 괴로운 자기 자신과의 대결을 피하지 않았다. 자기 자신이 되기 위해 그는 송곳으로 자신의 눈을 찔렀다. 엄청난 용기이고 스스로 당당한 행위였다. 이것이 진짜 '주체화'이고, 따라서 주체가 되는 길은 목숨을 내놓는 험난한 길인지도 모른다.

그도 쾌락 욕망 -가정의 절박했던 가난 문제도 해결하고, 신부가 되어 그가 그토록 바랐던 노동자 민중의 해방 도움꾼이 됐다면 또 하나의 훌륭한 삶이 될 수 있었지 않았을까? 그러나 그는 주체화의 길을 선택하고 죽었다. "장벽이 무너지자 모두가 장벽이었다"라는 어느 시인의 말처럼 외적인 장벽을 넘어서자 이어서 내면 깊은 곳에서 다가오는 자신의 주체화에 관한 괴롭고 무서운 질문. 그는 그 길과 실존적으로 맞섰던 것이다.

시인 혁명가 김남주는 6주간의 고문취조를 받고 구치소로 보냈겼을 때 이제 해방이라고 외쳤다고 한다. 그리고 10년의 감옥살이를 마치고 세상에 나와서 드디어 노동자, 농민들의 해방을 위한 투사가 되었다. 나는 두 사람의 차이는 주체화의 방식만 다를 뿐 같은 길을 걸어갔다고 생각한다.

한희철의 운동방식과 관련한 두 가지 원칙이 있다면 하나는 따뜻한 혁명이고, 하나는 운동 세력의 주체화가 아니었을까? 둘은 서로 엮인다. 사랑이 운동의 전략이고 주체화 없이 사랑은 불가능하다는 생각은 그의 일기를 통해 읽을 수 있다.

"내게는 여러 차례의 혁명이 이루어졌음도 분명하다. 그것은 어떤 사건으로 인해서였음도 분명한 것 같다. 살아있는 그리스도 사건, 바로 그것이었다. 교회에서 쫓겨나고 있는 그리스도 사건."(1982.1.28. 일기 중에서)

'살아 있는 그리스도 사건'이 내면적 혁명의 계기였단다. 그런데 그 그리스도는 교회에서 쫓겨나고 있는 그리스도이다. 그리고 하느님도 짊어지기 힘든 십자가 밑에 쓰러져 가는 형제들에게서 그는 그리스도를 본다. 전태일에게서 부활한 예수를 보았던 한국의 민중신학자들과 정확하게 겹친다. 이 민중 예수들의 부름을 받는 사건이 그리스도 사건이었다고 그는 얘기하고 있다. 그 사건의 무게를 나는 바울의 그리스도 사건의 그것에서 추측한다. 바울은 그 사건에서 눈의 비늘이 벗겨져 아무것도 보지 못했다고 하지 않았던가?

내가 희철이와 함께 했던 시간은 2년이 채 안 된다. 신흥동 고개에 있는 그의 집에서 학습지 사업을 했었다. 그러나 그 일은 한 달만에 접었던 걸로 기억한다. 그러나 일에 대한 희철이의 열정은 멤버들을 압도하여 형뻘인 나도 그의 말을 들을 수밖에 없었던 것 같다. 그가 따뜻한 혁명에 대해 기댔던 곳이 성남YMCA이었을 것이다. 성남YMCA는 초기 Y모습을 회복하자는 취지로 중앙연맹 차원에서 특별히 설립한 기구였다. 운동체이면서 대안교회이기도 했다.

이제 이 기구의 이사였던 이들은 오늘의 대통령으로, 성남시장으로 역할이 바뀌었다. 긍정적이든 부정적이든 성남의 시민사회의 영향력을 짐작하게 한다. 성남의 시민운동 그룹의 대표들은 종교 지도자들이 많다. 그래서 나는 천주교 신부 운동가 한희철을 새삼스럽게 상상해 보며 미소를 짓는다. 그가 그립다 40년이 지났어도. 2015년 11월

민주화의 길, 그리고 염원의 나무

조원형 보나벤투라 울톨릭 98, 언어학과

개교 80돌을 앞둔 우리 모교 서울대학교는 광복 이래 언제나 조국 민주화의 선봉에 서 왔다. 학교 차원에서도 이 자랑스러운 역사를 기리고 후대에도 우리 대학 동문들이 시대의 소명에 누구보다 앞장서 응답할 수 있도록 하기 위해 모교 출신 민주열사 현양 사업을 해 왔다. 2009년에 4.19 기념탑과 박종철 열사 추모비, 김세진·이재호 열사 추모비 등 학내 민주열사 추모비를 돌아볼 수 있는 '민주화의 길'을 조성한 것도 그 일환이다. 그리고 2015년 11월부터 여러 차례에 걸쳐 서울대학교 민주 동문회에서 4.19 기념탑 부근 순환도로에 민주열사들을 기리는 '민중의 나무', '해방의 나무', '자주의 나무', '염원의 나무' 등을 심어서 그 이전에 이미 추모비를 마련한 열사들과 함께 기념하고 있다. 민주열사 한 분께 나무 한 그루씩을 헌정한 것이다.

이 가운데 '염원의 나무'가 바로 한희철 귀리노 선배를 기념하는 나무다. 가을마다 붉은 열매가 열리는 상록수 아래에 '염원의 나무'라는 표지석을 안치하고 그 옆에 한희철 열사의 약력을 소개하는 표지판을 세웠다. 그리고 표지석에는 "밤이 깊으면 새벽이 머지 않으리"라는 문구를 함께 새겼다.

이로써 울톨릭 출신 민주열사인 한희철 귀리노 선배는 모교 서울대학교에서 공식적으로 기념하는 민주열사의 반열에 올랐다.

하지만 이것은 끝이 아니라 시작이다. 우리가 앞선 세대 사람들을 기억하고 기리는 것은 단지 이들을 칭송하는 것으로 만족하거나 우리 자신이 바로 이들의 후예라고 자랑하기 위한 것이 아니라 앞서서 나간 사람들의 뜻을 이어받아 새로운 세대에도 그 뜻이 이어지도록 하려는 것이다. 한희철 선배의 이름은 나무로 뿌리를 내려 모교 교정을 오가는 후배들과 이 땅의 민주주의를 위해 힘쓰는 모든 이들에게 기억되겠지만, 단지 이 이름을 기억하고 기념 식수를 하는 것으로 후대 사람들이 할 일을 다했다고 생각한다면 그것은 목숨을 잃을 수 있는 위기에서도 정의와 진실을 지키기 위해 모든 것을 희생했던 한희철 열사를 그저 나무 속에 박제하는 것밖에 되지 않을 것이다. 한희철 열사를 기억한다는 것은 지금 우리 자신이 서 있는 이 시대, 이 공간에서 하느님의 백성인 세상 사람들이 겪는 아픔과 부조리를 직시하고 이 아픔을 치유하며 부조리를 타파하는 데 앞장서야 한다는 뜻이다.

나무의 자연 수명은 보통 사람들보다 길다. 이 나무 또한 언제까지나 이 자리에 남아 열매를 맺고 또 자랄 것이다. 이 '염원의 나무'가 꾸준하게 자라고 열매를 맺고 또 그 열매가 사방으로 퍼져 나가듯이 한희철 선배가 지키고자 했던 소중한 신념과 신앙이 울톨릭 동문들을 비롯한 모든 서울대인들에게, 그리고 이 땅과 온 세상의 모든 사람들에게 널리 알려지고 그 뜻이 후대로 길이 이어지기를 기도한다.

서울공대 산사연 B팀 친구들이 기억하는 한희철

박제호 서울공대 79학번

김창홍(기계설계), 박주태(금속) 그리고 나 박제호(원자핵)는 산사연(산업사회연구회) B팀 79동기들이다. 오랜 친구들이다. 졸업하고 수십 년의 세월이 흘렀어도 여전히 자주 만난다. 물론 세상을 두고 작당하는 일은 이제 더 이상 없다.

간간이 희철이 이야기들이 화제에 올랐고, 제일 먼저 운을 떼는 이는 주로 주태다. 희철이보다 철도고등학교 2년 선배인 주태는 삼수나 하고 뒤늦게 대학에 들어와, 후배들과도 잘 어울려 학창시절을 보낼 만큼 무던한 품성의 소유자이다.

창홍과 나는 희철과 대학 일학년 때 같은 반이었다. SB 2반. 열 아홉 혹은 스무살에 Freshman 시절을 같이 보낸 셈이다. 그 후 창홍은 희철이와 같은 학과를 선택하였기에, 대학시절을 쭉 같이 보낸 셈이겠다. 그래도 서로들 각자 바쁘게 살다보니, 속 깊은 이야기들은 나누어 보지 못했다. 시절이 하수상하여, 조심 또 조심, 짭새와 프락치들이 넘쳐나는 시절이었다. 주제넘지 말라, 다친다.

한 학년 같은 반 친구로 지냈다 한들, 얼마나 알 수 있었겠는가? 기억 속 희철은 무척이나 활달한 청년이었다. 그해 여름방학, 희철이는 아주 단출한 차림으로 전국 일주를 한다며, 제주도에 갈 카페리호를 타겠다고, 나의 고향 목포를 방문하였다. 한희철과 나, 그리고 같은 반 동향 친구 정기성 셋은 함께 고향 소개도 할 겸 유달산에 올라 한나절을 같이 소일하였다. 간단한 도시락으로 점심을 먹으며, 소주도 한 잔 겸하였다. 이날 우리는 웃통을 훌러덩 벗고, 어깨동무하고 사진도 찍었다. 희철이는 그 시절 나의 고향을 방문해 준 거의 유일한 친구였고, 반짝반짝 맑은 두 눈이 한없이 빛나던 친구로 기억한다.

지난 2020년, 젊은 날 강집시절 보안사가 남긴 소위 존안자료(특수학변자 심사결과보고, 서울 79-3B-20743, 서울대 79학번 B급 207보안대 43번째 관리대상)를 받아 보았다. 그 안에 담긴 [진술서-반성문-서약서], 나에겐 굴욕의 기록이다. 희철이가 남긴 보안사 기록(2000년대 초 의문사위) 또한 (체계가) 똑같다. 바로 보안사의 [녹화공작]이 있었음을 보여주는 확실한 증거다.

개인적으로는 국가폭력 피해자 진실규명(2기 진실화해위)도 끝냈고, 법정에 쫓아가 손해배상도 받아냈다. 그런데, 희철이는 [이중배상금지]라 한다. 이제 와서 [순직]이라 하고, [보훈대상자]라 그 법에 따라야 하며, [손해배상]은 불가하다 한다. [녹화공작]이 국방의무와 무슨 상관있냐. 재명아, 빨리 항소 취하시켜라.

귀리노 한희철을 생각하며

이용원 전 성남YMCA 사무총장, 한희철의 서울대 선배

1982년 여름방학 때 비가 많이 내리던 날 한희철이 이수열 선생과 함께 흰 고무신을 신고 수진리 고개에 있던 우리집을 찾아왔다. 내용은 자신들은 대학 4학년이 되어서 그 해 12월에 둘 모두 군대를 가야 한다는 것이었다. 그래서 1981년에 성남YMCA (이하 성남Y)에서 시작한 야학 '샘터교양교실'을 운영할 사람이 없다는 것이 문제라고 했다. 내가 뚝섬에서 '성일야학'을 2년간 운영한 경험이 있다는 얘기를 듣고 자기들 대신 성남Y 야학을 운영해 달라는 부탁이었다. 나도 성남에서 일을 해볼 생각이었기에 승낙을 하였고 나는 1982년 8월부터 성남Y의 청년노동자분과인 '탄천클럽'에 나가게 되었다.

두 사람은 그해 12월에 입영을 하였고 나는 1983년 졸업 이후 성남Y 간사로 근무하게 되었다. 그해 12월쯤에 한 군인이 문건을 하나 가지고 성남Y를 찾아왔다. 한희철이 군대에서 죽었다는 것이다. 그 문건이 그의 유서라고 했다. 매우 당혹스러웠으나 그 문건으로 진상 파악이 어느 정도는 되었다.

한희철이 입대를 해서 복무 중에 사격 성적이 우수해 포상 휴가를 나왔을 때 만난 친구의 청탁 때문에 '국군보안사령부'에 끌려 갔고 이 사건으로 한희철은 유명을 달리했던 것이다. 같은 내무반 친구인 그 사병에게 문건(유서)을 땅속에 묻어 두었으니 휴가나 외박을 가면 이 문건을 성남YMCA에 꼭 전달해 달라고 했다는 것이다. 이로 인해 '군사독재

시절'에 탄압도 많이 받았다. 매년 실시된 추모제도 원천 봉쇄되어 홍제 동성당 등을 전전하며 간신히 치루곤 했다.

그 이후 성남Y는 야학이 잘 되어 졸업생 노동자 소그룹이 5~60명에 달했다. 이 소그룹을 교사 출신들이 지도를 했고 1987년 '노동자 대진출' 때부터 교사 출신들이 학교를 자퇴하고 현장에 들어가 서로 협력하여 노동조합을 만들어 당시 성남노동자연맹(성노련) 출범에 기여를 했다. 이것은 한희철이 뿌린 씨앗이 열매를 맺은 것이었다. 고맙고 감사하게 생각한다.

가톨릭 신자인 한희철은 무엇보다 성직자 못지 않게 하느님의 사람이었다. 당시 '민주화 운동'을 '하느님의 뜻' 이라는 신앙을 가지고 실천을 했다. 또한 무엇보다 한희철은 '인간적인 사람'이다. 모든 사람에게 다정다감하고 모든 사람과 대화하기를 좋아하고 자신을 이웃에게 아낌없이 내어주는 이 시대의 '성자'였다.

아아~ 한희철, 그 이름을 다시 한번 불러 봅니다!!

2002년 의문사진상조사위원회의 한희철 사건 진상 조사 과정에서 한 증언자는 한희철이 사격 성적이 좋아 휴가를 나왔을 때 성남Y 를 찾아 와 당시 한창 사회적으로 이슈가 되었던 '야학연합회' 사건으로 자신이 만든 성남Y의 '샘터 야학'도 공안기구의 사찰이나 조사가 진행되는지 확인했었다고 증언했다. 이런 증언에 기초하여 한희철이 보안사에 연행된 이유가 야학연합회 사건 때문이라고 하는 이야기가 있으나 이후 밝혀진 사실과는 부합되지 않는다.

42년 전 맑고 순수한 한 영혼의
절망과 희망

김명철 서울대 후배

1985년 9월 어느 날, 철원군 서면 생창리 계웅산 자락 최전방 철책 인근의 한 벙커 앞,

"김명철! 나와."

속칭 개나리부대라 불리는 땅굴탐지 청음병으로 근무하던 나는 갑자기 불리어진 내 이름에 반사적으로 튀어나갔다.

"예. 이병 김명철."

관등성명을 대자 마자 검은 두건이 머리에 씌어짐과 동시에 내 몸은 지프차에 강제로 구겨지듯 태워져 머리는 지프 바닥에 쳐 박힌 채 어딘가로 끌려갔다.

몸은 부들부들 떨리면서도 이게 무슨 상황인지를 계속 추정한 결과는 보안사?

약 45분 정도를 최전방 철원평야를 지나 도착한 곳은 수백장의 A4 용지가 올려져 있는 철제책상 하나에 의자 2개만이 있을 뿐인 어느 지하실.

검은 색 두건이 벗겨지고 유격복으로 갈아입혀진 후 허리띠, 바늘 등 자살 가능한 모든 도구는 빼앗은 상태에서 20대 중반으로 보이는 유중위(본인 말로는 내 담당이고 나의 대학선배)가 내게 한 마디 툭 던졌다.

"희철이 생각나냐?"

아! 보안사! 역시 그랬구나.

지프 안에서 계속 떠 올랐던 한희철 선배! 희철이형.

희철형의 죽음 이후 지난 2년간 그토록 복수를 다짐했던 그 이름!

대학 1학년 때 만났던 3년 선배 희철형과 난 같은 써클, 같은 과도 아니고 그저 성남에서 학교에 가는 버스에서 우연히 만나 공대까지 걸어가는 중에 이런저런 이야기를 나누고 성남시 학우회 술자리에서 몇 번 보았을 뿐 그리 가까운 관계는 아니었다.

단지 가정형편이 아주 어려운 상황에서 공대에 왔다는 공통점과 80년대 초 그 엄혹한 시대에 만났던 여러 선배들처럼 무시무시하게 시대적 사명이나 민주, 혁명을 운운하지 않고 늘 후배를 편안하게 해 준 선배였기에 은행동 어딘가의 희철형 집에서 있었던 입대 송별회 자리에도 참석했던 기억이 있는데…

1983년 초 그 입대 송별회 자리가 마지막이었는데…

극도의 공포와 두려움 때문일까?

"그래요" 라고 솔직히 말하려고 하는데 말이 나오지 않는다.

고개만 끄덕였다.

"우리가 죽었다고 생각하지?"

"그래 네들이 죽었잖아. xxx들아!" 라고 고래고래 소리를 지르고 싶었는데 역시 말이 나오지 않는다.

역시 고개만 끄덕였더니,

"각오하고 있었겠네."

1985년 5월 입영 전날, 친구들과의 송별회 자리에서

"한희철 선배가 샘터야학 1기를 했고 내가 2기 야학강사를 했기에 입대 후 아마 보안사에 끌려갈 것이고 그리 될 경우 혹시 나도 희철형처럼 될지 모른다. 그렇더라도 난 절대 자살은 안 할 거니까 혹시 자살했다고 하면 친구들이 알아서 잘 싸워주라" 라고 당부도 했었고,

오픈 공간에서의 활동을 중심으로 어떻게 진술할 것인지를 미리 준비해 둔 상태였다.

그 이후 일주일 동안 어두침침한 지하실에 갇혀서 대학시절 써클과 학과, 성남YMCA에서 만났던 선배, 동기, 후배들의 명단, 조직 관계, 소위 저들이 말하는 의식화 과정, 야학 활동 등 저들이 원하는 거의 모든 내용을 준비한 수준에 맞춰서 쓰고 수정하고를 반복했던 것 같다.

적에게 사로잡혀 처분만 기다리는 새장 속의 새가 되어 공포와 무력감 속에서 일주일을 보낸 후 나는 자대 복귀를 할 수 있었다.

나야 유중위의 말대로 희철형의 죽음 이후 각오하고 입대했기에, 그리고 사전에 미리 진술할 이름과 내용을 준비했기에 크게 당황하거나 어려움은 없었지만,

갑자기 끌려와서 모진 구타와 고문 속에 어쩔 수 없이 동지들의 이름과 활동을 진술할 수 밖에 없었던 희철 형의 상황은 얼마나 힘들었을까?

유중위가 마지막으로 했던 말이 기억난다.

"희철이도 내가 담당했다.

네가 여기서 지낸 것과 똑같이 했고, 고문같은 것은 없었다.

그냥 순수한 친구라서 본인이 괴로워서 죽었을 뿐이지.

이거 하나는 지켜주라.

군대에서는 제발 조용히 지내다가 전역해라.

군대는 남북대치 상황에서 우리의 최후의 보루 아니냐.

너희같은 놈들은 군대에서도 의식화교육을 하고 조직작업을 할 놈들이라서 그걸 막으려고 이러는 거다."

그래서 조용히 군대생활을 하겠다는 비굴한 약속을 하고 일주일간의 악몽같은 기간을 버티고 나왔지만 만일 희철형의 죽음이 없었다면 내가 무사히 나올 수 있었을까?

성남의 가난한 가정환경에서 서울공대까지 비슷한 성장과정을 거쳐 거의 같은 나이에 보안사 조사까지 받고 나서 희철형은 죽고 나는 살았다.

고무신을 신고 걸어가면서 한참 후배에게 청량리에서의 밤을 즐겁고 수다스럽게 이야기했던 맑고 순수했던 영혼이었기에 형은 벗들을 고통으로 내몬 그 절망적 상황에서 자신을 용서할 수 없었을지 모른다.

살아보니 별거 아닌데…

가짜 민주, 가짜 보수, 가짜 진보가 판치는 작금의 상황에서, 형이 마지막까지 갈망했던 "정의가 강물처럼 흐르는 세상"을 만들어 가기 위해 진정 형처럼 맑고 순수한 영혼이 그립다.

성남시에서의 한희철 열사의 활동

故 이수열 서울대 동기, 전 고교 지구과학 교사

1980년 5월 17일 비상계엄령과 휴교령은 성남 거주 학생들 간의 교류를 촉진하는 계기가 되었다. 나를 포함해 한희철, 손기영, 김준서, 윤창근 등 뜻이 맞았던 몇 명이 모여 독재를 극복하기 위한 세미나를 개최했다. 한희철은 선배를 통해《역사란 무엇인가》,《전환시대의 논리》, 송건호 등의 민족주의 관련 서적, 노동의 역사 등 커리큘럼을 구해왔다.

1981년 성남 지역 문제 해결을 위한 성남시 대학생연합회(성대연)가 결성되었고, 나는 창립 멤버로 참여했다. 한희철은 철도 공무원 신분 때문에 전면에 나서지 않고 뒤에서 활동했다. 그는 이건오, 정성환, 김진섭, 김호성 등 81학번 후배들과 은밀히 세미나를 진행하고 독려했다. 1981년 겨울 성대연이 주최한 '여명예술제'에서는 한희철이 철도 노동자의 삶을 담은 시 '나에게 이런 시절이 있었다'를 발표했다.

1980년 겨울, 성남 지역에 YMCA가 결성될 때, 이창식 간사와 서울대 74학번인 이양병 선배의 소개로 나(이수열), 손기영, 한희철, 윤창근이 초기 창립 멤버로 가입했다. 한희철은 근로 청소년 사업부인 '탄천 클럽'의 이름을 발의했으며, 이는 노동환경 개선의 의지를 담고 있는 명칭이었다. 탄천 클럽은 이상락(초대 회장), 한숙자(부회장), 나(이수열, 총무), 민재기, 이필기, 신동근 등 대학생 출신을 중심으로 활동했다. 이들은 한희철과 내가 주도하여 만든 생활 야학인 '샘터'를 운영하며 한문 등을 가르쳤고, 유재향, 민재기 등이 참여했다.

한편 서울대에서 한희철은 대학 1학년 때 가톨릭학생회에 가입한 후, 10·26 사태 이후 '김재규 구명운동'에 참여하는 등 신앙심과 학생운동을 조화시키려 했다. 그의 영향을 받아 서울대 가톨릭학생회 후배 중 한 명인 전합수는 현재 신부로 활동하고 있다. 또한 그는 성남 수진동성당에서 JOC(가톨릭노동청년회) 활동을 통해 전베드로, 권혜숙 등과 소모임을 구성했다. 그 외에 가톨릭 수녀님들이 노동사목을 하던 상대원3동에 소재한 '만남의 집'도 드나들며 아셀라 수녀, 소피아 수녀, 노동자 '0인숙' 등과 교유를 했고 노동자의 권익을 찾는 활동에 동참했다.

성남 Y에서 야학 '샘터'를 진행하던 중, 1982년 9월 말 나는 군 입대 영장을 받고 입대했고, 한희철은 학점 관리 문제로 휴학하고 철도청에 복귀한 후 11월에 갑작스레 군에 입대하였다. 그 이유로 야학 운영은 서울 농대 4학년인 손기영에게 맡겨졌다. 나는 전투경찰로 복무하던 중, 한희철이 마지막 정기 휴가 때(11월 말경) 내 근무지인 경기도 전투경찰 2기동대로 면회를 와서 만났다. 당시 한희철은 "곧 의가사 제대 후 신부가 되어 노동 사목의 길을 걷고 싶다"는 희망에 찬 모습을 보였으나, 한 달 뒤인 1984년 1월 내가 특박을 나왔을 때 갑작스런 그의 의문의 죽음에 관한 소식을 듣게 되었다. ▨ (의문사위에 제출된 증언 요약)

희철이 형을 생각하며

이필기 동국대 81학번, 성대연과 성남 YMCA 후배

1981년 동국대학교에 입학하여 공학을 전공하고자 하였던 나는 우연히 성남시대학생연합회(성대연)라는 여러 대학생들과 만날 수 있는 호기심 나는 조직을 만났다. 마침 이과생으로서 외골수적인 생각을 가질까 봐 문과 성향의 공부를 접하고 싶었던 차에 독서토론 팀이 구성되어 반갑게 참여하게 되었다.

하지만 1년도 가지 못하고 구성원들은 하나 둘 줄어 들었다. 리더 선배가 뒤풀이 때는 술도 사주는데 말이다. 아마도 향후 자신의 이해관계와는 거리가 멀다는 아주 직감적 본능들이 발동된 것 같다. 리더 선배는 나를 꼬드겨(?) 야학을 해 보자고 했다. 썩 내키지는 않았지만, 선배의 권유를 뿌리치지는 못하고 따라 갔다.

82년 초겨울이었던 것 같다. 샘터야학이라는 성남공단 노동자를 대상으로 한 무료 야학의 교재를 준비하고 있었다. 못하는 영어 실력도 늘릴 겸 영어 강학을 맡았는데 입문용 수준 정도의 교재를 당시 교실로 사용했던 성남YMCA 한 공간에서 만들고 있었다. 헌데 뜻밖에 희철이 형이 잠깐 들린 것 같았다. 이래저래 교재를 구성하고 작성하는데 쉽지 않았고 시간도 생각보다 많이 걸릴 것 같아 걱정하고 있었다. 이런 이야기를 듣고 간 형이 며칠 후 "이것을 교재로 쓰라'고 하며 자신이 만든 교재를 던져주다시피 하고 갔다. 약간 기분은 나빴지만 인정하지 않을 수 없었다. 나의 고민을 싹 없애줄 만큼 질서정연한 체계로 짜임새 있는 구성으로 만들어져 있었으니… 게다가 교재에 형이 쓴 한글 문체는 한석봉이 환생한 것 같았다. 한희철인가 한석봉인가!!

그 후 1년이 지났을까, 길거리에서 형을 만났다. 나는 뜻밖에 학사경고도 받고 하여 고민이 많았기에 슬쩍 형에게 힘들다는 표현을 했다. 대뜸 "00이는 공부도 잘하고 활동도 열심히 하는데…"하며 위로를 해주기는 커녕 아픈 각성제를 주었다. 깐깐하고 더럽게 까칠했다.

어쨌든 그렇게 빈틈없이 바쁘고 치열하게 살던 형이었다. 휴가를 나와서도 작은 수첩에 시간 스케줄을 기록하며 다니는 형이었다. 당시 나는 그렇게 이성적으로 살진 못할 것 같았다.

당시 나는 고민이 많았다. 전공 공부도 하고 싶은데 야학 강의도 하고 책읽고 세미나 참석도 해야 했다. 대학 들어갈 때까지 품었던 나의 이상(?)과 새롭게 알게 된 사회현실은 내가 다른 길을 걸어야 할 것처럼 보였다. 그럴 때 외아들로서 집안을 지켜야 할 나보다 더한 조건에 있는 형도 꿋꿋하게 세상을 위해 살아가고 있는데… 광주의 수많은 혼령들이 있는데… 이런 두가지 현실은 결국 내가 과거에 품었던 길을 포기하게 만들었다.

이후 학사경고 3회로 학교는 제적되었고 군 입대를 하였는데 6개월 후였다. 84년 5월경, 나는 갑작스레 부대 훈련 중에 군 보안대로 끌려가 조사를 받게 되었다. 조사를 받는 동안 직접 한희철에 관한 것은 묻지 않았지만 희철 형의 활동 범위와 관련된 질문을 할 때 한희철 관련 사건을 조사한다는 것을 직감적으로 알았다. 당시 형이 만든 샘터야학에서 내가 가르친 학생 중 이옥란이라는 친구는 성남공단 에프코아 코리아에서 노동조합을 결성하였다 하고 이정란이라는 친구는 회사에서 '독도는 우리 땅'이란 노래를 개사한 '성남은 우리 땅'이라는 노래를 불러 조사한 바 있다고 알려주며 이 학생들과의 관련성과 경위에 관해 나를 심문했었다.

너무나도 선명한 기억이 있다. 83년 여름 형이 휴가 나왔을 때에 여러 사람들을 만나느라 무척 바쁜 것 같은데도, 황면성(서울공대 81)과 함께 연락이 와서 희철 선배 집 부근에서 만났다. 가정에 대한 책임감이 컸던 형은 더이상 군 생활이 의미가 없어 의가사 제대를 신청하고 천주교 노동사목으로 살고자 한다며 상당히 밝고 희망찬 모습으로 귀대했다. 얼마 후 나도 군 입대를 했고, 그 뒤 84 년 2~3 월경 특박을 2박 3일 나와서 성남YMCA 총무와 동료들을 만났을 때, 형의 비보를 듣게 되었다.

1983년 12월, 23살 어린 나이에 무엇을 그토록 지키고자 했던 것일까. 자신의 하나 밖에 없는 목숨을 던지며 형이 선택하였던 길은 무엇이었던가? 유서에 남아 있었던 '아직도 삶의 미련이 남아 있는 자신의 모습을 본다'는 그 글귀는 오늘도 나의 가슴을 너무도 아프게 한다.

한희철 열사와 신재근의 관계

송현주 한희철의 성남YMCA후배, 고교 Y 지도자

저는 한희철 열사가 활동했던 성남YMCA(이하 성남Y)에서 성남 소재 여섯 개 고등학교의 학생들로 구성된 동아리들의 독서, 연극, 탈춤 등 그룹 활동을 지도했던 '고교 Y'담당자 송현주입니다. 성남Y에서 샘터야학을 하던 희철 선배와 알게 되었고 이후 가끔 서로 맡은 일 이야기도 하고 담소를 나누기도 했습니다.

한희철 선배의 죽음과 관련 있는 것을 나중에 알게 된 한국외대 80학번인 신재근 선배는 성남 출신이 아니었습니다. 외대에서 학내 집회 문제로 수배되어 '도바리' 중인 신 선배를 저는 저의 영도교회 선배인 한국외대 79학번 이성구 선배의 소개로 알게 되었습니다. 성구 선배는 '신재근이 너와 연고가 없으니 재근이를 네 집에서 함께 지내게 하는 게 어떠냐'며 부탁하는 자리에서였습니다.

그 후 83년 11월 경 경찰에 체포되기 전까지 신 선배는 저의 집에서 기거했고, 성구 선배와 함께 영도교회에서 독서 토론반을 만들기도 하고 성대연에서도 활동했습니다.

그러던 중83년 11월 경, 신 선배는 용산역 근처에 동료를 만나러 갔다가 불심검문을 당해 경찰에 체포되었다고 합니다. 이로 인해 성남의 관련자에 대한 가택 수색이 있을 수도 있으니 대비하라는 이야기를 성남Y를 통해 들었습니다. '위험한' 서적들을 치우고 경찰의 수색에 대비를 마쳤을 때 돌연 신재근 선배가 집으로 돌아왔습니다. 남영동 쪽에

잡혀 갔는데 적당히 알리바이를 대고 풀려났다고 했습니다.

며칠 후 일요일 경찰이 저의 집을 덮쳐 저와 신 선배를 체포했습니다. 손에 수갑이 채워진 신 선배가 '저 친구는 아무 관련 없으니 놓아달라'고 했고 저는 풀려나게 되었습니다. 그 사건이 있은 뒤 얼마 지나 신 선배는 다른 거처로 이사했습니다.

이후 한희철 선배의 죽음은 선배가 휴가를 나와 '주민증' 발급 관련해 신재근 선배에게 써 준 편지를 경찰에 빼앗긴 것이 단초가 되었다는 것을 저는 나중에야 알았습니다.

당시에 한희철 선배도 신재근 선배도 누구도 의도하지 않았지만, 암울했던 전두환 군사독재 시절에 경찰에 빼앗긴 작은 편지 하나가 한희철 선배를 죽음으로 몰고 갔음을 생각하면 지금도 마음이 아픕니다.

한희철 선배의 42주기를 맞는 지금, 선배가 하느님의 나라에서 평안하시기를 기도합니다.

서울대 81 황면성과 한희철에 관한 회고

이은희 성균관대 79, 한희철추모회

황면성은 한희철의 서울대 2년 후배로, 한희철과 성남YMCA에서 샘터 야학을 만들었으며, 성남시 서울대학우회에서도 한희철과 긴밀히 협력했다.

성균관대 '고전연구회'를 중심으로 학내활동에 집중했던 나는 군 제대 후 한희철 사망에 대한 이야기를 듣고 성남Y를 방문했다. 희철의 사망 전후의 여러 의문을 풀기 위해 생전의 희철의 활동에 함께한 활동가들을 만나면서 성남에서의 활동에 중점을 두게 되었고, 성남Y에서 대학생 동아리인 '대학Y' 모임을 시작했다.

그 때 군에서 휴가 나왔던 면성이를 처음 만났다. 머리에 탈모가 생겨 모자를 꾹 눌러쓰고 어색한 듯 웃는 모습으로 자기를 소개했던 기억이 난다. 처음 만났지만 오래된 구면인 듯 우리는 성남Y의 일과 한희철의 생전 활동에 대한 이야기를 함께 나누었었다. 면성이가 제대한 후에는 성남에서 나와 가장 친한 후배이자 친구가 되었고, 성남 지역에서 노동운동을 함께 했다.

한희철의 생전의 활동과 죽음에 관한 이야기를 희철이와 가장 가까웠던 후배인 면성이의 생생한 육성으로 재현하고 싶었다. 하지만 안타깝게도 나의 바램은 이제 허망한 꿈이 되었다. 1년 반 전, 면성이가 폐암으로 일찍 세상을 떴으니 생각만 하면 안타깝고 가슴이 먹먹하다. ▨

친구 희철이를 생각하며

김창홍 서울대 기계설계학과 동창

2025년의 뜨겁고 무덥던 여름도 벌써 지나갔다. 이렇게 하루하루가 쌓여가면서 희철이가 간지도 벌써 42년이 흘렀다.

1979년 3월, 봄이 제대로 오지도 않은 쌀쌀한 계절에 세상에 대한 두려움 없이 우리는 같은 대학 같은 반으로 만났으리라. 120명, 180명이 들어가는 대형 강의실 수업에서 우리는 서로의 존재감을 알아볼 수 없었을 테고, 같은 반 교양 영어 수업에서 출석을 열심히 부르시는 여교수님의 수업이었을 거야.

"한희철!"

이렇게 이름을 부르면 키 작고 동그랗게 생긴 녀석이

"예!"

하며 대답했고, 그 이후로 너의 얼굴과 너의 이름이 나의 두뇌에 새겨지기 시작했을 거야.

그렇게 우리들의 1학년 생활은 지나갔었지만, 너에게나 나에게나 그냥 아무 일 없이 지나간 것은 아니었을 거야. "박정희는 물러가라" "긴급조치 해제하라" "노동삼권 보장하라"… 등등 구호를 외치면, 어디에선가 잽싸게 '짭새'들이 나타나 무자비하게 폭행하며 붙잡아 끌고 가는 것을 함께 보면서… 그러면서 우리들의 1학년 생활은 12.12 사태와 비상계엄으로 마무리되었지.

80년 3월 우리는 2학년으로 올라가면서 같은 기계설계학과를 선택해서 과친구가 되었지. 하지만 우리의 2학년 생활은 그렇게 순탄할 수가 없었어. 전두환 군사 쿠데타에, 이에 대응한 80년 5월 '서울의 봄', 비상계엄 확대, 그리고 광주항쟁이라는 역사의 커다란 흐름이 우리를 덮쳐 버렸었지.

학교 내에서는 무림, 학림, 야학연합 사건… 등 크고 작은 사건으로 선배와 동료, 후배들이 구속되거나 군대로 강제 징집되는 암울한 시절이 계속되었어. 학교 내의 모든 동아리들이 권력의 감시 대상이 되던 시절이었고, 그래서 우리는 서로의 동아리나 하는 일, 관계하는 사람 등에 대해서 자세하게 묻지도 않았고 물을 수도 없었지.

그렇지만 서로의 고민에 대해서만 짧게 짧게 이야길 나누었던 것 같아. 학교 도서관에서 만나 34동의 과사무실 강의실까지 가는 길에서 너와 가장 많은 이야기를 할 수 있었어. 네가 관계한 카톨릭 학생회 상황, 성남 주민교회, 성남 YMCA, 성남의 야학 이야기와 내가 관계한 공대 산사연 구로동 야학 이야기 등…

그렇게 암울한 시절의 3학년 과정을 보내고 4학년이 되면서, 난 어쩔 수 없이 중간고사도 보지 못하고 교내 사건으로 구속, 제적되면서 너와의 소식도 끊어져 버렸고…

85년인가 내가 학교를 복학하면서 너의 죽음에 대한 소식을 들었다. 하지만 그 당시에는 구속 폭행 감금 강집 등의 일상적인 국가 폭력에 대해 이렇다 할 저항조차 제대로 할 수 없었고, 다만 가슴 속으로만 너의 죽음을 슬퍼할 수밖에 없었다.

그리고 또 시간이 흘러 내가 분당에 자리 잡아 수학학원을 하면서 너와 관계했던 성남의 친구들과 또 다시 너의 이야기를 하게 되었다.

은희 수열 면성 재철 명철…등과 너의 이야기를 또 하게 되었다.

조금씩 흐르는 시간과 세월 속에 네가 떠난지도 벌써 42년, 나는 가끔 네가 남겨 놓은 글들을 다시 읽어보기도 한다. 우리가 겪었던 시대의 고뇌와 당시 녹화사업이라 불려지던 국가 폭력 보안사 구금 폭행 협박과 회유에 너는 너의 온몸으로 견디어 내면서 너를 던질 수밖에 없었던 그 상황을 생각하면 아직도 가슴이 아려온다.

민주정권이 들어선 지금조차도 너의 죽음에 대한 의문이 해소 되지도 않고 국가 폭력을 휘두르던 사람들을 아직도 비호하는 무리들이 있다는 것이 가슴이 아프지만, 그래도 이렇게 너를 생각하며 옛 생각을 적어볼 수 있는 추억에 젖는 것도 좋다는 생각이다.

친구 희철이의 42주기를 맞이하며
대학 친구 창홍이가

학창 시절 한희철의 꿈과 신념

김영래 국립철도고등학교총동문회 명예회장, 주식회사 KES 대표이사

내 친구 한희철을 나는 국립철도고등학교 업무과에 입학하면서 만났다. 한희철은 그후로 군에 입대해 사망할 때까지 한희철열사 추모회 이은희와 함께 나와 가장 가까웠던 철도고 동창 중 한 명이었다.

고교 학창시절의 희철이는 아주 해맑고 신실한 친구였고, 가끔은 장난도 잘 치고 농담도 잘하는 다정다감한 면모도 있었다. 철고 입학 후 첫 2년 동안 희철이와 은희, 나의 학창생활은 꿈을 꾸듯 즐거웠다. 방과 후에는 당시 용산에 있던 학교 운동장에서 공을 차거나, 학교 근처의 탁구장에서 탁구를 쳤다. 특히 철도고 학생에게 주어지는 가장 큰 혜택인 '공짜' 기차를 타고 경주, 부산, 공주, 목포 등 수많은 전국의 관광지를 여행했다.

2학년 2학기가 되면서 우리의 즐거운 학창시절은 막을 내렸다. 인문계 친구들이 대학입시 준비로 바쁘다는 소식을 들으면서, 공부에 자부심이 있던 우리도 그 분위기를 타고 자연스레 대입 준비에 뛰어들었다.

2학년 겨울방학 시작할 때 쯤, 희철이가 머리를 완전히 대머리처럼 딱 밀고 나타났다.

"영래야, 난 앞으로 공부할 거야. 그리고 서울대학교 갈 거다."

이렇게 목표를 제시하고 난 뒤로 희철이는 완전 딴 사람이 되었다. 주변 친구들에게 눈길도 주지 않았고, 벙어리처럼 말 한 마디 없이 딱 자기가 설정한 목표에만 몰두했다.

'아무리 그래도 저렇게 나와 인사도 안 하고, 말도 없고… 그런다고 네가 진짜 서울대 갈까? 너무 심하다!' 속으로는 서운한 마음을 지울 수 없었다.

그런 주변의 눈초리에도 희철이는 아주 굳은 마음으로 하고자 하는 목표에 집중했다. 누구의 접촉도 거부하고 불필요한 시간 낭비를 막으며 정말 일념으로 공부에 매진했다.

이런 신념과 집중력을 발휘하여 대학 입시를 준비한 결과, 희철이는 인문계 학생과 같은 조건에서 경쟁하여 발군의 성적으로 서울공대에 입학했다.

희철이는 나중에 서울대에 합격하고 나서 나에게 말했다.

"내가 서울대를 합격하면 지난 입시 준비 과정에서 어쩔 수 없이 너희들을 서운하게 했던 것을 너희가 이해해 줄 거라 믿었다"

희철이의 굳은 신념 또는 의지가 일순간 느껴졌다. 마음 한 편에 존경심이 솟아올랐다.

이후에 돈이 너무 부족했던 희철이가 사립학원에서 공부할 수 있었던 '비결'에 대해서도 들었다. 희철이는 종로학원인가 대성학원인가 유명한 학원에서 학원 강사들의 칠판을 닦아주는 조교 역할을 했고, 그러면서 틈틈이 수강생 사이에 껴 앉아 '무료로' 강사들의 강의를 들으며 공부했다고 한다.

한희철을 기억하고 추모해 온 많은 사람들 중에서 나는 희철이하고 함께 한 생활이 비교적 짧다. 희철이와 마찬가지로 나 역시 집안이 가난하여 철도청에 근무하며 야간대학교에 다녀야 했다. 그래서 고등학교 졸업 후에는 그를 자주 만날 수 없었다.

그래도 희철이가 서울대 공대를 본고사까지 보고 합격하고 만났을 때의 들었던 그의 꿈이 생각 난다. 그는 우리 철도청의 기술 연구원의 원장이 되어서 우리나라 철도 발전에 크게 기여하겠다고 했었다.

하지만 대학을 다니면서, 특히 10·26 사태 이후 우리 사회의 큰 변화를 목격하며, 그 꿈들이 많이 바뀌었던 것 같다. 우리 사회의 민주화를 위해 학생운동을 한다고 들었고, 자신의 새로운 신념을 위해 열심히 살다 42년 전 갑작스레 우리 곁을 떠나갔다는 이야기를 들었다.

그리고 고교 졸업 후 8년 정도 철도청 공무원으로 근무하다 퇴사하고 대학 때의 전공을 살려 창업의 길로 나서면서 희철의 이야기를 많이 듣지 못했다. 다행히 희철이 40주기 추도식을 준비하던 이은희를 통해 희철이 사망 과정에 제기된 여러 의문점과 학생운동가로서 희철이의 생전의 삶에 대해 어느 정도 알게 되었다.

학생운동가로서 희철이의 꿈은 '우리 민족이 진정한 민주주의를 실현하고 통일된 대한민국을 이루는 것'이었다. 이제 그의 꿈은 여기 이 세상에 남아 있는 우리 모두가 함께 이루어야 할 과제이다.

희철아, 네가 믿는 저 세상 하느님의 나라에서 영원히 행복하고 평안하기를 바란다. ▨

청평의 눈 내린 기찻길 다시 함께 걷고 싶다

양신모 철도고 업무과 동창, 전 고교국어교사

어느덧 세월은 훌쩍 반세기 가까이 흘러갔지만, 눈 내리는 겨울이 되면 이따금 청평역과 역 주변에서 숙식을 위해 자취한 집이 눈앞에 펼쳐지기도 한다. 차가운 공기 속에 입김이 서리고, 흰 눈이 철길 위로 내려앉을 때, 그곳에서는 희철이의 모습이 함께 서 있다. 눈이 많이 내리고 매섭게 추웠던 그 해 겨울, 그가 세상을 떠났다는 소식을 들었을 때, 그 날의 충격과 슬픔은 아직도 마음 한 구석에 깊이깊이 남아 있다. 너무나도 맑고 따뜻했던 카톨릭 신자였던 그가, 스스로 생을 마감했다는 것을 지금도 전혀 수긍할 수 없다. 나는 여전히 그 죽음을 암흑의 시대가 빼앗아간 생명으로 또렷이 기억하고 있다.

1976년 3월 국립철도고등학교 업무과 입학 후 함께 A반이 되었던 우리는 금방 친해졌다. 키가 작으며 빈민촌에 사는 공통점을 가진 친구로서 서로의 집안 환경이 비슷하다는 것을 알았기 때문이다. 희철이는 성남시 달동네 살던 친구로 다복한 가정에서 자라 그런지 붙임성이 좋았다. 그러기에 상계동 판자촌에 살았던 나에게 늘 먼저 친근한 대화를 이끌어 주었다. 1,2학년 때 같은 반으로 성남과 상계동 친구집을 서로 방문하며 부모님과 가족도 알게 되고는 더욱 가까운 사이가 되었다. 3학년 때 나는 A반, 희철이는 C반으로 갈라져 잠시 반은 달라졌어도 자주 만났다. 항상 책을 끼고 공부하는 그의 노력을 지지하며 가슴 깊이 응원을 보냈다.

그와 친해져 보니 사람과 세상을 바라보는 안목부터 남달랐음을 알 수 있었다. 조용한 교실 안에서, 그는 언제나 따뜻한 미소와 정직한 눈으로 친구들과 주위를 바라보았다. 그리고 배움에 대한 열정이 누구보다 뜨거웠다. 성남시 비탈길 허술한 집에서 살아가는 어려운 환경에서도 더 나은 삶을 위해 아주 열심히 공부하는 친구였다. 가까이 있을 때 따스한 온기가 느껴지는 그가 최선을 다해 공부하는 노력파였기 때문에, 우리는 그를 반짝이는 빛과 같은 친구라고 불렀다. 나는 그와의 사귐을 통해 지적 성실함이란 무엇인지 배우게 되었다.

1979년 1월 7일에 실제 졸업식을 했지만, 당시 학교와 철도청 당국은 호봉을 높여주기 위한 배려를 해 주어 새해가 되기 전 우리는 1978년 12월 18일 9급 기능직 공무원이 되었다. 희철이는 청평역 역무원, 나는 대성리역 역무원으로 발령받아서 부임을 하고 난 뒤에 역과 역 사이 눈 덮인 철길을 걸었고, 함께 이야기를 나누며 식사도 했던 그 시간이 아직도 생생한 기억으로 떠오른다. 그는 언제나 진실이 통하는 세상, 사람이 존중받는 사회를 꿈꾸었다. 그의 말에는 언제나 카톨릭 신앙의 온기와 경제적 정의에 대한 믿음이 담겨 있었다.

서울대 입학을 앞둔 2월말까지 가끔 청평역 근처 나의 자취방에서 만나 근처 청평 안전유원지 강변을 걸으며 서로를 격려해 주며 담소를 나누었다. 그가 청평역에 적을 두고 있었기에 서울대학교에 4학년까지 다니면서도 여름이든 겨울이든 방학 때 짬을 내어 내가 근무하던 대성리역에 격려차 방문을 하기도 했다. 밥 한 끼 먹으며 소주도 한 잔 하면서 대학 생활의 경험을 바탕으로 나에게 삶의 길을 새롭게 바라보고 지향하게 해 주었다. 기차가 지나가면 그 웅대한 무게가 철로를 울렸고, 우리는 그 울림에 맞춰 푸른 꿈을 오랫동안 이야기했다. 그는 언젠가 우리도 이 나라를 따뜻하게 바꾸는 데 기여하는 사람이 되자고 했는데, 그 말이 진실하게 들리던 이유는 그의 눈 속에 거짓이 없었기 때문이다.

그 후로는 군에 입대한다는 사실을 편지로 교류하고 만남이 없었다. 그러다가 희철이가 작대기 둘을 달고 첫 정기휴가 나와서 귀대하는 날에 나를 찾아왔었다. 1983년 부처님 오신 날에 일어난 '성북역(현재 광운대역)' 열차 추돌 사건의 현장 구내원으로 근무했던 내가 철도청에서 '직위 해제' 당한 후, 결국 '해임'이라는 무거운 징계를 당했던 그 해 가을이었다. 역전 식당에서 밥 먹으며 그 동안의 회포를 풀었는데, 그가 카톨릭대에 다시 진학하여 신부가 되고자 한다는 말을 한 것은 생생하게 떠오른다. 더불어 점심 식사를 하고는 기차를 태워 연천 5사단으로 떠나보냈다. 중징계로 고통 받는 나를 위로해 주러 왔는지 정확히 기억은 잘 안 나지만, 오랜만에 그것도 뜻밖의 방문으로 좋아하는 친구를 만나게 되었으니 얼마나 반가웠겠는가? 그리고는 며칠 안 되어 '정직 3개월'로 징계가 감해진 총무처의 판결이 나와 꿈같은 복직이 결정되었다. 그리고 새로이 '망우역'으로 발령을 받았다.

그런데 이게 웬일인가? 정말 믿을 수 없게도 한 달쯤 지나 12월에 갑자기 그가 세상을 떠났다는 충격적인 비보가 들려왔다. 아, 지금 돌이켜 보니 내가 징계를 당하고 있는 때 얼굴 본 것이 희철이 생전에 그와의 마지막 만남이었던 듯하다. 전두환 정권의 어두운 시절 그토록 맑고 정의로웠던 그가 20대 초반의 젊은 나이에 우리 곁을 떠났다. 군사 독재정권 아래서 그는 징집이 되었고, 보안사 조사를 받은 뒤 가족과 친구, 동창들 곁에 돌아오지 못하고 세상을 떠났다. 그의 죽음을 '자살'이라 부르는 세상은 잔인하게도 그의 진심을 외면한 것이다. 나는 아직도 결코 '자살'이라는 말을 받아들일 수 없다. 그의 죽음은 한 개인의 나약함이 아니라 진실을 외면한 시대의 폭력 앞에서 스러져간 한 청년의 희생이었다. 그는 끝까지 정의를 품고자 했던 사람이었고, 그의 생은 비록 짧았지만 빛처럼 정직하고 순결했다.

2021년 수락고를 마지막으로 근무하고 퇴직을 한 뒤에 5월 어느 날, 마침내 아내와 함께 모란공원에 있는 그가 잠들어 있는 묘를 찾아 갔다. 너무 늦게 왔다는 죄스러움이 발걸음을 무겁게 했다. 민주화운동을 하다가 돌아가신 많은 분들의 이름 속에서 어렵게 한희철 묘를 찾을 수 있었다. 무덤 앞에 서자 그의 사진도 보이고 묘비에 있는 그의 행적도 읽을 수 있었다. 묘비를 천천히 더듬으며 나는 아무 말도 하지 못하고 있는 중에 뜨거운 것이 내 눈시울을 적셨다. 잠시 후 마음을 가라앉히고 이내 묘 앞에서 예를 갖추고 큰 절을 하였다.

"희철아, 이제야 왔다. 정말 미안하구나. 너는 여전히 내 마음에 살아있다."

이런 말을 독백하듯 내뱉자 묘비 옆의 햇살이 유난히 따뜻하게 느껴졌다. 그가 내 곁에 가까이 와 있는 듯했다.

비록 그는 짧은 생을 살았지만 그는 내 인생에 깊은 자취를 남겼다. 세상을 넓게 볼 수 있어야 한다는 그의 권유 덕분에 고려대학교 국어교육학과에 진학했고, 1987년부터 사립 영훈고, 휘경여고에서 18년, 공립 노원고, 상계고, 수락고에서 16년, 총합 34년을 교직에 근무하며 청소년들에게 시와 소설, 국어 그리고 사랑과 정의를 가르쳐 왔었다. 학생들에게 진실을 가르치고, 옳은 길을 선택하라고 말할 때마다 나는 그의 목소리를 마음 속에서 들을 수 있었다. 어쩌면 그는 영원히 내 곁에 있을지도 모른다. 그가 떠났지만 내 삶 속에서 나를 이끌어 주는 스승이자 벗으로 남아 있다.

　　그리운 그의 얼굴 다시 찾을 수 없어도

　　화사한 그의 꽃

　　산에 언덕에 피어날지어이.

　　그리운 그의 노래 다시 들을 수 없어도

　　맑은 그 숨결

　　들에 숲 속에 피어날지어이.

　　　　신동엽 시 '산에 언덕에'에서

　　존경하고 사랑하는 친구 한희철~!

　　그대가 꿈꾸던 세상은 아직 미완성이기에, 그대를 기리고 추억하는 사람들은 계속 그대를 따라 그대의 길을 걷고 있다. 그대의 이름을 부르면 가슴이 저리지만, 동시에 따뜻해진다. 그대가 남긴 믿음, 정의, 사랑은 지금도 내 가슴 안에 살아있다. 부디 하느님 품 안에서 평안하게 쉬길……

　　희철아~! 언젠가는 다시 만나, 못다 한 우리들의 이야기들을 마음껏 나눌 수 있기를 간절히 바란다. 또한 하얀 눈 소복이 쌓인 청평의 기찻길도 함께 걸어 볼 수 있기를 소망한다.

　　- 희철이를 그리워하는 친구, 양신모 씀-

내 친구 한희철을 추억하며

엄정열 철도고 업무과 동창, 무역업

우리 철도고등학교 동창이었던 한희철이 우리 곁을 떠난 지 벌써 42년이라는 세월이 흘렀다. 막상 한희철의 추모문집에 들어갈 추모글을 써 보려 했지만 시간이 많이 지나 떠오르는 기억이 많지 않았는데, 동창들과 학창시절 이야기를 하다 보니 몇몇 기억들이 점차 되살아났다.

고등학교 때 나는 비교적 내성적인 성격이라, 친구들과 폭넓게 어울리지는 못했다. 그래도 희철이가 고등학교 3학년 때 대학 입시를 준비하며 보여준 치열함은 생생하게 기억난다. 당시 희철은 거의 매일 조회시간이 되어서야 헐레벌떡 학교 안에 뛰어 들어왔고, 종종 어푸어푸 소리를 내며 수도가에서 급하게 얼굴을 씻은 후 서둘러 교실로 들어오곤 했다. 속사정을 잘은 몰랐으나, 새벽에 학원이나 도서관에서 공부하다 오느라 그랬던 것 같다. 그때 희철이에게 들은 말이 아직도 기억에 선명하다.

"나는 하루를 27시간으로 생각하고 6시간을 잔다."

실제의 하루는 24시간이니 결국 3시간 잔다는 얘기였지만, '6시간 잤으니 충분히 잔 것'이라고 스스로에게 최면을 걸었던 것이다.

그가 그렇게 입시 준비에 매진할 때, 담임인 이상훈 선생님께서는 종종 혼이 났다. 자주 조회 시간에 늦는 희철이를 보고 '불성실하다'고 생각했던 선생님은 희철이에게 꾸중을 많이 했으며, 체벌을 한 적도 있었다. 서울대 합격한 후, 선생님이 그 때의 사정을 이해하시고 반 학생들이 보는 앞에서 '미안하다' 사과를 하신 것으로 기억한다. 희철의 미친 듯한 치열함이 선생님에게도 결국 인정받은 게 아니었을까!

희철은 이상훈 선생님과 관련된 다른 일화도 남겼다. 고3 늦은 봄인가 천호동에 사는 은희 집을 방문한 희철이는 같이 점심을 먹고 천호동에 온 김에 근처 3,4백 미터 거리에 사시는 이상훈 선생님을 같이 찾아가 인사나 드리자고 했단다. 일요일이었는데 예고도 없이 불시에 "선생님!" 하며 선생님의 댁에 들어서던 희철이와 은희는 헐렁한 잠옷 같은 것을 입고 마루 바닥에 엎드려 뭔가를 하고 있는 선생님을 목격했다. 짐짓 어색한 웃음을 지으시며 선생님은 "야, 나 지금 수학 문제 풀고 있다… 시간 나면 맨날 이렇게 엎드려 수학 문제 푼다" 하셨단다. 평상시에 선생님께 그렇게 혼나면서도 주눅들지 않고 공손하게 선생님을 대했던 그의 진솔한 태도가 보여지는 일화이다.

10.26 사태로 박정희 대통령이 시해된 이후, 한희철은 사회의 모순을 깨닫고 그 모순을 해결하기 이해 학생운동에 뛰어들었다고 들었다. 그리고 세월이 흘러 희철이 군에서 녹화 사업 중 사망했다는 비극적인 소식이 들렸다. 1983년 12월 11일이었다고 하는데, 당시 나는 군 복무 중이라 이듬해 4월 제대하고 나서야 그 소식을 접했다. 그는 가톨릭 신부가 될 꿈을 꾸었다고 했는데, 당시 그의 죽음의 이유는 밝혀지지 않았다고 했다.

그가 떠난 2년 후인가, 성남 수진동성당에서 한희철의 추도식이 열렸고, 은희를 비롯한 몇몇 친구들과 나도 함께 참석했다. 추도식이 끝난 후 경찰과 대치하며 앞에 서 있던 은희가 경찰에 잡혀가는 모습을 직접 목격한 것도 기억난다. 당시는 희철을 추모하는 일조차 마음 놓고 할 수 없었던 씁쓸한 시대였다.

그리고 이제 희철의 42주기를 맞는 지금, 희철이는 스물 두 해의 짧은 생을 살았지만 고등학교 3학년 때 내게 보여준 그 치열함과 열정은 아직도 강하게 내 기억속에 선명하다. 만약 그가 녹화사업의 희생양이 되지 않고 살아서 돌아왔더라면, 암울했던 시대의 고난을 이겨내고 이 사회로 복귀했다면 그는 훌륭한 신부님이 되었을 것이다.

그렇게도 이른 시기에 그의 꿈이 꺾였다는 생각에 여전히 가슴이 아프다.

부디 희철이 머무는 저 세상에서는 그의 뜨거운 열정과 꿈이 이루어지고 평안하기를 바란다.

그의 오랜 벗이.

성남시대학생연합회에서의 한희철 친구

박한선 한양대 사학과 79,
한희철의 성남서중 동창, 성대연 발기인/초대 총무

1980년 대학들의 겨울방학이 시작할 무렵 성남시대학생연합회가 발족 창립되었다. 친구 희철이는 준비모임부터 함께하며, 서울에서 원정 온 서울대, 한양대 등 운동권 친구들과 함께 연합회의 성격과 방향 설정 등에 영향력을 끼치고자 많은 수고와 노력을 하였다.

연합회 발족 후에는 자연스럽게 연합회 내 4개 학회 (인문, 사회과학, 자연과학, 예능학회) 활동을 독려하였고 특히 인문, 사회과학회에서 학회장 등으로 운영을 주도하였다.

당시 4개 학회는 불안한 대학내 상황을 대신하여 자유롭게 지역내 친구 선후배들과 소통의 장을 만들어 가며 1-2주일에 정기적으로 50~60명 학생들이 모여 그 열기가 뜨거웠었다.

활발한 독서토론, 무너진 민주주의에 대한 성찰과 각자 생각과 신념을 교류하였고, 지역사회 계몽을 위한 시민 홍보 활동, 야학 설립 운영, MT 등 사업과 활동을 진행하였다.

이 사업과 활동의 결과물로서 81년 겨울에 제1회 여명예술제를 개최한 바 있고, 성남YMCA와 성남주민교회 등 여러 단체와 연합하여 수시로 학술 세미나와 시국강연회를 개최하였다.

성대연에서 희철이는 때론 '언더'에서 눈에 띄지 않게 모임을 전체적으로 조율했고, 활동 내용들도 당면한 과제인 민주주의 회복과 민족 통합이란 주제 등에서 벗어 나지 않게 많이 수고하고 애썼던 것으로 생각한다.

본인 생각과 의지를 '철도 노동자의 꿈'과 같은 시와 일기문 등으로 친구들과 공유하고 교류하였는데, 수준 높은 신앙 고백적 내용들도 많았고, 통찰력 있는 민족, 세계 평화주의자라는 이미지를 얻게 되지 않았나 생각이 든다.

군대 입대를 이틀 앞둔 82년 11월 29일 쯤 집으로 전화를 걸어 '한선아 서로 군생활 큰 무리없이 마치고 건강하게 다시 만나자'는 안부 인사가 마지막이었다는 점에 두고두고 저리는 아쉬움이 있다.

군생활 상병 무렵 면회 온 친구 송명원으로부터 희철의 사망 소식을 듣고 밤새 통음을 하였고, 야만적이고 부조리한 시대상황이 한없이 원망스러웠다.

희철이 소천한 후 나는 물론 성대연 후배들 20여명이 각 소속 부대에서 보안부대로 연행되었고, 취조와 자백 강요 등을 겪었고, 제대 후까지도 보안사 요사찰 대상으로 사회생활의 많은 제약을 받고 위축이 되었었다. 이러한 과정이 소위 녹화사업의 대상이 되었기 때문이라는 것을 수년이 지난 후 알게들 되었다.

후배들에게도 참으로 미안한 일이었지만, 다시 올 수 없는 친구 한희철에 대한 회한과 그리움이 얼마이겠는가? 늦게나마 명예가 회복되고 행적이 널리 알려져 민족과 세계에 대한 친구의 통찰력과 진지함이 제대로 평가되어 지길 바라는 마음이 절실하고 절실하다!

* 아래 박한선과 이상락의 짧은 글은 '성남민주행동준비위회'란 이름의 단톡방에서 '한희철 귀리노 열사 추모 문집' 발간 포스터를 보고 한희철에 대한 기억과 소회를 밝히며 대화한 것을 캡쳐한 것입니다.

박한선: 1981년 겨울 우리는 태재고개 넘어 능골 마을쯤에 나무로 군불 때는 민박을 빌려 1박을 하며 성대연(성남시대학생연합회) 사회과학, 인문학회 합동회의 민박을 하였다.

7~8명 이상 참석했던 것으로 기억하는데, 모범생 이성직 친구도 오랫만에 함께 하였지.^^

발군의 이데올러거 한희철, 이수열, 손기영, 그리고 여러 후배들과 함께 공감과 울분에 찬 밤을 꼬박 새우고 성남으로 돌아와 올려다 보았던 신흥동의 희망대는 황량하고, 앙상한 모습이었지만 변함없이 정답게 우리를 품어주었다고 생각한다.

겨우내 '금관의 예수'를 기다리는 마음으로 고향 같은 성남에서 연대와 무한한 헌신으로 모두 깨어있자 많이들 노력하였네.

요즘 성남시와 나라 전체가 많이 바뀌고 긍정적 싸인도 보이고 있어 다행이라는 생각입니다.

마석 모란공원에 한번도 참석을 못 하였는데, 희철 친구를 기억하는 이수열, 이은희, 재형 그리고 많은 선후배님들께 송구한 마음과 감사를 드립니다.

우리 친구들, 큰 역사의 바다에 작은 점 돛배 한 척이었더라도 스무 살 때의 꿈이 틀린 것도 헛되지도 않았다는걸 증명을 하고 싶은 마음인데…

개인적으로 친구 한희철은 의지적이며 명쾌한 지적 능력 역사적 통찰력으로 한두발 앞서며 야만과 무지의 시대에 성대연을 성남YMCA와 서울대 카톨릭 학생회를 리드하였다 생각합니다.

과거사위원회, 민화협, 방송제작진들에게 제가 늘 했던 얘기는 '모든 이유를 떠나 20살 청춘과 삶을 송두리째 앗아간 오류에 대하여 국가가 흔쾌히 그 오류를 인정하고 역사 앞에 사죄를 하여야 한다'는 것이었다.

이상락*: 한희철은 나의 스승이었습니다

나는 희철, 수열, 기영이와 함께 야학도 하고 우리끼리 스터디 모임도 함께 하며 희망대공원 근처에 있는 희철이 집에도 여러 번 갔던 기억이 지금도 생생하다오.

이들은 사회과학이 뭔지도 모르던 나를 일깨워준 나의 스승님들 중에 한 분이었다오. 내가 쓸데없이 너무 오래 살고 있는 것 같아서 한없이 미안한 마음으로 살고 있소. 굿나잇!!!

*성남민주화운동사업회 이사장, 성남YMCA 탄천클럽 초대 회장, 전 국회의원

희철 오빠 지금은 어디에 있어!

샘터야학 1기 졸업생

벌써 오빠가 우리 곁을 떠난 지 일년. 지난 해 그토록 준동하던 추위와 달리 포근한 겨울이 시작되고 있어요. 비록 오빠가 어디 있는지 모르지만, 그곳은 분명 열띤 사랑도 증오도 이기심에 의한 시기 질투도 없는 모든 사람이 하느님의 은총 가운데에서 평화를 누릴 수 있는 행복한 나라일 거라 믿고 있어. 그러기에 이 혹한 겨울을 맞으면서 더욱 그리워지는 것 같애.

오빠를 처음 만나게 된 게 82년 어느 무더운 여름날이었지. 조그마한 와이 방안에서 오빠는 그 다정스런 미소와 유창한 말투로 우리를 맞아 주었고, 점심시간이 되어 언니가 식사를 준비하고 푸릇한 상추쌈에 식사를 하며 한껏 기쁨을 같이 나누던 오빠의 웃음 띤 얼굴, 이제 다시는 볼 수 없지만, 우리의 상상 속에서 오빠의 그 다정스런 모습은 더욱 또렷이 자리 잡고 있어요.

오빠를 만남으로 해서 시작된 와이에서의 생활은 우리에게 아주 뜻있는 것이었어요. 이제껏 생활 속에서 아무런 생각 없이 살아오던 우리가 인생에 대해 깊이 생각하게 깨우치고, 산다는 것의 의미를 새롭게 해가고, 오빠와의 만남과 대화 가운데서 새로이 생각해 본 우리의 생활, 깊은 관심을 가지고 대화에 임하던 오빠의 진지한 얼굴, 그러면서도 언제나 밝은 웃음으로 분위기를 바꾸어 놓던 오빠의 쾌활한 성격, 오빠와의 만남 속에서 우리는 애들처럼 즐거워했고 가슴 속에 커다란 기쁨을 그리고 새로운 희망을 간직하게 되었지요. 자꾸 오빠의 환하게 웃는 얼굴이 떠오르고 그러기에 이젠 만날 수 없다는 슬픔이 오빠, 더욱 가슴을 메우는 것 같아요.

그리고 오빠 그때 일 기억나지요? 어떻게 회사의 관리자가 알았는지 회사 내에 우리들을 불러 놓고 을러대고 달래고 하며, 너희들이 나가고 있는 곳은 '빨갱이'와 관련이 있다느니 모든 것을 다 불라느니 할 때 우리는 너무나 두려워서 어찌할 줄 몰랐었던 일. 결국 언니가 해고당하고 우리가 사퇴서를 씀으로써 그 문제는 일단락됐지만, 우리는 이 경험으로 해서 많은 것을 알았어요. 우리 노동자가 인간답게 살려고 하는 노력이 얼마나 힘이 많이 들어야 하는가, 우리 사회가 우리의 노력에 어떠한 편견과 이기적인 생각들을 가지고 있는가를…

이런 어려움을 겪으면서도 우리는 굴하지 않았고 더구나 어렵게 얻은 결과였기에 우리의 졸업식장은 더욱 기쁨 넘치는 자리가 되었지요. 하지만 오빠가 청평역에 역무원으로 근무를 시작하게 되면서 이날 참석하지 못했던 것이 우리 모두에게는 줄곧 안타까웠고, 겉으로 표현은 못했지만 훗날을 기억하면서 가슴 한 구석에 그 안타까움을 묻어 두었지요.

그리고는 갑작스레 군대를 갔다는 소식이 들리고, 지난해 봄 오빠의 다정스런 말투로 안부 편지를 받았는데….

오빠! 그 후 너무도 믿어지지 않는 소식이 들리고 그 소식이 결국 현실로 다가왔을 때 우리는 어찌할 바를 몰랐어요. 오빠가 입대한 후 샘터에서 엮은 우리의 즐거움을 다시 가져 보고 싶었는데 '바보 같이, 바보 같이'라는 생각이 자꾸만 떠올랐어요.

그리고 벌써 일 년이 지나가지만 바보 같은 오빠의 모습이 더욱 또

렷이 머릿속에 떠오르고 오빠의 소박하고 다정스런 목소리가 들리는 것 같아요. 열심히 생활하고, 맡은 일에 책임을 다하면서 그리고 나중에 나중에 많은 이야기 하자고,

오빠! 비록 지금 같이 할 수는 없지만 분명 다시 만날 수 있을 거라 믿어요. 오빠의 순수한 양심이, 강한 의지와 더운 애정이, 왜, 이 세상에서 더는 지탱할 수 없는 것인지, 왜 아픈 가슴을 움켜 쥐어야 하는지.

일 년이 지나가는 지금 더욱 큰 슬픔으로 가슴이 와 닿지만, 오빠 이 슬픔을 우리는 감상하고만 있지 않을 거에요. "한 알의 밀알이 땅에 떨어져 죽음으로써 많은 밀알을 잉태하듯이" 이 슬픔도 내일의 커다란 기쁨을 잉태하기 위한 밀알 하나의 죽음에서 오는 것이라 믿으니까요.

오늘도 노동 현장에서 땀 흘리는 우리 몸과 마음 비록 지쳐 있지만 오빠와의 만남 속에서 얻은 삶의 교훈들 생각하며 열심히 살아갈게요. 그리고 우리 모두 기도할게요. 오빠가 있을 평화의 나라가 이 땅에도 속히 이루어 지기를.

84. 12. 8 희야가

샘터야학 1기 졸업생이 한희철에게 보내는 이 편지는 1984년 12월 8일 성남 수진동성당에서 개최된 한희철 귀리노 열사 제 1주기 추도미사와 추도식을 위한 자료집에 수록된 것으로 보안사가 수집하여 보관하던 것을 나라기록원을 통해 3년여 전에 돌려받은 것이다.

삼가 한희철 귀리노 靈前^{영전}에

귀리노!

이번 겨울은 유난히도 추웠다.

네가 가버린 겨울은 모든 것이 생명을 잃은 듯 보였으며

우리가 딛고 있는 이 땅은 우리의 땅 같지 않았다.

그럴 리가 없다. 그럴 리가 없어 ……

뜨거운 삶의 意志^{의지}를 불태우던 너였기에 우리는 도저히 믿을 수
가 없었다.

너의 죽음이 기정사실로 된 날

우리는 밤새 애통해하며 네 죽음의 의미를 생각했다.

그 충격이 얼마나 컸길래, 고문이 얼마나 고통스러웠길래

형광등을 깨어 동맥을 끊을까, 혹은 혀를 깨물을까 번민했을까

항시 여유를 보여 주던 너였기에 그 좌절의 깊이가 뼈 속 깊이 박혀
드는구나.

"주여! 어찌하여 나를 버리시나이까" 하고 울부짖었던 예수님의 모
습이

그 속에 떠오르는 듯 싶구나

희철아. 너의 죽음은 이 시대가 어둠의 시대임을 증거하였구나.

어둠에 너무 익숙한 우리의 나태한 삶이 욕됨을 깨우쳐 주었구나.

이제 백일이란 시간이 흘러 우리 욕된 목숨들은 십자가 밑에서 회
개하며 너의 영혼을 위로하고자 한다.

너의 소원대로 네 삶과 죽음 모두 하느님께 영광이 되길 믿음으로
함께 기도드린다.

이젠 자진해서 맡았던 무거운 십자가를 벗고
자네 특유의 천진하고 맑은 신심으로 돌아가 주님의 품에 안겨
살아있는 우리를 위해 기도해 주리라 믿는다.

민중과 함께하는 사제의 길을 계획했던 너
너는 양심의 눈으로 이 시대의 어둠을 보았다.
그리고 이 죽음의 시대에 죽을 수 없는 몸짓으로 항거했다.

너는 노동 현장에서 예수님을 발견하고 예수님의 따뜻한 위로를 체
험했으며 그래서 예수님께 매달렸다.
너는 작은 예수가 되려고 되려고 발버둥쳤다
네가 정성껏 다듬고 간직하고자 했던 그 상은 민중과 아픔을 함께하
며 참된 사랑을 빵과 자유를 위한 투쟁의 실천과 합치시키는 존재였다.

그러나 이 시대는 그러한 너의 숭고한 실천의 길을 허락하지 않았다.
무엇보다 가슴 아픈 일은 이 시대가 가장 순수한 양심에게
가장 먼저 죽음을 강요했다는 사실이다.

이제 네가 졌던 엄청난 고민과 사랑을 우리가 져야겠다.
그리하여 다시는 다시는 이 땅에 이런 피지도 못하고 쓰러지는 젊
음이 없도록

   Lacrimosa

힘을 합하여, 관심과 빵과 땀과 눈물, 그리고 나눔, 결단, 나아감으로 네
가 파악했던 사랑을 실천하려고 노력하겠다

예수의 십자가를 함께 지고 싶어하였던 너의 죽음은
바로 시대의 희생 제물이었음을 깨닫는다.
"사랑의 계명을 실천하십시오." 하고 호소하는 네 음성이 귀에 가득
하다. 어찌하여야 그렇게도 원하는 민주주의와 경제정의를 이룰 수 있
을까.

귀리노!
이제 편안히 가거라
그리고 천상에서 살아있는 모든 것을 위해 기도해다오.
어려운 세상
뜨거운 마음을 갖고 살았던 너의 삶은
영원히 우리 가슴에 남을 것이다.

갈기갈기 찢어지는 마음을 붙잡아
너의 음성을, 恨叱^{한울}의 소리를 듣고 다시 생각하며
피눈물을 삼켜 삼가 애도의 뜻을 표한다.

울톨릭 소식지 『머릿돌』 제20호, 1984년 11월

탄천에 오신 예수

김진섭

어느 해 겨울 그가 우리 앞에 나타났습니다.

군데군데 꿰맨 흔적이 보이는 허름한 야전잠바를 푹 뒤집어쓰고 꺼칠한 피부에 몇 가닥 수염으로 해맑고 반짝이는 눈을 굴리면서 나도 한 자리 끼입시다! 하고 나타난 것입니다. 빛나는 그의 두 눈의 광채에 우리는 압도되고 말았습니다. 좋은 일이라면 아니 성남을 위한 일이라면 한번 끼어나 보쇼. "나도 대단지 시절에 풀죽 먹고 진흙탕에 살았는디 내가 안 끼면 말도 안 되지." 하는 그의 말에는 어딘지 모르게 힘이 넘쳤습니다.

이후 우리는 한 잔 막걸리 속에 결속을 다졌습니다.

그는 조용히 그러나 분명하게 말하고 다녔습니다. 성당의 신부에게, 교회의 목사들에게, 절의 친구들에게, 학교의 친구에게, 성당의 친구에게로 교회가 성당이 이래선 안 된다고, 이렇고 저래야 한다고. 이럴 때 와이엠씨이에이를 만들어야 한다고 여러 사람들이 그를 손가락질하더라도 그는 굽히지 않았습니다. 많은 사람들이 그의 열정에 녹아나고 한 자리에 모였습니다.

그는 한국의 갈릴리는 여기라면서 우리가 이 땅을 위해 무엇이라도 해야 한다고 지론을 폈습니다. 교회 성당은 갱신해야 한다, 땅을 치고 통곡 회개해야 한다, 그렇지 않으면 독사의 자식들이라고 외쳤습니다. 탄천의 썩은 물을 맑게 해야 한다고 그래서 탄천의 검은 물에 오염되고 있는 노동자 형제들을 그 검은 물에서 빠져나올 수 있게 해야 한다고 외치던 그 동지들과 그 일을 위해 어려움을 무릅쓰다 몸으로 실천한 그였습니다. 그가 몸으로 실천한 운동이 사랑의 형제 운동이었고 이는 그 결실을 맺고 있습니다. 진실한 크리스천은 십자가를 떠받들지 않고 몸소 지고 가려는 노력이 있어야 한다는 그였습니다. 그러면서도 늘 고생하시는 어머님을 생각하고 갈등 속에서 눈물짓던 그.

그렇게 열정적이던 그가 우리 곁을 떠났습니다. 푸른 제복의 부름에 기꺼이 달려간 것입니다. 그가 떠나고 난 그 자리가 그렇게도 우리들을 공허하게 했고 뻥 뚫린 마음을 마음을 가누지 못했습니다. 얼마인가 그 공허가 메워질 때쯤 우리는 새로운 하늘이 무너져 내리는 듯한 충격을 받게 되었습니다.

전국적인 야학교사 조사 과정에서 여기저기 불려 다니던 중 형제들에게 보내는 마지막 편지를 남기고 자진해서 하느님 곁으로 갔다는 이야기를 듣게 된 것입니다. 그래서 부모도 그의 얼굴을 보기 전에 재로 변해져서 부모님을 맞이했다는 …… 믿어지지가 않았습니다. 정말이지 믿어지지가 않았습니다. 절대로 그럴 친구가 아니라고 말입니다. 하지만 그가 아직은 대답이 없습니다. 그렇다고 자세하게 규명할 방법도 없었습니다. 그저 우리는 텅 빈 마음에 그를 위한 미사 한 번, 예배 한 번 드리지 못했습니다.

그랬던 그가 요즘 우리 곁에 가끔씩 오는 것을 봅니다. 공해가 너무 심해서 찾아오기 어렵다면서도, 시민논단에 노점상들의 애끓는 소리로, 예배 때는 독사의 자식들아 회개하라는 음성으로, 노동자 여러분 배우고 익히며 단결해야 산다는 외침으로 우리 곁에 오는 것을 봅니다.

이제 한 해를 마무리하고 성탄을 맞이해야 하는 우리에게 그가 오는 것을 봅니다. 그리고 이런 이야기를 합니다. 새해부터는 가난해지자고. 혼자 채우지 말고 나누어 먹자고. 입으로만 주여 주여 하지 말자고 몸으로 기도하라고. 사랑 사랑 타령에 몇 푼 적선하지 말고 진정으로 감싸는 사랑. 훈훈한 사랑을 하라고. 폭력이 해 아래 난무하는 이때에 비폭력으로 대처하라고. 이 땅, 내 땅 하면서 떠들지 말고 이 땅을 위해 작은 씨앗이라도 뿌리라고, 그 옛날의 그 열정들은 어디에 파묻었느냐고 가슴에 맺힌 이야기를 합니다. 그러면서 조용한 미소로써 우리를 감싸고 있는 것입니다.

올해는 그를 위해 하얗게 소복을 하고 간절한 마음으로 제단을 쌓았다면 ……

그가 누구입니까, 묵묵히 십자가를 걸머진 우리 시대의 영원한 젊은이가 아닙니까. 서른세 살의 저 영원한 젊은이의 모습 그 모습 말입니다. 그가 우리 곁에 있습니다. 우리 모두 그를 바라보고 이 혼란의 시대에 힘을 내야 될 거라고, 이 겨울 두 속을 꼭 모아 울먹이며 부르짖어 기도합니다.

엘리 엘리 레마 사박타니.

해마다 12월이 오면 (1993. 12.)

이성훈 안셀모 울톨릭 81

관악산을 울긋불긋 물들였던 단풍이 지고, 매서운 바람이 어깨를 움츠리게 하던 83년 12월 어느 날, 나는 오전 수업이 끝나고 동아리(써클)방에 들어와 말씀의 전례를 준비하고 있었다. 이때 낯선 사람이 들어와 "혹시 한희철 씨를 아십니까?"라고 물었다. "예, 아는데요……" 굳어 있는 표정으로 보아 좋은 일 때문에 찾아온 것이 아니라고 직감한 나는 말끝을 흐리면서 그를 바라보았다. 그는 웃옷 안주머니에서 편지봉투를 꺼내 건네주면서 "저, 한희철 씨가 군대에서 죽었습니다."라고 더듬거리며 말했다. "예? 죽었다고요……?" 나는 서둘러 봉투 속에 담긴 편지를 꺼내 읽기 시작했다. 한 번 읽고 미덥지 않아서 다시 읽고 …… 여러 번을 떨리는 마음으로 읽고 나서도 나는 아무런 느낌도 없이 멍하게 "희철이 형이 죽었다는데……"라고 속으로 중얼거리고 있었다.

10년이란 세월이 지난 지금도 해마다 12월이 되면 그 장면이 기억 속에 생생하게 떠오른다. 나뿐만이 아니라 졸톨릭의 대다수가 해마다 12월이 되면 부족하나마 추모미사를 통해 선배에 대한 기억을 되살리면서 각자의 삶을 돌이켜 보곤 하였다. 그리고 뚜렷한 결실은 없었지만 울톨릭, 또는 졸톨릭 차원에서 무엇을 할 수 있는가를 이야기하곤 하였다. 이러기를 올해로 벌써 10년째이다.

문득 산다는 것 자체가 무겁게 느껴지고, 불확실한 미래의 전망이 나를 답답하게 할 때, 나는 '희철이 형이 살아 있었다면 지금 무엇을 하고 있을까?'라고 스스로에게 묻곤 한다. 죽기 전에 선배가 했던 말에 따르면 아마 벌써 사제가 되었을 것이다. 대학시절 그의 활동을 감안한다면 그는 분명 빈민촌이나 공단 근처의 현장에서 노동사제로서 일하고 있을 것이다. 그리고 졸톨릭 모임에 자주 나타나, 과거 울톨릭 시절에 그러했듯이, 후배들이 흔들리지 않고 예수의 길을 가도록 격려하고 질책했을 것이다. 당시 그 질책이 독단으로 때로는 아집으로 들리곤 했는데 이제는 갈수록 주위에 나의 흔들림을 자신감과 애정을 가지고 꾸짖는 사람을 찾아볼 수 없기에 더욱 선배가 그리워진다.

그는 광야에서 외치는 외로운 목소리였다. 나는 지금도 동아리방에서, 강 건너 막걸리집에서, 녹두거리에서, 신림동의 향백과 순대집에서, 그리고 명륜동의 허름한 소주집에서 약간은 쉰 듯하면서도 힘이 실려 있던 그의 목소리를 듣고 그의 체취를 맡는다. 후배들을 붙잡고 이 땅에서 올바른 예수의 길에 대해서 역설하던 그의 모습을 본다. 그리고 지금은 사라진 낙서장(막글터)에서 나는 나의 굳게 닫힌 가슴을 뒤흔드는 그의 글을 읽는다. 그는 이러한 자신의 행동을 한 장짜리 유서에서 '전 그간 하느님과 민주주의를 믿고 행하며 살아왔습니다. …… 저는 한 사람이라도 많이 민주주의와 경제정의를 이루어 갈 사람을 찾기 위해 뛰어 다녔습니다. …… 저는 현실이 요구하는 비인간적이고 나태한 길을 거역한 사람입니다.'고 술회하였다.

그는 꿈과 한을 떨쳐 버리지 못한 채 우리 곁을 떠났다. 그가 살아 생전에 썼던 글에는 그 꿈과 한이 서려 있고 마지막 글인 유서에서도 그 꿈과 한은 여전히 맴돌고 있다. 어쩌면 그는 20여 년을 간직해 온 꿈과 한을 훌훌 털어 내어 우리 각자에게 나누어 주고 우리 곁을 떠났는지도 모른다. 그만큼 그는 우리가 그의 꿈을 실현하고 한을 풀어 주리라고 믿었다. 그리고 그는 지금 마석 모란공원 한 귀퉁이에 조용히 잠들어 있다. 찾아오는 이 별로 없는 그곳에서 그는 해마다 12월이 되면 우리에게 나타나 자신의 꿈과 한을 기억하게 한다. 어쩌면 그는 아직 못다 이룬 그의 꿈을 잊지 못해, 아직 그를 옭아매고 있는 한을 풀지 못해 해마다 12월에 우리 곁으로 다시 나타나고 있는지도 모른다.

그는 80년대 초 현대사에서 그 어느 때보다 어둠과 빛이 날카롭게 교차되는 시점을 불꽃처럼 살다가 우리 곁을 떠났다. 그는 누구보다도 예수처럼 살고자 했고 그 결과 예수처럼, 아니 예수보다 더 젊은 나이에 죽었다. 작달막한 키와 갸냘픈 체구는 끈질기게 오래 살면서 우리와 함께 예수의 길을 가리라는 믿음을 주었는데 그는 어이없게도 너무 일찍 우리 곁을 떠났다. '하느님의 생각은 인간의 생각과 다르다.'는 말이 이 경우를 두고 하는 말인가?

어둠과 빛이 번갈아 뒤섞이더니 어느덧 나는 90년대를 살고 있다. 나는 부끄러움과 희망으로 80년대를 보냈다. 부끄러움은 지금 무감각과 기억상실증으로, 희망은 불투명한 혼미함으로 변하였다. 그래서 10년이 지난 지금 나는 그를 마음 한구석에서는 부끄러움 섞인 부담으로, 다른 한구석에서는 희망의 불을 되지피는 용기로 기억한다.

나는 그리스도인으로서 예수를 가장 완성된 삶의 전형으로 받아들인다. 예수의 죽음은 그의 삶의 궤적을 볼 때, 필연적 귀결이자 동시에 자발적 선택이었다. 필연과 선택이 어우러진 죽음이었기에 성서는 부활을 이야기한다. 살아있는 삶 없이 죽음 없고 죽음 없이 부활 없다. 죽음이 없는 삶은 의미 없고 부활이 없는 죽음도 의미 없다. 부활은 새로운 차원에서 영속되는 삶이다.

한희철 귀리노(鬼利奴) - 나는 감히 '그는 예수처럼 살았고 죽었고 부활했다.'고 말한다. 그는 현실 안에서 피할 수 없었던 고민과 한계를 괴로워했다. 그러나 피하고자 하지 않았다. 억압받는 민중에 대한 연민과 부정의한 현실에 대한 분노, 그리고 자신의 나약함에 대한 고민 때문에 자책감에 빠지기도 했다. 어쩌면 그는 가장 인간적인 삶을 살았기에 역설적으로 나는 예수보다 더 가깝고 친근하게 그를 맞이한다. 그는 나 대신 먼저 죽었지만 나보다 먼저 하느님 곁에 살고 있다.

올해도 대림절 기간인 12월에 졸톨릭은 그를 추모하는 미사를 봉헌한다. 대림이란 예수의 탄생을 기다리면서 예수가 이 땅에 태어난 의미를 되새기는 기간이다. 성서에 기록되었듯이 예수가 이 땅에 다시 오는 날, 즉 재림은 역사의 끝인 종말을 의미하기도 한다. 그리스도인에게 종말은 두려움보다는 희망을 상징한다. 파국보다는 역사의 완성을 의미하기 때문이다. 희철이 형과 내가, 우리 졸톨릭 식구 모두가 둘러앉아 지나온 삶과 역사를 이야기하면서 막걸리를 주고받는 바로 그날이 우리 울톨릭과 졸톨릭 역사가 끝맺고 완성되는 날이다. 그날이 언제 어떻게 올 지는 아직 아무도 모른다. 그러나 그날은 반드시 온다. 그날을 몹시 그리워하며 93년 12월을 맞이한다.

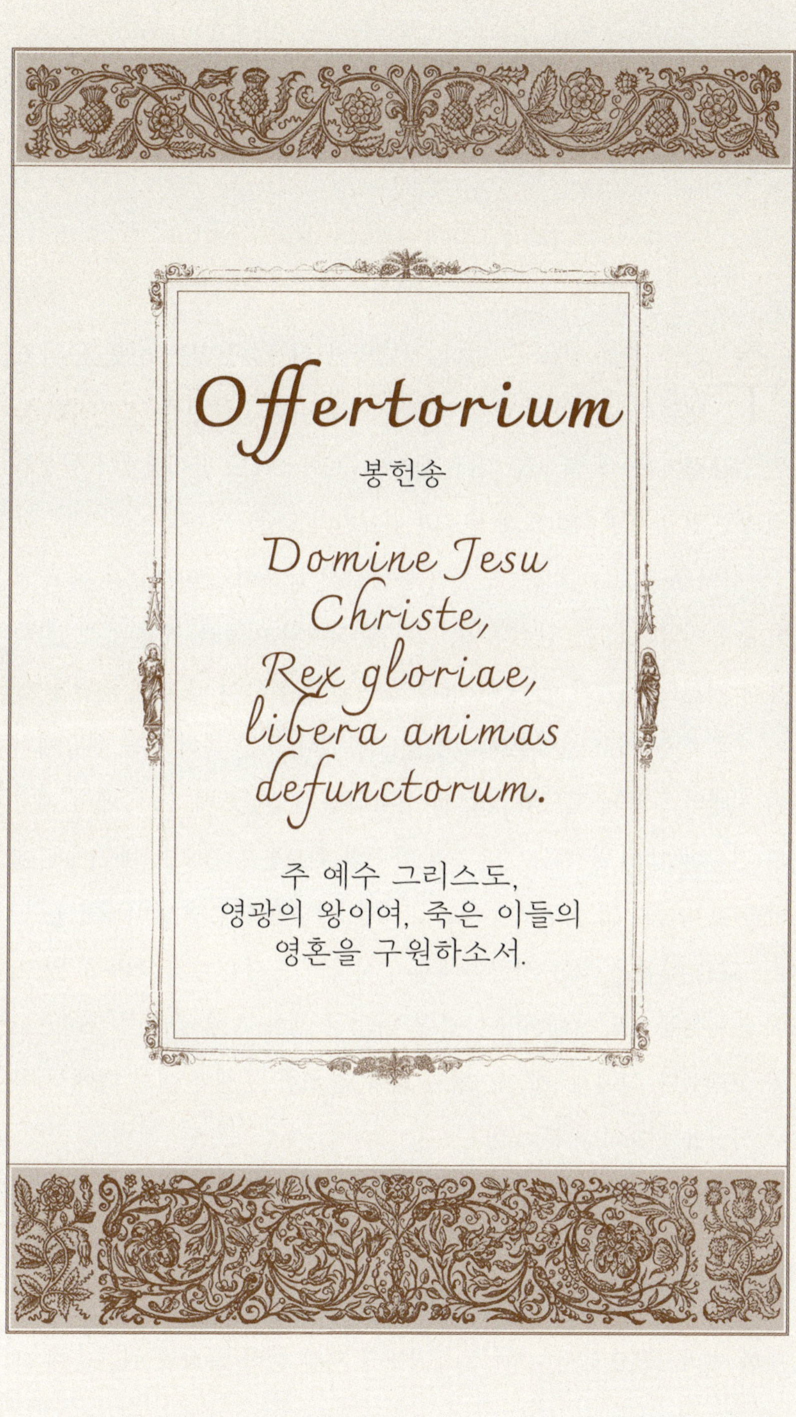
Offertorium
봉헌송

Domine Jesu
Christe,
Rex gloriae,
libera animas
defunctorum.

주 예수 그리스도,
영광의 왕이여, 죽은 이들의
영혼을 구원하소서.

우리는 결코 잊을 수 없다. 작달막한 키, 깊이 있는 눈웃음, 다소 병약해 보이던 몸집, 살색으로 변해 버린 고무신을 끄는 지친 듯한 걸음걸이, 훌쩍 학교를 떠나 경춘선 구간의 어느 간이역에서 헐렁한 제복을 입고 흥얼흥얼 노래 부르던 집표원의 모습…

한희철(귀리노) 형제는 민중의 아들로서 묵묵히 살아가고자 한 평범한 젊은이였다. 그는 양심의 눈으로 이 시대의 어둠을 꿰뚫어 보고 죽음이 지천으로 널려 있는 이 땅에 살아남기 위하여 죽음의 근원을 찾아 어둠 속을 차고 들었으며 그것을 고발했다. 그는 특히 노동 현장에서 이 시대의 죽음의 밀도와 중량을 심각하게 체험했으며, 그 속에서 예수의 진실된 삶을 발견하고, 예수의 따뜻한 위로를 느꼈으며 예수에게 매달렸다. 나아가 그는 무모할 정도로 작은 예수가 되고자 발버둥쳤다.

그는 아픔을 겪는 사람들에게서 사랑의 손길을 결코 거두지 않고, 이들과 온몸으로 부대끼며 아픔을 나누는 생활 속에서 예수 그리스도를 고백했다. 그에게 예수는 빵과 자유를 위한 투쟁과 실천 속에서 참된 사랑을 선포하신 분이었다.

그는 "현실이 요구하는 비인간적이며 나태한 길을 거역"했으며 "이 땅에 민주주의와 경제정의가 이루어지길" 갈구하면서, "한 사람이라도 많이 민주주의와 경제정의를 이루어 갈 사람을 찾기 위해" 뛰어다녔다. 또한 크리스천으로서, 그는 독재정권에 의한 권력 독점과 빈자들에 대한 경제정의 부재 속에서 있을지도 모를 공산주의 사상과 항시적인 전쟁의 위협에 대해 깊이 걱정했으며, "민중들을 서로 죽이도록 이간, 선동"할 가능성이 있는 "모든 부분적 사상에 대해서 엄중히 경고하고 있다. 또한 동시에 민주주의는 독재를 용서하는 것이 아니라"는 것을 그는 확신하고 있었다.

그러나 그는 결국 자신의 죽음으로써 이 어두운 죽음의 시대에 항거했다. 그는 이 죽음은 우리에게 이 시대의 어둠과는 애당초 한 치의 타협도 불가능하며, 한 줌의 은밀한 행복도 존재할 수 없다는 엄연한 진리를 가르쳐 주고 있다. 그가 그토록 다짐하던 사제의 길마저 이 시대의 어둠은 허락치 않았다.

여기에서 우리는 지금까지도, 가족에 대해 그토록 염려하던 그가 왜 "하느님과 이웃 형제들의 사랑에 가족을 맡기고" 갈 수 밖에 없었는가를 되묻게 한다.

한희철, 그는 여전히 믿어지지 않는 죽음을 두고 여기에 살아남아 있는 우리가 더욱 큰 분노와 부끄러움을 느끼는 것은, 이 시대가 가장 순수한 양심에게 가장 먼저 죽음을 강요한다는 사실 때문이다.

우리가 그를 사랑하는 만큼 우리는 그가 왜 죽어야 했는지 분명히 알아야 한다.

그리고 이제 희생은 한희철 형제의 죽음으로 끝내야 한다.

더 이상 어느 누구의 죽음을 통해 그가 또다시 죽어야만 하는 불행은 없어져야 한다.

사랑하는 귀리노 형제의 죽음을 이토록 가슴 아프게 움켜쥔 우리들의 책임이다.

1984년 3월 29일

한희철 (귀리노) 형제의 죽음을 추모하며

가톨릭 대학생 일동

5주기 추도사● 의문사 진상 규명 투쟁에 동참하자!!!

오는 12월 11일은 본교 기계설계학과 재학 중 군에 입대하였다가 83년 근무하던 부대에서 의문의 죽음을 당한 고 한희철 학형의 제5주기 기일이다.

… 중략 …

이와 같이 엉뚱한 이유를 끌어대어 사건을 은폐, 조작해 버리는 작태는 비단 한희철 학형의 경우뿐만 아니라 대부분의 의문사 사건에서 보여지는 해당 권력기관인 바, 공권력에 의한 타살의 가능성에 대한 우리의 의문을 더욱 크게 한다. 한희철 학형 외에 본교생으로서 의문사에 해당하는 5명의 학우들도, 김성수(지리 86)는 '성적 비관'을 이유로, 김용권 학형(경영)은 '애인 문제'로 자살했다고 발표하는 등 터무니없는 조작으로 억울한 죽음이 매도되고 있다. 이러한 현실 앞에서 의문사 피해자의 유가족들은 자식들의 누명을 벗겨야 한다는 바람과 함께 이러한 죽음의 진상이 만천하에 드러나지 않는다면 억울한 죽음이 계속 발생하리라는 확신 아래 자신들의 진상규명 투쟁이 현 정권의 폭력을 고발하고 무고한 죽음을 근절시키는 데 일조하리라는 결의로서 지난 10월 17일부터 지금까지 계속 KNCC에서 농성하면서 갖가지 통로를 통해 치열하게 투쟁하고 있다. 실제로 가족들은 이 투쟁을 진행하는 과정에서 자식들을 죽음으로 몰고 간 현실의 폭압을 몸소 체험함으로써 죽은 자식들을 이해하고 그 누구보다 가열찬 투쟁의 의지를 불태우고 있다.

그러나 광주에서, 삼청교육대에서, 군대에서 그리고 지하 고문실에서 8천여 명의 무고한 국민이 묵숨을 잃어야만 했던 제5공화국 시대를 개막한 공범이자 그 계승자인 현 노태우 정권은 박종철 열사의 죽음이 몰고 온 거대한 6월항쟁의 체험에서 교훈을 얻은 바 있기에 현재 35명이나 고발되어 있는 의문사 사건을 철저히 은폐하고 진상규명 투쟁을 탄압하고 있다. 두 달이 가까워 오는 유가족들의 농성에 대해서 매스컴은 입을 다물고 있으며 지난 11월 14일에는 미대사관 사제폭탄 투척 사건 재판을 참관하던 중 판사가 심리도 끝나지 않은 상황에서 미리 구형량을 메모한 종이를 가지고 있던 것을 안 민가협 회원들이 구호를 외치며 항의하자 이들을 연행, 그중 유독 의문사 유가협 어머니들만 석방하지 않고 온갖 폭력을 다하여 강제 구속시키는 중에 대부분의 일간지들이 일제히 사실을 왜곡, 마치 유가족들이 부당한 법정 소란을 일으킨 듯이 보도하는 작태를 보였던 것이다.

그리고 유가족들이 혹시나 하며 숨죽이고 지켜보았던 국정감사 기간에도 그 어떠한 부정비리 사건보다 먼저 규명되고 처벌조치가 가해져야 할 의문사 부분은 정부 측의 일관된 발뺌과 억지로 아무런 진전 없이 종결되고 말았다. 감사위원이던 모 국회의원이 "보안사나, 안기부의 벽은 아직도 높다."라고 말했다지만, 파쇼정권의 유지를 위한 그러한 폭압기구와 더불어 마치 철의 장벽으로 가려진 내부의 모든 일이 보안으로 은폐되고 있는 육십만의 군대도 그 비민주적 권위주의, 폭력체계 때문에 이 땅 청년들의 몸과 마음을 너무나 쉽게 짓밟는 곳으로 존재하고 있다. 상사의 폭력 앞에서 무참히 쓰러져 간 것으로 확신되는 의문사도 여러 건이 되는 실정이다.

그리고 이러한 무고한 죽음과 인권의 박탈이 국가보안법, 사회안전법 등에 의해 승인되고 공공연히 정당화될 수 있게 뒷받침되는 측면도 우리는 간과할 수 없다. 실제로 이러한 비민주적 폭력기구들과 악법이 존재하는 이상, 유가족들의 말처럼 이 땅에서 억울한 죽음의 재생산은 없어지지 않을 것이다. 한희철 학형이 단지 일개 수사관이나 상관에 의해 죽임을 당한 것이 아니라, 이 땅의 전 민중을 억압하는 독점자본과 한 줌의 지배권력이 현재의 체제를 유지하기 위해 휘둘러진 독재권력의 만행에 의해 쓰러져 갔듯이 우리 자신도 언제 무슨 일로 파쇼의 폭력 아래 짓밟힐 지 모르는 것이다.

더 이상 죽음이 없게 하기 위해 나와 내 친구 그리고 내 가족을 지키기 위해 우리는 이들, 의문사를 철저히 밝혀내야만 한다. 모든 통로를 통해 우리가 알고 있는 의문사를 전 국민에게 알려 나가고 모든 투쟁의 장에서 의문사 진상규명을 촉구해 내자. 외로이 투쟁하는 유가족과 함께 진상규명 투쟁에 떨쳐 일어서자.

죽는 것도 억울한데 은폐조작 웬 말이냐!
의문사 진상규명을 위한 국회특위 소위원회를 즉각 구성하라!
의문사 진상규명을 위한 국회 청문회를 즉각 개최하라!
고문조작 의문사 살인 보안사 안기부 해체하라.
민주화운동 탄압도구 국가보안법 철폐하자!
의문사 진상규명 살인정권 타도하자!

1988년 12월 8일
서울대 민주열사추모사업회, 서울대 가톨릭 학생회

3) 의문사 진상규명 투쟁에 동참하자!
- 고 한희철 학형의 5주기를 맞으며

한희철 민주열사의 영혼이 오늘 우리의 가슴속에 되살아나기를 기원합니다. 암흑의 땅 한반도에서 많은 열사들이 어둠을 밝히고자 몸부림치다 숨져 갔습니다. 그중에서도 민주화의 횃불을 높이 들고 달려가던 우리들의 선배, 우리들의 벗, 우리들의 가족인 한희철 열사의 모습, 그리고 그의 죽음을 잊지 못합니다. 결코 잊을 수 없습니다.

아직도 이 땅에서는 열사를 죽음으로 몰고 간 자들이 군림하고 있습니다. 그들은 과거에는 우리의 벗들을 죽여 자신의 권좌를 지탱했고 지금은 우리의 형제를 제물로 삼고자 합니다. 그들은 마치 제 놈들은 결백한 듯이 과거의 비리를 청산한다고 떠들지만 그 일당의 손에는 조국의 자주화와 민주화를 갈망하던 벗들의 피가 그대로 묻어 있습니다. 그들은 민주열사의 죽음에 대한 진상이 드러나 자신들의 죄과가 세상에 널리 알려질 것을 두려워한 나머지 의문사 사건을 철저히 은폐하고 진상규명 투쟁을 탄압하고 있습니다. 국정감사 기간에도 가장 먼저 규명되어야 할 의문사 부분은 정부 측의 일관된 발뺌과 억지로 인해 아무 진전 없이 종결되고 말았습니다.

무엇보다도 한스러운 것은 안기부, 보안사를 비롯한 폭력적 억압기구들이 엄연히 버티고 있고, 국가보안법, 사회안전법 등의 온갖 악법이 여전히 국민들을 짓누르고 있습니다. 노태우 일당들은 자신들의 죄를 꿰뚫어 보는 그 누구라도 철저히 탄압하고자 이 모든 폭압의 도구들을 목숨을 걸고 지키고 있습니다. 이같은 악법과 폭압기구가 존재하는 한, 군대에 있는 벗들의 생명은 보장될 수 없으며, 아침에 나간 가족의 귀가를 보장할 수 없습니다.

이제 우리는 살아남아 있는 자의 의무로서 열사들이 못다한 싸움을 계속해 나갈 것이며, 더 이상 군사독재의 발톱이 우리의 벗들을 죽음으로 몰아넣지 못하도록 해야 합니다. 열사여! 해방의 그날에 편히 잠드소서.

의문사 진상규명 살인정권 타도하자!
고문조작 의문사 살인 보안사 안기부를 해체하라!
민주화운동 탄압도구 국가보안법 철폐하자!

1988년 12월 9일
서울대 민주열사추모사업회, 서울대 가톨릭학생회

4) 1988년 5주기 추도사

울 방에 걸려 있는 희철이 형을 보고 산 지 벌써 2년이 다 되어 갑니다. 그동안 울톨릭에서 있던 많은 일들이 머릿속을 스칩니다.

매년 돌아오는 희철이 형 추모제를 관성적으로 준비하지 않기 위하여 울톨릭은 최선을 다해 왔습니다.

대학생의 소중하고 따뜻한 양심을 지켜 주시는 형의 사진은 늘 울방을 따뜻하게 합니다. 그리고 늘 우리를 부끄럽게 합니다. 그리고 매년 우리는 우리 마음속에 희철이 형을 모시면서 성숙해집니다. 올해는 유난히도 추운 겨울. 희철이 형을 생각하는 우리는 이웃의 가슴 위에 머리 위에 덮인 눈을 따뜻한 양심으로 녹여줍니다. 그리고 또 한 번 따뜻한 가슴들이 모여 울톨릭의 넓은 가슴이 됩니다.

그 넓은 가슴은 희철이 형의 가슴과 같습니다.

1988년 12월 11일

서울대학교 가톨릭학생회

5) 결의문
- 7주기 추도사

스산한 바람과 함께 다가오는 겨울, 그리고 파쇼의 억압이 계속되고 있는 이 겨울에 우리는 오늘 바로 이 자리에서 故 한희철 열사를 기억하고 있습니다.

7년 전 오늘 새벽 바람과 함께 울리는 총소리에 이 땅을 떠나신 한희철 열사. 하지만 아직도 열사의 죽음의 진상은 밝혀지지 않았고 열사를 죽게 만든 장본인은 이 땅에 버젓이 살아 또 다른 사람을 죽이고 있습니다. 단지 열사 혼자뿐이겠습니까? 김성수 열사, 김용권 열사 등등 …. 이 한반도 곳곳에서 알게 모르게 의문사 당하신 수많은 열사분들의 死因 진상규명은 되지도 않은 채 오히려 그러한 것들이 알려지는 것조차 두려워하는 무리들에 의해 은폐, 조작되고 있습니다.

그동안 소위 녹화사업을 통해 수많은 우리 선배들을 탄압하고 죽인 장본인인 보안사는 민간인 사찰이라는 어처구니없는 짓까지 벌이고 있었습니다. 보안사, 그보다 더한 안기부, 치안본부에서는 아직도 밀실 고문이 자행되고 있습니다. 시대에 역행하는 국가보안법을 비롯한 악법들은 시퍼런 칼날로 변해 아직도 남아 있습니다. 이것은 현 정권의 부도덕성뿐만 아니라 그 본질을 적나라하게 보여 줄 따름입니다.

범죄에 대한 전쟁 선포 후 노동운동, 학생운동 등의 민중운동에 대한 탄압의 칼날은 세찬 칼바람을 일으키며 휘둘러지고 있습니다. 많은 학우, 우리의 동지들이 끌려갑니다. 농업 등 많은 부문의 파탄을 가져올

UR협상, 수입 개방 압력에 미국의 압력을 못 이기는 체하며 응하고 있습니다. 이 파쇼의 지배체제를 유지하기 위하여는 한 치의 민주화 교육도 용납할 수 없기에 교육악법과 임용고시제를 서둘러 만들고 있고, 내각제 개헌으로 장기집권 음모를 꾸미고 있습니다. 미제가 지배하고 독재정권이 장악하고 있는 군대는 한반도의 긴장을 격화시키고 민족해방, 조국통일에 걸림돌이 되는 미제국주의의 안정적 식민지 지배와 독재 연장의 수단이었습니다. 바로 우리는 이러한 것들에서 우리들이 할 일을 찾아냅니다. 열사의 뜻을 찾아냅니다. 그리고 투쟁합니다.

우리는 한희철 열사를 기억합니다. 관악의 15인 열사를 기억합니다. 그리고 이 땅의 진정한 민주·민중 세상을 위해 투쟁하다 돌아가신 수없이 많은 열사들을 기억합니다. 이제 그분들의 뜻은 우리의 현실적인 힘이 될 것입니다. 열사를 죽인 무리들, 지금 우리의 목을 죄어오는 무리들, 그들을 박살내는 현실적 힘으로써 우리에게 다가올 것입니다. 이 땅 한반도의 반만년 역사는 억압과 착취와 그에 대항하는 민중의 투쟁으로 얼룩져 있습니다. 우리는 아직도 민중이 주인된 역사를 가지지 못했습니다. 하지만 똑똑히 알고 있습니다. 역사의 흐름은 민중의 의지에 의해 뒤바뀌어 왔고 지금도 그렇게 되고 있다는 것을. 이 땅 한반도에 도도히 흐르는 민중의 역사 속에서 수없이 죽어간 열사들의 뜻을 살려 참 민주 · 민중 세상을 건설할 것입니다.

열사여 고이 잠드소서, 그대가 못다 이룬 것을 우리가 투쟁으로 이 루겠습니다.

열사의 뜻 이어받아 보안사를 해체하고 노태우 정권 타도하자!!!
민중생존 압살하는 노태우 정권 타도하자!!!
살인정권 · 고문정권 노태우 정권 타도하자!!!
내각제 개헌 장기집권 음모 노태우 정권 타도하자!!!
의문사 진상규명 군대의 민주화 보장하라!!! ▨

1990년 12월 11일
서울대 가톨릭학생회•기계설계학과 학생회

6) 울톨릭과 희철이 형을 사랑하시는 모든 선배님들께

선배님들 안녕하셨습니까? 선배님들께서 피와 땀으로 일구어 오신 사랑의 공동체 울톨릭이 15대째에 들어선 지도 벌써 한 달이 지났습니다. 그동안 많은 변화와 발전을 해 온 지금, 울톨릭 활동의 주체는 90학번(2학년)과 91학번들입니다. 지금까지의 활동을 평가하면서 커다란 문제점의 하나로 지적된 것 중의 하나가 졸업하신 선배님들과의 단절적인 관계였습니다. 이 문제를 이제는 구체적인 실천으로 극복하려고 합니다.

먼저 현재의 선배님들과 저희들의 관계를 보면 1년에 단 한번뿐인 '울톨릭 오는 날(Home Coming Day)'에 모이는 것을 빼고는 서로의 공감대를 형성할 수 있는 기회가 거의 없는 실정입니다. 총회도 추모사업도 선배님들과는 무관하게 진행되고 겨우 농활 때 돈 받으러 다니는 일 정도밖에는 '만남'이라는 것이 거의 존재하지 않았습니다.

이번에 한희철 열사 추모사업을 계기로 선배님들과의 '만남' 그 자체를 많이 가지려 합니다. 봄의 '울톨릭 오는 날(Home Coining Day). 5월 5일', 가을의 '울톨릭 총회. 9월초',겨울의 '희철이 형 추모제. 12월 13일'를 선배님들과 함께 모여서 선배님들의 삶의 모습을 배우고 깨닫는 장이 될 수 있도록 하려 합니다. 그 외에도 선배님들과의 공감대를 넓히기 위해서 저희들의 활동 내용과 고민의 흔적이 담긴 「회지 머릿돌」을 꼭 보낼 수 있도록 하고요, 농활 때랑은 직접 찾아뵈면서 도움도 받고요.

암울했던 시대를 몸으로 겪으면서 지내 오신 여러 선배님들에 비해서 지금의 저희들은 너무 안이하게 살고 있지는 않나 하는 두려운 생각이 들기도 합니다. 하지만 나름대로 올바른 신앙인의 삶이란 진정 어떻해야 하는가에 대해서 진지하게 고민하는 저희들의 생각도 선배님들과 공감할 수 있는 부분이 분명히 있을 거라고 믿습니다.

하느님의 정의와 평화를 이 땅에 실현시키려는 작은 하느님 나라인 울톨릭이 언제나 선배님들과 저희의 가슴에 큰 빛으로 남기를 기도드립니다.

단순, 무식, 과격의 기치 높이 든

제15대 울톨릭 드림

7) 11주기 추도사

철이형이 돌아가신 지도 이제 만 11년이 됩니다. 형의 죽음도 이제는 많이 잊혀져 가고 있습니다. 하지만 우리가 결코 잊어서는 안 될 것은 형의 치열하고 따뜻했던 삶과, 스스로 원하지 않았던 시대에 의한 부당한 죽음입니다.

형은 민주주의와 경제정의라는 시대의 문제를 늘 민중의 편에서 고민하면서 실천하는 지식인의 표상이셨습니다. 지금 우리의 삶은 어떻습니까? 현실에 안주하는, 그리고 쉽게 포기하는 모습입니다. 뜻을 같이하는 동지를 모으기 위해 뛰어다니셨던 형의 모습에서 우리의 삶을 적극적으로 반추하는 것, 이것은 형을 되살리는 것이며, 진정한 의미로 열사를 생각하는 방식이 될 것입니다.

그러나, 이것만으로 형을 생각하는 완전한 방식이라고 보기는 힘듭니다. 그 당시 상황에 대한 깊은 고민과, 현재적 의미 해석은 반드시 병행되어야 할 것입니다. 12·12라는 군사반란을 통해 정권을 잡은 집권세력들을 5·18을 거쳐 권력을 확고히 하고 모든 사회를 통제하기 시작했고, 녹화사업도 그것의 일환으로 실시된 것입니다. 녹화사업의 희생자인 희철이 형 또한 조금만 거슬러 올라간다면 군사반란과 광주학살을 통해 권력을 잡은, 인간에 대한 기초적인 개념조차 없는 정권에 의해 희생되신 것입니다.

이제 현재로 돌아와 봅시다. 12·12를 군사반란이라고 규정하고도

기소유예라는 기형적인 판결이 우리 앞에 다가와 있습니다. 이것은 형의 죽음에 대한 평가와 결코 분리되어 생각될 수 있는 문제가 아닙니다.

열사의 죽음이 과거의 사실이라면, 그분의 삶과 죽음의 현재적 해석과 대응은, 뒤틀린 역사를 바로잡기 위한, 우리의 남은 책임이자 소명일 것입니다.

1994년 12월 9일

서울대학교 가톨릭학생회 • 공과대학 기계설계학과 학생회

8) 12주기 추도사

울 방에는 십자가가 두 개 벽에 걸려 있습니다. 초췌한 얼굴, 앙상히 뼈만 남은 예수님이 그중 하나에 걸려 계십니다. 못에 뚫리고 가시관에 찢겨서인지 예수님의 몸은 녹슨 못과도 마른 가시덩굴과도 같은 마른 갈색입니다. 또 하나의 십자가는 어떤 남자가 가리고 있습니다. 예수님 얼굴처럼 여윈 그의 얼굴에는 수심이 그득하고 촌스런 머리를 하고 후줄근한 옷을 입고 있습니다.

그는 우리에게 금붕어가 되라 합니다. 어항 속에서 사람하며 사는 금붕어가 되라 합니다. 그는 우리에게 고래가 되라고 합니다. 수족관에 갇혀서 숨 막혀 죽지 말고 유리벽을 깨고 바다로 나가라 합니다.

그는 금붕어로 살다가 고래로 살다가 마침내 꿩이 되었습니다. 꼼짝할 줄 모르는 쇠종에 머리를 부딪혀서인지, 칠흑 같은 밤을 갈라서인지 남자는 검은 사진 속에 있습니다. 남자가 가리고 있던 십자가는 사실 그의 등 뒤에 얹혀 있습니다. 그래서 울방에는 십자가가 둘입니다. 그리고 울방에 사람이 한 명 있으면 십자가는 셋입니다. 또 한 명이 오면 넷, 또 한 명은 다섯 ……하지만 모두 모이면 십자가는 하나입니다.

일시 : 1995년 12월 11일 6시 30분

장소 : 학생회관 2층 라운지

주최 : 가톨릭학생회 • 기계설계학과 학생회

9) 15주기 추모식 자료집 발간사

올 해는 우리 동아리가 한희철 열사 15주기 추모제를 맞이하였습니다. 희철이 형 추모제 나이가 15살이듯 우리 동아리의 성숙이 15이나 된 것 같습니다. 희철이 형이 저희 동아리의 정체성과 신앙인의 자세를 몸으로 가르쳐 주셨으니 말입니다. 5일 희철이 형 부모님을 찾아 뵈면서 많이 배우고 왔습니다. 희철이 형 부모님의 쓸쓸한 표정, 희철이 형 누님과 동생의 역사에 대한 관점을 보면서 많이 놀랐습니다. 책으로 아는 게 아니라 몸으로 느끼시며 사시는 분들의 건강함을 또 한번 절실히 느꼈습니다. 올해는 유난히 쓸쓸한 겨울이 됩니다. 실직자분들, 정지 수배자분들은 또 힘든 나날을 보내야 합니다. 며칠 전 조계사에서 농성 중인 정치 수배자분들이 무기한 단식 농성에 들어간 것을 보고 참 마음이 아팠습니다. 성숙해져 가는 울톨릭을 보면서 가슴이 뿌듯합니다. 희철이 형 추모제를 맞이하면서 22대 울톨릭이 또 한번 거듭나길 기도합니다. 자꾸 성숙해지는 울톨릭 성원들의 작은 소망이 이루어지는 날이 기다리면서 저도 또 한번 마음을 추슬러야겠습니다. 다 쓰고 보니 글이 앞뒤가 안 맞는군요. … 암튼 참 복음의 간절한 소망을 작게 작게 일구어 가는 울톨릭이 그리고 희철이 형을 또 한번 우리 마음에 모시는 겸손함이 자랑스럽습니다. 희철이 형을 모시는 우리 울톨릭의 떳떳한 모습에 감동하면서…

1998년 12월 7일 정필구 삼손

10) "해마다 그를 부활시키자!"
- 한희철 묘의 15주기에 부처

강성준 사무엘 서울대학교 가톨릭학생회 94학번

1. 들어가며

며칠 전, 한 후배에게서 희철 묘의 15주기를 맞아 글 한 편 써달라는 부탁을 받았습니다. 아마도, 추모 자료집에 들어갈 지도 모르는 선배들의 글, 그중에서도 아직 졸업하지 않은 사람들의 글이 되겠지요. 아마도 이런 종류의 글은 담담하게 자기를 성찰할 수 있는 사람, 희철 묘의 삶을 올곧게 성찰할 수 있는 사람이라야 쓸 수 있을 겁니다. 그래서 지난밤. 이 글을 쓰기 시작한 그 밤에 저는 컴퓨터만 켜 놓고 아무 글도 쓰지 못하고 술만 마실 수밖에 없었나 봅니다. 글에 자신을 담을 수 있으려면, 자신의 모습을 돌아보고 거기서 역겨움을 느끼고, 그런 역겨움을 글로 표현할 능력도 갖추고, 게다가 그런 추함을 내보일 만한 용기까지 3박자를 갖추어야 할 텐데, 아직 그러지 못한가 봅니다. '무슨 글을 쓸까?'를 고민하는 것이 아니라 '포기할까, 말까?'를 가지고 고민했으니까요.

나름대로 자존심이 있는 제가 왜 이렇게 되었는지 비참하기만 했습니다. 그러다가 문득 든 생각이, '묘을 알고 난 처음부터 지금까지 묘의 삶이 내 삶에 어떤 의미가 있을까?' 하는 것이었습니다. 종종 묘을 생각하며 울기도 했지만 그것은 억울하게 죽은 사람에 대한 안타까움 이상은 아니지 않았는지. 자료집에 있는 묘의 글을 볼 때도 어떻게 하면 묘의 생각을 잘 이해할 수 있을까 생각하지 않고, 맘에 드는 구절은 없는

지 눈에 불을 켜지는 않았는지. 그리고는 쉽게 부끄러움을 느끼고.

　게다가 우리가 몸담고 있는 울톨릭도 특별히 다르지는 않아 보입니다. 희철 兄에 대한 회상이 한 인간에 대한 회상이 아니라, 지금 어떤 의미를 가지는지에 대한 행복한 고민이 아니라, 해마다 12월이면 기말고사와 함께 다가오는 부담 가는 사업은 아닌지요. 兄은 80년대 엄혹했던 시절을 대표하는 역사 공부의 소재로 전락한 것은 아닌지요. "지금 현실이 그 시절과 다르지 않게 엄혹하므로 그리 살아야 한다"는 단순한 메시지만 남기는 사업은 아닌지요. 그러함으로써 추모사업은 십수 년 전 한 선배와 오늘의 우리를 연결시키는 것이 아니라, 정확히 따로 떼어놓게 한 것은 아닌지. 그럼으로써 우리는 점점 兄과 멀어져 가는 것은 아닌지.

　더 이상 희철 兄과 나(또 다른 나인 우리), 그리고 울톨릭이 따로 놀아서는 안 되겠다는 생각이 바로 고통스럽지만 이 글을 쓰는 이유입니다.

2. 兄을 생각하며

兄은 실제로 어떤 사람이었을까요? 저는 잘 모르겠습니다. 글을 쓰는 저나, 아니면 이 글을 읽게 될 울톨릭 후배님들이나 직접 兄을 본 사람들은 아니니까요. 작은 키에 별로 건강하지 않았을 것 같고, 술 먹다가 깽판치기도 했을 것 같고, 사랑하는 사람 때문에 괴로워하기도 했을 것 같습니다. 하지만, 죄다 상상이지요. 그럼에도 여기서 兄을 생각할 수 있는 것은 兄의 인상을 지워버리지 못하고 있는 그 시절 선배들 덕분입니다. 그리고 몇 년 전까지 울톨릭 잡기장-막글터에 붙어 있었다던 兄의

육필 덕분이지요. 잡기장이 다 차서 바꿀 때마다 그다음 잡기장으로 옮겨지곤 했다던 편지글, 메모글, 막글터 글 말입니다.

2.1 짧은 약력 속의 兄

약력 속의 兄은 너무나 간단합니다. 그 시절 성적 좋은 학생들이 몰렸다는 철도고등학교에 다니셨고, 입학 후 1년 후에 기계설계학과로 진입하셨고, 소모임 장을 하시다가 4학년 휴학 후에 성남시 대학생회나 YMCA 등에서 활동하셨고, 연합회와도 끈을 가지고 계셨고 등등. 그러다 군대로 가셨고, 거기서 제대 직전에 보안사로 연행, 전기고문, 의문사. 잇따른 항의. 몇 년 후 청문회에서 의문사 문제제기. 그리고 지금까지 아무런 진상규명도, 피해보상도 없는 상황.

2.2 자살이냐? 타살이냐?

예전에, 兄을 처음 알았을 때는 그랬습니다. 과연 兄의 죽음이 자살일까? 타살일까? 차라리 타살이라면 문제제기할 것이 많지 않을까 하는 철없는 생각을 할 때도 있었습니다. 자살이면 그 사람의 의지가 그만큼 약했기 때문은 아닌가. 하지만, 그동안 꽤 많은 죽음을 보다 보니 생각이 바뀌었습니다. 어떤 죽음은 정말 그 사람의 의지와는 다르게 오지 않는가, 덮치는 것이 아닌가 하는 겁니다. 한 사람의 힘으로는 지탱하기 힘든 극한 상황이란 것이 있는 것이겠지요. 게다가 그 상황이 국가권력이라는 이름, 군대라는 합법화된 무력, 인간을 피폐하게 만드는 고문과 결부된다면 더욱 감당하기 힘든 것이겠지요. 그래서, 자살이냐 타살이냐라는 물음은 중요하지 않겠습니다.

2.3 녹화사업, 고문, 의문사

그 극한 상황이란 것이 어떤 것인지 생각해 봅시다. 80년대 초 · 중반 쿠데타 정권-전두환 정권은 그 시작만큼이나 폭력적으로 반발세력을 탄압했습니다. 그 와중에 양심적인 지식인들, 대학생들의 항거를 탄압하는 방법 중의 하나가 바로 녹화사업이었습니다. 시위 등으로 연행된 학생들을 캠퍼스로부터 추방하는 효과적인 방법이 강제로 군대로 보내고 거기서도 감시하는 것, 새빨간 학생들을 새파랗게 만드는 녹화사업이었던 것입니다. 희철 兄도 그런 사회적 분위기 아래에서 군대라는 고립된 공간에서의 감시와 협박, 고문 등에 의해 희생당했던 것입니다. 광주의 수천 민중들의 피를 제물 삼아 체육관 선거로 정권을 잡았던 군사정권은 한 인간을 그리도 쉽게 타살할 수 있었기에, 살인정권이라는 호칭을 받았던 것이지요.

2.4 진상규명마저도 힘든 일인가?

이제, 시대가 바뀌었답니다. 군사정권이 국민적 항쟁으로 물러나고 의사-非군사정권을 지나 두 번째 민간정권을 맞았습니다. 87년 항쟁을 거친 후 청문회 정국에서도 의문사 문제는 거론되기는 했으나 해결되지는 않았습니다. 몇 년 후 쿠데타 세력과 영합한 김영삼 정권 하에서도 해결되지 않은 것은 당연한 일이었지요. 그리고 15년째 되는 올해, 50년 만의 정권교체 첫해, 열사들의 명예회복과 의문사 진상규명에 대한 요구가 거세게 일었고 다소나마 희망을 가지게 되었습니다. 앞으로 어찌될지는 모르는 일이지만, 이번에야말로 의문사에 대한 진상규명과 고문 책임자에 대한 처벌 등 군사정권의 완전한 청산이 이루어졌으면 합니다.

2.5 하지만, 찜찜한 것 한 가지

앞으로 어느 때에 희철 兄 죽음의 진상이 밝혀지고, 죽음이 역사 안에서 올바른 자리를 가지게 되는 때가 오더라도 어쩐지 찜찜한 것 한 가지가 남을 것 같습니다. 결코 쉽지는 않을지라도 兄의 죽음이 정리된다 하더라도 한 가지 답답한 것은 떠나지 않을 것 같습니다. 그것은 바로 울톨릭의 모습입니다.

兄의 죽음에 대한 자리매김이 되고 난 후에, 아마도 우리 후배들은 기뻐할 것입니다. 兄을 알고 있는 사람들이 모두 기뻐하겠지요. 하지만, 한 가지가 찜찜하게 남는다면 속 시원하게 잔치를 벌이지는 못할 겁니다. 영혼의 존재에 대해 신뢰하지는 않지만, 죽은 兄의 육신 이외의 무엇이 남아 있다면 그는 기뻐하는 우리를 보고 '내가 원한 것은 이것이 아니었는데'라고 한탄할 듯합니다. 바로, 兄의 삶을 지탱해 주었던 여러 가지 중에 하나, 바로 재학기간이나 휴가 나왔던 기간에 울톨릭 후배들에게 했던 질책이 남아 있기 때문일 겁니다. 말 못하는 지금에도 말하고 싶은 무언가가 남아 있을 것이기 때문입니다. 이 글을 계속 써야 하는 이유도 그런 염려 때문입니다.

3. 兄을 다시 생각하며

이제, 兄을 다시 생각해 봅니다. 단순히 군사정권 시절의 희생양으로만 존재했던 분, 열심히 사셨던 분 등등의 이미지에서 벗어나 兄의 말 한마디 한마디에 주목해 봅시다.

3.1 시대와 예언자 정신

지금 몇몇 종교인, 정치인, 대학생들의 아픔은 잠시 잊으면서 생활이 가능하다. 그러나 4·19때 총 맞아 쓰러진 친구들 이상으로 가난에 찌들린 무수한 우리 형제들이 말 못하고 체념하며 쓰러져 가고 타락해 가고 있다. 한시도 쉴 날이 없이 살아가고 있다. 현실을 생각하기 싫어하며. 지금 현실의 모든 것은 주님의 부르심이다. 외면하지 말아야 되지 않을까? 왜 우리는 몇몇 신부님이 옥에 가는 정도를 써클룸이 시끌벅적할 정도로 화제에 올리면서 많은 노동자들이 진리를 찾고자 애쓰다 해고되고 있는 현실을 없는 듯 간과하며 지낼까? 정말 본말이 전도된 신앙행위들이다. (중략) 우리는 지금의 풍토, 의식구조, 이데올로기(교육 많이 받은 자, 돈에 궁핍하지 않고 생존의 위협이 없는 자들. 선진국이 추구하며 유지시키는 이데올로기를 말한다)와 싸워야 한다. 허구를 밝혀야 한다. 또 하나는 그 허구를 따라 살아서는 안 된다.(10주기 추모자료집. 23쪽)

오늘날 대다수 신앙인들의 모습은 신앙생활의 기쁨을 자기 자신에게만 가두어두는 경향이 많습니다. 더군다나 신앙을 천국에서 받을 보상을 약속하는 보증수표 정도로 생각하고, 종교의 사회적 기능은 호교론적 관점에서만 생각하는 경우가 많습니다. 현세에서의 고통은 내세에서 충분히 보상받을 수 있으며 현재의 신앙이 그것을 보장해 준다는 식으로 생각하는 것이지요. 이렇게 되면 현재의 고통이 크면 클수록 천국에서는 더 좋은 자리를 차지하게 된다는 식으로 발전되어 종교가 가진 자들의 논리를 뒷받침하기도 합니다.

보통 신앙이라 하면, 어떤 종교든 그것은 믿음의 체계이며, 따라서 그리스도교 또한 예외가 아닙니다. 그리스도교 신앙은 신앙의 내용을 신뢰하고 거기서 삶의 의미를 찾는 사람에게만 기쁨과 희망이 되는 것이며, 복음(福音)은 그런 사람들이 던지는 진지한 삶의 질문에 대한 기쁜 응답이 되는 것입니다. 하지만, 그것이 믿음의 체계라고 해서 개인과 하느님과의 관계만을 의미하는 것은 아닙니다. 그것은 분명히 논리적으로는 오류인 정식—"신이 인간이 되었다"라는 강생의 신비 때문입니다.

인간 예수를 하느님으로 고백하는 그리스도교 신앙은 단순히 거기서만 머무르는 것이 아닙니다. 예수가 하느님임을 인정한다고 고백만 하는 사람들에 대해 예수는 "나더러 '주님, 주님' 하고 부른다고 다 하늘 나라에 들어가는 것이 아니다. 하늘에 계신 내 아버지의 뜻을 실천하는 사람이라야 들어간다."고 단언하십니다. 어떤 존재를 하느님이라 칭하는 것은 다른 어떤 가치보다 하느님의 가치가 더 우선한다는 것을 고백하는 것입니다. 세상의 어떤 주류가치도 그것이 하느님의 가치에 반한다면 거부할 수 있고, 거부해야 하는 사람들이 바로 신앙인인 것입니다.

희철 兄은 정확히 그 부분을 간파하신 것 같습니다. 특히나 "가난에 찌들린 무수한 우리 형제들이 말 못하고 체념하며 쓰러져 가고 타락해" 가는 현실에 대해 가슴 아파 하시며 신앙인의 결단을 끊임없이 요구하고 계신 것입니다. 이런 인식에 다다르려면 해당 시대의 성격을 파악하는 예민한 촉각이 필요하겠습니다.

15년이 지난 지금은 분명 兄이 살았던 때와는 다른 시대입니다. 하지만 가진 자들의 경쟁력 논리는 끊임없이 우리 사회를 능력 있는 자와 능력 없는 자-경쟁력을 키운 사람과 퇴출당해야 하는 사람으로 분리합니다. 게다가 퇴출당해야 하는 사람은 모두를 위해 당연히 퇴출되어야 한다고 주장합니다. 이런 신자유주의 논리는 신앙인들의 최고 원리인 하느님의 논리가 아니라 맘몬(자본이라는 하느님)의 논리입니다. 하느님이 하느님이 아니라 돈이 하느님인 세상인 것이지요. 불행히도 신앙을 가지고 있는 우리들도 이런 논리에서 자유롭지는 못합니다. 마치 자본주의 안에서 아무리 反자본주의의 관점을 가지더라도 온전히 벗어날 수는 없는 것과 같습니다. 다행히도 우리 신앙인에게는 신앙인들의 모임인 공동체가 있습니다. 희철 兄이 그리도 사랑하셨던 울톨릭이라는 공동체는 세상의 논리 한가운데 있더라도 그것을 벗어날 수 있는 꿈을 꿀 수 있는 장이 되는 것이지요. 신앙의 역사는 이런 신앙공동체의 활동을 총체적으로 "예언자적 선포"라 일컬어 왔습니다. 고대 이스라엘 사회에서, 야훼의 뜻에 맞지 않는 일이 일어날 때마다 예언자가 나타나 잘못을 지적하고 시정해 왔던 것을 말하는 것이지요. 지금 울톨릭의 활동도 그것이 하느님의 뜻에 반하는 일체의 것에 대한 거부로부터 시작된다면 능히 "예언자적 선포"라고 말할 수 있겠습니다. 모든 것은 바로 여기, 울톨릭에서 시작됩니다.

3.2 사회에 대한 과학적 인식과 신망

태훈이가 자기 앞에 나타나 '나는 무엇 때문에 죽었다. 너희를 위하여 죽었다.'고 말해 주어야 믿겠다는… 인간은 한 민족의 피를 이어받은 역사 가운데 살아가면서도 '도마의 신앙' 이상을 증거하지는 못하는 것일까? 또 인간은 왜 신앙으로도 자기의 계급성을 극복하지 못하는 것일까?

또 하나 이 사회 정치경제구조를 비인간적이라고 폭로하고 바꿔야 한다. 이는 연구를 한 사람은 연구를 바탕으로. 모르는 사람은 현실에 대한 예민한 느낌으로 이 구조를 바꾸는 일에 손을 잡아야 한다.

우리는 하느님의 정의를 믿는 것으로 제도적.군사적 폭력에 대항하는 것이다, 지금 우리는 중산층의 신앙을 간직하고 있다. 모두들 하느님, 공동체를 사랑하시는 하느님 앞에 우리의 신앙을 뜯어고쳐 달라고 갈구하여야 한다. 수백 번 괴로워 눈물을 흘려 보고 극복하여야 한다. 헐벗고 찢기운 몸이 되어 '주님, 주님'하며 형제들의 어깨를 걸고 간구하여 걸어야 할 길을 걸어야 하는 것이다. 우리는 이러한 현실의 부름이 있었음에도 불구하고 '나는 몰랐다. 모른다.'하며 살아가고 있다. 신음소리가 들리면 우리가 할 일은 '신음소리가 어디서 들리는가?', '어디가 아플까?', '어떻게 하면 도와줄 수 있을까?'를 생각하고 알아야 한다. (10주기 추모자료집. 23쪽)

세상을 살아가는 것이 결코 녹녹한 것이 아닌 것은, 신앙이 그 투쟁 대상으로 삼는 악이 예전과는 다르게 하나의 악한 개인으로 존재하지 않기 때문입니다. 아무리 선한 개인들의 모임이라 하더라도 그들이 집단으로 모이는 순간 집단을 움직이는 원리가 존재하고 그 원리는 개인들의 선함을 왜곡시키기 쉽기 때문이지요. 얼핏 보기에는 정당하고 발전의 원동력이 되어 보이는 개인주의가 집단 내에서 발현하게 되었을 때, 소수자의 권리를 억압하는 유용한 이데올로기가 되듯이 말입니다. 오늘날 경제 위기라는 '사건' 앞에서 이런 소수자들은 사회적 안전망에 걸리면 다행이고 아니면 어쩔 수 없게 되지요.

이런 이데올로기는 쉽게 발견되는 것이 아닙니다. 특히 현대 사회는 사회를 구성하는 사람 수만큼이나 다양한 가치와 복잡성 때문에 사회를 굴리는 본질을 파악하기가 어렵습니다. 신앙의 힘-성서와 교회의 전통적 언어로는 다 표현할 수 없는 사건들에 대해 신앙적 성찰이 힘들기 마련입니다. 이것이 사회과학의 언어를 빌려야 하는 이유가 됩니다. 모든 사고는 언어에 의해 제약받기 때문이지요.

Offertorium

兄의 한탄대로 아무리 열심한 신앙인이라 하더라도 계급사회의 구성원으로서 "자신의 계급성을 극복하지 못하"기 십상입니다. 쉽지 않은 일이지만, "'나는 몰랐다. 모른다.' 하며 살아가"는 것이 아니라, "신음소리가 들리면 우리가 할 일은 '신음소리가 어디서 들리는가?', '어디가 아플까?', '어떻게 하면 도와줄 수 있을까?'를 생각하고 알아야"하는 것이겠지요, 이런 고민은 고고한 지사적(志士的)인 실천도, 지식인의 자기 만족적 객기도 아닙니다. 오히려 서로가 해방되는 길이 되지요. 기를 쓰고 한쪽 눈을 감고 세상을 보려 해도 대부분의 세상이 보이듯 모르쇠로 살아가는 것은 쉽지 않은 일입니다. 게다가 눈을 감은 채로, 신앙인이라는 완장을 차고 늘 "깨어 있어라."(마태 24,42)는 말씀을 평생 지켜나가는 것은 더더욱 어렵지 않겠습니까?

3.3 평신도 사도직과 신앙 실천

'가톨릭학생회에서의 恨'은 民(서민, 민중)의 편지임을 밝히고 싶다. 그런데 한이 필요 없는 때가 왔지 않는가 하는 회의를 많이 한다. 나의 발걸음이 회의를 많이 하게 된다는 것이다. 듣는 이가 없고 움직이는 이가 보이지 않기 때문이다. 괜히 지들도 나처럼 잠시 들러서 휴식처나 삼거나 지껄임을 남겨 놓고 가거나. 친구들 만나서 소그룹적 위안만을 얻고 가겠다는 심보인가. (중략) 나는 편지일 뿐이요. 너희들은 여기서 교회를 만들고 세상을 배우고 세상을 변화시켜야 하는 그리스도의, 民의 일꾼임을 직시하란 말이다. 교회는 너요, 세상은 가생회, 또 교회는 대학, 세상은 민족. 또 교회는 가톨릭, 아무리 생각해도 난 가생회에 불필요한 존재인 것 같다. 고백이 부재한 교회 같은 가생회. 신도들은 잠자코 있는 교회.(10주기 추모자료집, 17쪽)

뇐은 기회 있을 때마다 울톨릭을 질책하신 것 같습니다. 그때마다 자신은 그럴 입장이 아니라는 단서를 붙이시면서 말입니다. 그중에 하나가 바로 "고백이 부재한 교회 같은 가생회"에 대한 질책입니다. 신기한 일이지만, 저에게는 이것이 평신도 사도직에 대한 자각을 하지 못하고 있는 울톨릭에 대한 질책으로 들립니다. 신앙인의 공동체를 교회라 일컫을 때, "신도들은 잠자코 있는 교회"라고 한탄하는 뇐의 목소리는 바로 우리 울톨릭을 지칭하는 것으로 이해되는 겁니다. 게다가 요즈음 울톨릭의 모습이 뇐이 예전에 본 모습보다도 더 사도직이라는 직무에 무감했으면 무감했지, 덜하지는 않을 것 같기에 부끄러움은 더해 가나 봅니다.

평신도 사도직(apostolatus laicus)은 "하느님 아버지의 영광을 위해 그리스도 왕국을 전 세계에 펴고 모든 사람을 구원에 참여케 하며, 또한 그들을 통해 전세계를 그리스도에게로 향하게 하는 일"(평신도 교령 2항)로 이 목적을 위한 활동을 모두 사도직이라 합니다. 세속에 살면서 세속 일에 파묻혀 있는 것이 평신도의 특징이므로 평신도는 마치 누룩과 같이 되어 세속 안에서 사도직을 수행하도록 하느님께 부르심을 받았습니다. 즉 "그리스도의 사제직, 예언자직, 왕직(王職)에 참여하며, 모든 일, 기도, 가정생활 등을 영적(靈的) 제물로 봉헌하고 인간 성화에 힘쓰며, 일상생활 가운데 복음의 힘이 빛나도 록 하여 그리스도의 증인이 되고 현세 질서에 복음정신을 침투시켜 현세 질서를 완성하며 겸손과 인내로써 형제들을 그리스도왕에게로 인도"(가톨릭 대사전)하는 역할을 부여받은 것입니다.

평신도 사도직은 그 특성상 교계에 의해 위임받은 것이 아니라, 그리스도 구원사업의 모범을 따라 인간구원과 현세질서의 개선을 목표로 삼고 있습니다. 따라서, 기꺼이 선한 의도를 가진 모든 사회세력과 함

Offertorium

께 연대하여 활동하기도 하므로 그 과정에서 자칫 신앙의 정신을 잃어버릴 위험에 처하기도 합니다. 중요한 것은 이 과정에서 활동의 기본 관점-가치를 하느님에 두는 것입니다. 제반 사건을 하느님의 가치로 평가해 보는 '관찰'의 과정과 이에 따르는 '실천', 그리고 실천에 대한 반성의 과정인 '판단'은 평신도 사도직을 부여받은 신앙인의 신앙 실천에서 기본 과정이 되지요. 끊임없는 실천의 순환과정에서 평신도 사도직 단체는 '짠맛을 잃어버리지 않는 소금', '산 위의 도시'의 역할을 해 나가게 됩니다. 북극을 정확하게 가리키지 못하고 끊임없이 떨리는 나침반의 N극처럼 말입니다. 떨림을 멈추어 버리면 쓸모없게 되는 나침반 말입니다.

여전히 고통받는 사람들이 있다면, 그리고 그 고통받는 '그들'이 '나'와 다르지 않음을 느낀다면, 묘의 질책을 오늘 되씹어 보고 괴로워하는 것이 시대착오는 아닐 겁니다. 게다가 울톨릭이라는 이름은 예나 지금이나 '서울대 가톨릭학생회'이니 말입니다.

3.4 하느님의 역사와 유물론의 역사

크리스천은 결코 민중을 대상화. 수단화(혁명의식. 폭력의식만을 고취시키려 하는 태도. 적의식 내지는 분리의식만 심어주는 태도)할 수 없다. 단지 하느님의 사랑을 받는 자녀이며 이 역사의 주인임을 자각시켜 줄 뿐이다. (중략)

진정한 이데올로기 교육은 사상을 자유롭게 선택, 실천해 나갈 수 있는 자유까지도 포함시켜야 한다. (중략) 크리스천은 민중을 기만, 이용, 회생시키는 모든 사회세력에 경고하고 투쟁한다. 민중을 주인 내지 왕으로 인식하지 않는 정치세력에 경고한다.

어떤 사람들은 "그리스도교는 공산주의이다."라고 선언합니다. 어떤 사람들은 "공산주의는 유물론이며 유물론의 역사는 그리스도교의 역사와 다르다."라고 말합니다. 사실 둘 다 옳아 보입니다. 십자가에 못 박힌 사형수를 신으로 모시는 그리스도교의 시작을 굳이 떠올리지 않더라도, 초대교회 공동체의 삶의 모습을 굳이 떠올리지 않더라도 말입니다. 자본주의 질서 안에서 의도적인 "정교분리"를 반대하는 참신앙인이라면 "종교는 민중의 아편"이라는 단언에 대해 "그리스도교는 공산주의이다"라고 말할 수 있겠지요. 물론 여기서의 공산주의는 넓은 스펙트럼을 포괄하는 '개념'이 되지만요.(구체적인 사회원리를 지칭할 수도 없고, 지칭하고 싶지도 않다는 뜻입니다.) 한편으로 '개념'으로서의 공산주의라 하더라도 그 역사(목표, 이행과정)는 그리스도교와 일치하지 않는다는 점에서 '다르다'라고 말할 수도 있지요.

현존했던 사회주의 국가들은 겉으로는 이상적 민주주의를 표방했으되 실질적으로는 개인의 자유를 폭압적인 방법으로 압살하려는 몇 가지 시도로 인하여 외부의 압력이 거세지기도 전에 자멸하고 말았습니다. 현존 자본주의 국가들은 그 자본주의적 속성을 개량하려는 갖가지 노력에도 불구하고 인간다운 삶을 보장받으려는 인간의 본성을 억압하고 있으며, 그 실패는 현재의 전세계적인 자본주의의 제3세계(!) 국가-한국의 경제위기에서 여실히 보여지고 있습니다. 경제의 부족분을 각 개인의 삶에서 보상받으려는 자본의 속성이 경제위기를 삶의 위기와 연결시키고 있는 것입니다.

이런 현실은 "하느님의 역사와 유물론의 역사가 다르다"라는, 겉으로는 분명히 옳은 명제의 옳고 그름을 따지는 것이 무의미함을 보여줍니다. 단지, 중요한 것은 그 과정에서 "민중을 기만, 이용, 희생"하는 모든 시도에 대한 "경고"와 "투쟁"이지요. 어떤 사회체제든 그것이 인간화

Offertorium

에 反하는 것이라면 기꺼이 거부해야 하는 것이 신앙이 아닐지요. 그리하여 反자본주의의 모든 꿈을 유물론이라 단죄하는 어리석은 태도도, 곧바로 등치시키는 기계적 태도도 마땅히 거부해야 하겠습니다.

3.5 이제 한희철, 그를 부활시키자!

예수의 복음은-이를 부정하려는 사람이 아무리 많다 하더라도-기본적으로 가난한 사람들에 대한 기쁜 소식이었습니다. 공생활 초기에 "주님의 성령이 나에게 내리셨다. 주께서 나에게 기름을 부으시어 가난한 이들에게 복음을 전하게 하셨다. 주께서 나를 보내시어 묶인 사람들에게는 해방을 알려 주고 눈먼 사람들은 보게 하고, 억눌린 사람들에게는 자유를 주며 주님의 은총의 해를 선포하게 하셨다."(루가 4,16)고 당신 활동의 근본을 선언하신 것입니다. 그분의 말씀은 가난하고 억눌린 자들에 대한 해방의 선포였으며, 그들을 억압하는 사람들에게는 위협이 되었습니다. 예수는 로마에 반대하는 각종 혁명운동에 참여한 것은 아니었지만, 그들 질서에 대해 정면으로 반기를 들고, 어떠한 차별도 존재하지 않는 사랑의 공동체 · 나눔의 공동체를 강조하셨기에 유대인 지배자들에게는 더 큰 위협이 되었습니다. 그리고 그들의 손에 십자가 처형을 당했습니다. 그런데, 유대 사회에서 최고악의 상징인 십자가 사형수를 하느님이라 부르는 사람들이 나타나기 시작했습니다. 그리고 2000년이 지난 지금, 우리 울톨릭이 바로 그런 사람들의 모임입니다.

박해받던 초대교회 신도들이나 지금 우리들에게 있어서 신앙을 지켜 갈 수 있는 힘은 바로 부활에 대한 믿음입니다. 2000년 전 무덤 안에서 어떤 일이 일어났는지 아는 사람은 아무도 없지만, 부활신앙에서는 "실제로 무슨 일이 일어났는가?"라는 질문은 중요하지 않게 되었습니다. 무슨 일이 일어났는지 모르지만 신기하게도 골방에 숨어 있던 제자들에게 용기를 불어넣었던 그 체험-부활 체험이 중요하게 된 것입니다. 2000년 전 이래로 끊임없는 회상을 통해 힘이 되어 온 그것을, 우리는 '성령'이라 부르게 되었습니다. 예수의 설교와 기적의 의미를 음미하고 그대로 실천하는 신앙인의 삶을 우리는 (단순히 믿음-소망(희망)-사랑이라는 병치가 아니라) "사랑의 믿음에 대한 희망(꿈)"이라 부르게 된 것입니다.

울톨릭 사람들이 15년 동안 희철 兄을 회상해 온 것은 단순히 함께 했던 사람에 대한 감정적인 그리움이 아닐 겁니다. 그것은 兄과 함께 했던 삶에 대한 그리움이며 兄을 회상하면서 현재 우리 삶을 되돌아보려는 끈질긴 노력이었을 겁니다. 兄을 한번도 본 적이 없는 저와 우리 후배들은 또 다른 회상을 통해 매년 그를 만날 수 있지 않을까요? 신앙인으로 살고자 하는 우리가, 사제의 길로 들어서 한평생 신앙인으로 살고자 했던 兄을 우리 삶의 잣대로 삼는 것이지요.

그렇다면, 다음과 같이 되뇌일 수 있지 않을런지요. "이제 한희철, 그를 부활시키자"

4. 나가며

마지막 글을 적기 전에 몇 가지를 덧붙이려 했습니다. 현재 진행되고 있는 열사들의 명예회복을 위한 노력, 의문사 진상규명을 위한 노력, 한희철 추모사업회 등등, 꼭 쓰고 싶은 몇 가지가 있었습니다. 하지만, 이런 부분은 굳이 짚고 넘어가지 않더라도 다들 관심 가지고 있으실 것 같아

중언부언하지 않겠습니다.

　혹시나 이 글이 희철 兄을 우리 삶의 척도로 절대시하거나 또 하나의 도그마로 만드는 것이 아닌가 염려하시는 분들이 있다면, 다시 찬찬히 보아 주시길 바란다는 말씀 드리고 싶습니다. 兄을 직접 본 적도 없는 저이기에 글 몇 조각 가지고 무리하게 끼워 맞추기를 할 수도 없고, 하려 하지도 않았습니다. 어떻게 보면 하나의 환상 만들기에 지나지 않아 보이는 이런 작업이 어떤 의미를 띨 수 있을런지 궁금하십니까? 너무나 조악한 글 솜씨이기에 제대로 표현할 수 없었던 제 의도는 바로, 한.희.철. 그와 우리 사이에 놓인 건너기 힘든 거대한 강에 징검다리 몇 개를 놓으려는 것입니다. 그를 하나의 환상으로 만들지 않기 위해서입니다. 兄을 느끼며, 아멘.

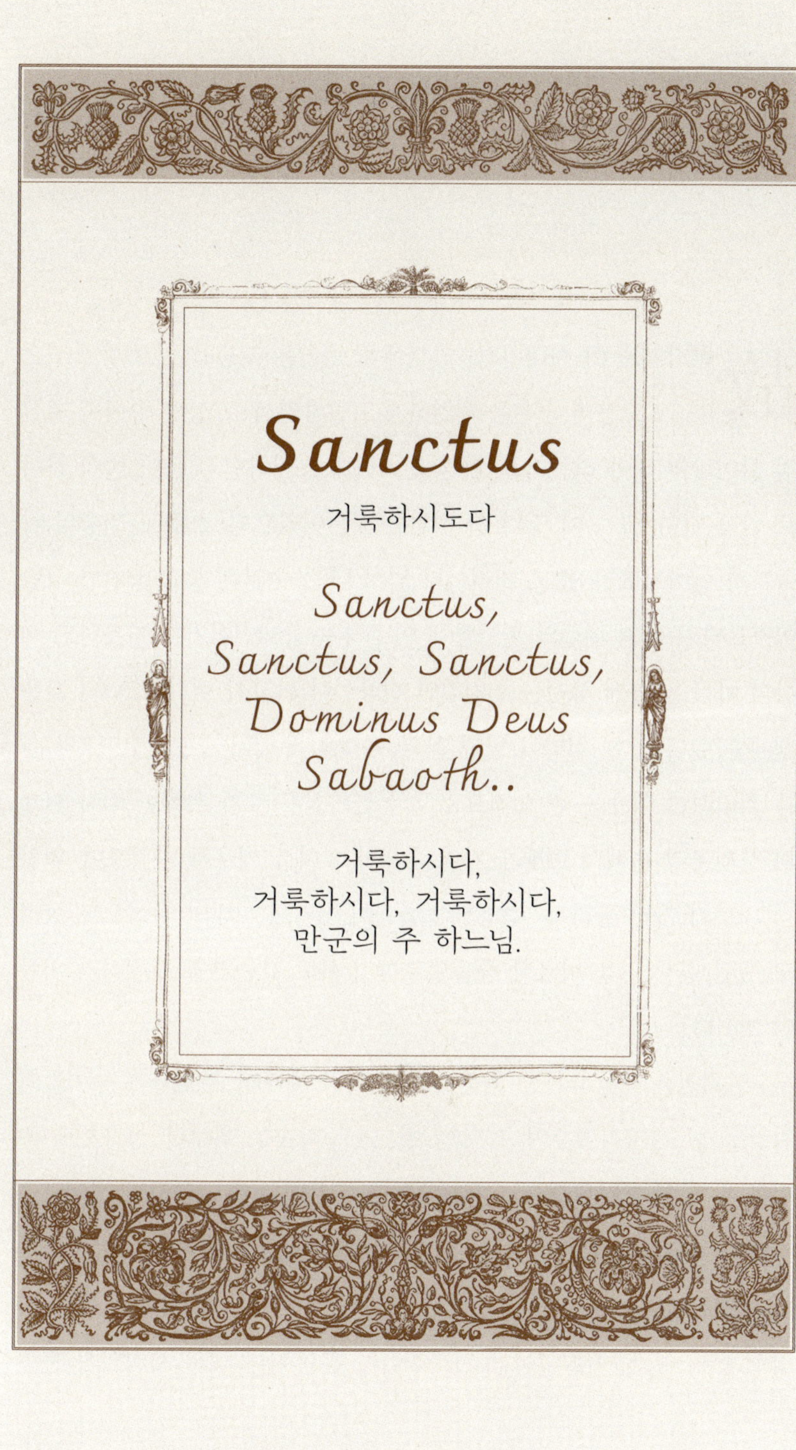

Sanctus

거룩하시도다

Sanctus,
Sanctus, Sanctus,
Dominus Deus
Sabaoth..

거룩하시다,
거룩하시다, 거룩하시다,
만군의 주 하느님.

故 한희철 귀리노의 삶과 죽음,
-『산 자여 따르라』

故 한희철은 이 시대가 한 인간에게 주어온 고통을 아프게 느꼈으며, 그 고통의 근원을 치열하게 고민하면서 그 상황 속에서 자신의 삶이 어떠해야 하는가를 가장 진지하게 모색하던 젊은이 중의 하나로 살다 갔다. 그는 이 땅의 한 평범한 젊은이였으되, 스스로 민중의 아들로서 살아가고자 했고, 거리마다 넘쳐 나는 수많은 종교인의 한 사람이었으되 주어진 현실의 편안함에 안주하는 종교인이기를 거부하고 세상의 아픔을 함께 하려는 실천적인 신앙인이 되고자 했다. 22년의 짧은 생애를 살다간 한 청년이 남긴 삶의 궤적을 우리가 추모하고, 그의 삶을 기리려는 이유는 한 인간으로서의 한희철이 그가 위치한 역사 단계와 사회조건 속에서 어떻게 자기 존재의 의미를 깨우쳐 나갔으며, 억압적 제도가 가진 물리적 · 정신적 폭력이 어떻게 시대의 양심으로 살려고 했던 한 청년을 비극적 죽음으로까지 몰고 갔는가를 추적하기 위함일 것이다.

한희철은 1남 4녀 중 외동아들로 어릴 때부터 부모님과 누이들의 사랑을 받고 자라왔으며, 1979년 철도고등학교를 우수한 성적으로 졸업한 후 동일게 장학생으로 서울대학교 공과대학에 입학하여 성실하고 장래가 촉망되는 젊은이로서 주위 사람들의 인정을 받아 왔다고 한다.

대학 입학 후 그는 서클생활로 서울대 가톨릭학생회에서 활동을 시작했는데, 이 시기에 그는 무자각적이며 혼돈된 형태의 사회의식과 종교관에서 벗어나면서 진리를 탐구하는 학도로서 이 땅에서의 종교의 진정한 의미를 추구하는 가톨릭 신자로서의 삶을 시작한다.

민주화를 열망하는 많은 동료들과 함께 이 땅의 수많은 민중들을 억압하고 있는 제 모순들의 실체를 파헤치면서 이 땅의 민중들을 억압하고 있는 이 사회의 정치 · 경제구조를 인식하며 그러한 정치 · 경제구조가 지속될 수밖에 없는 모순구조를 깨달아 간다.

"이 비인간적이고 범죄적인 정치 · 경제구조 위에서 안정 내지 특권을 누릴 수 있는 자들이 버티고 있으며 이들은 고도의 조직망, 통신망, 경찰력, 군사력, 자기들의 법을 소유하고 있고 여론을 만들 수 있기 때문에 위기를 느낄 때면 어떠한 희생이라도 불사하면서 위기를 막으려고 한다."(후배에게 주는 글월 중에서)

그러면서 그는 지식인으로서의 자기의 삶은 민중과 유리되어서는 존재 의미가 없음을 깨닫고, 그가 믿어 왔던 전통적인 종교관과 교회 체제에 대해 비판의 눈으로 바라보기 시작하는 것이다. "주님을 저희 교회에서 내쫓는, 아니 당신이 머물 수 없는 교회로 만든 자들은 바로 자신"임을 깨닫게 되며 "손에는 금십자가를 쥐고서 당신을 불렀던 교회의 잘못을 용서하라."고 기도하며 "주님을 부적처럼 지니고 사는 자들을 교회에서 쫓아내고 달콤한 잠에 취해 있는 교회를 박살내어 깨어나게 해야 한다."고 생각하기에 이르게 된다. 그에 있어서 종교의 개념이란, 현실에서 핍박받는 이들과 함께하며 그들에게 폭력이 아니라 사랑으로 현실을 극복할 수 있는 희망과 용기를 불어 넣는 현실 개혁적이며 실천 의지로서의 개념이었던 것이다. "한국 땅에 가득찬 체념과 좌절, 천민 의식,

열등 의식은 아파하지 않고, 뭉쳐 싸우지도 않고 신부 몇몇이 옥에 들어 간 것으로 가톨릭이 싸움을 시작한다고 하는 것을 보니 한심스럽기 짝 이 없다."는 그가 속한 교회 현실에 대한 비판은 바로 자신의 삶의 좌표 를 설정하는 가운데 스스로에게 던진 통렬한 자기 비판이었던 것이다.

그를 지탱한 중요한 사상적 지렛대인 종교와 민주주의는 그에 있어 서 독립된 별개의 것이 아니라, 이 땅의 모순을 해결하는 통일적인 방법 론으로 체계화되어 간 것이었다. 그는 정치적 폭력과 경제적 불평등이 라는 이 시대의 모순은, 해결의 주체가 되는 '민중'을 수단으로 이용하 는 어설픈 이데올로기로서가 아니라 종교가 가진 '희망의 의식'과 '실천 적 사랑'으로 민중으로 하여금 역사의 주인임을 자각시켜 주는 과정을 통해서 해결될 것이라고 믿는 것이다. 그리하여 "주여! 어서 오십시오. 어서 오시어 저희 오천만을 도와 주소서. 그러다가 총에 맞아 죽으시 옵소서. 그 때라야 우리는 외면하지 않으오리다."라고 절규하는 것이다. "우리는 모두 작은 예수"임을 그는 인식하고 "진리의 이름 아래 모여들 지 않는 한, 희미한 불빛으로 남아 있을 뿐이거나 꺼져 버릴 뿐"이며, 그 러한 "작은 빛들이 모이지 않으면 밝아질 수 없음"을 깨닫게 된다.

이러한 그의 사상적 흐름은 우리가 그의 유고를 통해 확인하듯이 그로 하여금 삶의 건강성을 확보시켜 주면서도 동시에 한편으로는 뿌 리 깊은 이 땅의 모순을 해결하는 구체적인 방법론의 미비, 즉 종교가 부여할 수 있는 '사랑'이 어떻게 민중을 자각시키며 스스로 역사의 주체 가 될 수 있게 하는가라는 보다 구체적이며 실천적인 노력에 대한 고뇌 를 가중시켰을 것이라고 우리는 추측할 수 있다. 이 문제는 또한 그가 사상적으로 성장하면서 해결해 나가야 할 과제였다.

자신이 속한 가톨릭학생회와 고향인 성남의 J.O.C.와 YMCA의 활동에 지도적 역할을 수행하며 그는 서서히 자신의 구체적인 삶의 모습을 정리해 나가게 된다. 4학년 때였던 1982년 2학기에 휴학하여 10월에 군 입대한 이후에도 이러한 자기 모습들을 더욱 견실하게 다듬어 갈려고 노력한 것은 군 복무시절 그가 친구들에게 보낸 편지 속에서도 확인된다.

"내가 해야 할 일이라 생각하는 것은 형제적 사랑이 넘치는 민중 조직이다. 깨어 일어나 정치적 책임까지 견지한 민중 조직 말이야. 지금 당장에 아무 힘이 없어 보일지라도 시간이 흐를수록 승리를 누리게 될 ……"

1983년 10월 24일경 휴가를 받아 나왔을 때 "늦어도 한 달 후에 의가사로 제대하니 그 후에는 신학교에 입학하여 사제의 길을 걸어 갈 계획이다."라고 주위 친구한테 이야기를 했던 것도 바로 이러한 일을 하기 위해 자신의 삶의 삶을 모색하면서 나왔던 이야기일 것이다.

그의 편지 속에 나타나는 그의 삶의 건실성과 성실성은 '민중에 대한 사랑'의 확인 속에서 나타나는 것이었으며, 그는 자기가 약한 존재임을 인식하면서도 자학적인 모습이 아니라, 새로운 삶을 준비하는 과정의 모습으로서 자기의 모습을 고뇌했던 것이다. 주위 동료들과의 관계에서 나타나는 그의 모습은 유머와 동료애와 강직함이 한데 어울려 남을 감싸 주는 그런 모습이었다고 한다. "남들에게 거만하게 보이지 않을까."라든지 "친구를 만나서 소그룹적 위안만을 얻고 가겠다는 심보가 아닌가."고 스스로의 약점을 괴로워하는 그의 모습은 바로 그가 가진 인간적인 품성에서 연유한 것이었다.

여기서, 우리는 자기의 삶에 성실하려고 애쓰며 이웃과의 관계 속에서 이 세상에 태어남의 의미를 찾아온 한 양심적인 청년의 죽음을 안타까워하고 분노하지 않을 수 없다.

한희철은 어떻게 하여 죽음에까지 이르게 되었는가?

1983년 10월 하순에 휴가를 받아 다시 귀대한 후 그는 군 수사기관으로부터 조사를 받게 된다. 그 구체적인 내용은 밝혀지지 않았으나, 주민등록 일제 갱신 때 개인적으로 알고 있던, 학생운등으로 도피중인 친구의 주민등록증 발급을 요청하는 쪽지를 방위병인 친구에게 보낸 것이 발각되었기 때문인 것으로 알려지고 있다. 그리하여 그는 군 수사기관으로부터 속칭 '녹화사업'이라는 것을 받게 된 것이다.

'녹화사업'이란 무엇인가? 그것은 각 대학에서 학생활등을 주도적으로 이끌어 나가는 학생들을 탄압하기 위한 수단으로 각 대학의 총학장에 의해 임의로 '지도휴학'이라는 것을 당해 곧바로 군으로 '강제입영'당하거나(이 경우 신체검사 등의 적법절차를 밟지 않고 경찰에서 군부대로 곧바로 보내지는 경우가 대부분이다.) 소위 사찰기관에서 작성한 '문제학생'들이 군에 입대했을 때, 군 복무기간 동안 상상을 초월하는 비인간적인 대우, 군 수사당국에 의한 정기적 사찰, 정보 제공 강요 등을 일컫는 것이다.

한희철은 며칠 동안 수정을 받으면서 40여 장에 걸친 대학 입학부터 최근까지의 활동상황에 대한 자술서를 쓰기를 강요받았고, 5일째는 반성문과 서약서까지 쓰고 나왔다.

그런데 1983년 12월 11일 오전, 성남의 집으로 청천벽력 같은 소식이 전해 왔다. 그의 사망 소식이 전해진 것이다. 부대로 직접 찾아간 그의 부친에게 군 관계자들이 밝힌 사건 정황은 다음과 같았다. "한희철 일병은 12월 11일 새벽, 같이 보초를 서던 동료에게 유서를 전해 준 후

사라졌는데, 얼마 후 시신으로 발견되었다. 비관 자살인 듯하며 웃옷이 벗겨진 채 가슴에 3발의 총상 자국과 함께 약간의 화상이 있었다."

부친의 증언에 의하면 유서는 군에서 '보안상의 이유'를 내세워 가족에게 줄 수 없다 하여 부득이 유서의 필체, 그리고 처음과 마지막 대목만을 확인한 후 타이핑된 것을 전달받았다. 그리고 당일 오후에 치러진 영결식에는 비관 자살이라고 이야기된 것과는 달리 군악대와 예포가 동원되었다는 것이다. 그리고 그 '자살사건'이 일어난 것은 조사가 끝난 다음날이었다는 것이다.

그러나 그의 죽음이 자살이라고 단정하기에는 몇 가지 정황적 의문점이 나타난다.

첫째, 군 관례상 범죄적 행위라고 취급되는 사병의 자살에 대해 그토록 성대하게 영결식을 치렀던 것은 무슨 이유인가?

둘째, 군 수사기관의 담당자는 한희철이 속한 가톨릭학생회 지도신부와의 면담 과정에서 조사 사실을 사실상 시인하였는데 조사 내용과 조사 직후의 자살과는 어떤 관계가 있는가? 또한 사제의 길을 결심할 정도로 독실한 가톨릭 신자로서, 그리고 1개월 후의 의가사 제대를 앞두고 자살할 만한 구체적인 동기가 모호하다.

셋째, 그의 부친의 말에 의하면, 사건 직후 군에서 사람을 보내 한희철이 남긴 유서에 씌여저 있다며, 자택에서 수첩을 찾아 가져간 사실이 있는 바 군에서 그의 부친에게 전달한 유서에는 그러한 내용이 전혀 없는 점은 유서가 발췌, 타이핑된 것이 아닌가 하는 의혹을 짙게 한다. 또한 장례식 이후 유서 정본을 보내 주겠다는 약속을 했음에도 불구하고 유서의 일부분만을 촬영, 스크랩한 것만을 보내온 사실은 이 의혹을 더욱 짙게 하며 유서의 내용에도 자살 동기 등이 전혀 언급되어 있지 않은 점은 많은 의구심을 자아내는 것이다. 이러한 의문점과 함께 만일 한희철이 자살했다고 가정한다 해도 그가 그 당시에 가졌던 인간적인 고뇌를 이해하기에 힘들지 않다. 한 개인의 힘으로는 어찌할 수 없는 폭력적인 강요 속에서 이루어진 진술 과정 속에서 자신으로 인해 수많은 친구, 선후배들이 앞으로 겪어야 할 고통에 대한 책임감, 그리고 자신이 살아 있음으로 해서 계속될 수사에 대한 고초, 이러한 것이 그로 하여금 자살로 이끌었을 것이다. 그리고 그는 자신의 생명을 끊음으로써 한 인간과 그 인간이 속한 사회 전체를 밑바닥에서부터 구속하고 비인간화하는 제도적 폭력에 항거하는 최후의 자기 결단을 내렸는지도 모르는 일이다.

한희철의 죽음은 분명히 한 개인의 죽음이 아니라 시대의 죽음이며 또한 시대가 강요한 죽음이었다.

어떻게 하여 한 양심적인 젊은이가 죽음에까지 이를 수밖에 없는가를 영원히 기억해야 하며, 그와 같은 죽음이 다시는 없어져야 한다는 것이 그의 죽음이 우리에게 가르치고 있는 교훈인 것이다.

-『산 자여 따르라』, 김상진 김태훈 황정하 한희철 4인 열사추모집,
서울대 열사추모사업위원회 편, 163~169쪽.

1980년대 초의 시대 상황과 학생운동

이 글은 1998년 제22대 서울대학교 가톨릭학생회가 펴낸
추도 자료집 『故고 한희철 열사 추도 15주기를 맞이하여』 51~54쪽에
수록된 기록이다. 자료집의 발간사는 정필구 삼손이 작성했으나,
이 글의 정확한 필자와 출처는 확인되지 않는다.
그럼에도 이 글은 열사가 의문사한 1983년 12월 전후의 엄혹했던 국내 정세와
이에 맞선 학생운동의 흐름을 체계적으로 정리하고 있어,
당시의 시대적 상황을 이해하는 데 좋은 길잡이가 되어준다.

전두환 정권은 우리민중에 대해 5.16 쿠데타 당시와는 비교도 할 수 없을 정도의 탄압을 가했다. 적어도 5.16 쿠데타 때는 피를 부르지 않았으나 이번에는 막대한 유혈을 초래했다. 그럼에도 전두환 정권은 우리 민중을 제압하지 못 했다. 오히려 광주 민중항쟁을 거치면서 우리 민중의 투쟁역량은 전례없이 강화되고 있었다. 전두환 정권은 광주의 진실 이 알려지는 것을 막기 위해 갖은 수단을 다 동원했다. 그러나 광주항쟁의 한 가운데서 그 진실을 온 몸으로 확인한 사람들이 너무도 많았다.

어찌 수십만에 이르는 사람들의 입을 송두리째 봉해 버릴 수 있겠는가. 광주의 진실은 소리없이 수십만의 입을 통해 전파되어 갔다. 게다가 애국심에 불타는 청년들이 기꺼이 자신의 몸을 던져 광주의 진실을 밝혔다. 그리하여 광주는 꺼지지 않는 불길이 되어 전국적으로 퍼져나가게 되었다.

광주에서의 목숨을 건 항쟁은, 우선 80만 광주시민과 항쟁의 여파

에 휩싸였던 전남 일원에 거주하는 근로 민중들의 가슴속에 군부 독재에 대한 씻을 수 없는 적개심을 심어놓았다. 그리하여 이들을 확고한 정치적 반대자로 들어서게 만들었다. 한걸음 더 나아가 광주 민중항쟁은 광주 전남 지역을 벗어나 이 땅에 중들에게 불덩이 같은 깨우침을 안겨다 주었다. 광주에서의 대학살은 우리 민중들에게 군부독재에 대한 더 이상의 불필요한 고민들을 집어 치우도록 만들었다. 자기나라 국민을 죽이고 등장한 정권이 그 어떠한 이유를 들이댄들 정당화 될 수 있겠는가.

그리하여 기만에 가득한 언론조작에도 불구하고 우리 민중은 군부독재의 정체를 똑똑히 꿰뚫어 볼 수 있었다. 또한 광주항쟁은 미국에 대한 우리 민중의 인식을 뒤바뀐 놓는 결정적 계기가 되었다. 꼬리가 길면 잡힌다고 했던가. 교묘 한 수법으로 민주주의의 수호신으로 가장해 왔던 미국 역시 광주학살 과정에서 자신의 정체를 폭로할 수 밖에 없었던 것이다.

이리하여 광주 민중항쟁은 반미투쟁의 돌풍을 일으키는 근원지가 되었다. 광주 민중항쟁은 민중들을 깨우치는데 그치지 않았다. 안다고 해서 곧 투쟁에 나서는 것은 아니다. 오히려 많은 사람들은 문제가 무엇인지 알면서도 두려움 때문에 행동에 나서지 못한다. 문제는 결단이요, 용기인 것이다.

광주 민중항쟁은 우리 민중이 갖는 바로 이 나약함을 깨뜨리는 강력한 충격파가 되었다. 5.17 쿠데타 전후에 군부의 총칼 앞에 몸을 사렸거나 상황의 본질에 무지했던 수많은 사람들은 광주에서의 피의 항쟁을 목격하면서 심한 떨었다. 과연 나는 그 순간 무엇을 하고 있었는가. 광주시민이 피 흘리며 항거할 때 비겁하게 몸을 사리고 있지 않았던가. 혹은 야욕에 찬 군부 집단이 민중에 대한 대량학살을 서슴치 않고 있을 때, 나는 멋모르고 언론의 장단에 맞추지 않았는가. 이렇듯 우리들 민중의 가슴마다에 고통스런 반성이 잇따랐던 것이다.

광주 민중항쟁 이후 상당기간 동안 많은 학생들은 '또다시 투쟁에 나서면 공수부대가 투입될지도 모른다'며 극도의 공포감이 싸여 있었다. 그러면 결정적 순간에 비굴한 후퇴를 것에 대한 자책감에 몸을 떨었다. 이 과정에서 학생들은 뼈아픈 반성을 거듭하였다.

마침내 학생운동은 비로소 광주항쟁의 뜨거운 세례를 받기에 이르렀다. 학생들은 광주 민중함쟁을 통하여 역사의 주체인 민중항쟁을 재확인하고, 그에 대한 확고한 믿음을 통감하게 되었다. 아울러 5.17 쿠데타가 성공한 것에는 '서울역 회군'에 큰 책임이 있음을 통감하게 되었다. 그리하여 마침내 학생 운동은 1980년대 투쟁의 선봉으로서 그 찬연한 역사를 열어가기 시작하였다.

물론 학생운동이 여유 있는 조건에서 출항 것은 결코 아니있다. 오히려 그 어는 곳 보다도 정권 측으로부터 집중적인 단압의 대상이 되고 말았다. 먼저 전두환 정권은 1980 년에 학생투쟁의 공식적인 지도부를 맡았던 학생회를 불법화 시키고, 자신들의 통제가 가능한 학도호국단을 부합(?)시켰다. 예산 집행과 행사기획은 물론이고 하나에서 열까지 표면상으로는 학교당국, 실제적으로는 관계기관의 승인을 받아야만 하는 완전한 관제기구였다. 그리하여 학생들은 최소한의 합법적인 자치조직조차 가질 수 없었다.

이러한 가운데 시위나 학생 행사가 없는 날에도 학생들의 동태를 감시하기 위해 소위 '짭새' 라고 불리는 사복 형사들이 대학구내에 상주했다. 사복형사 뿐만 아니라 젊은 전경 들을 학생으로 위장, 학내에 침투시켜 정보를 수집하기도 했다. 평상시의 상황이 이러니 시위라도 발생하는 날이면 더 말할 필요가 없었다.

어느 대학에서 시위가 발생했다고 하면 인근지역 경찰서가 총동원 되다시피 하였다. 이때에는 청사들과 전투경찰은 물론이고 삼청교육대 출신 깡패나 유도나 프로 레슬링 출신 선수들까지 동원되어 공포 분위기를 조성했다. 그리하여 대학은 종종 시위학생 보다 몇십 배나 많은 진압경찰로 뒤덮이면서 순식간에 전쟁터로 변하기 일쑤였다. 시위학생들에 대한 보복 역시 무지막지했다. 저학년 고학년 가릴 것 없이 주동 학생들은 구속 수감되었고 단순 참가자도 일단 연행이 되면 정학을 당해 징집을 당해야 했다.

경우에 따라서는 한번의 시위에 수백명의 학생이 이런 식으로 무더기 보복을 당하기도 하였다. 강제징집의 경우에 정상적인 신체검사를 받는다면 징집면제에 해당하는 학생까지 무차별적으로 적용되었고, 나아가 입영 후 갖자기 고통을 안겨다 주었다. 강제징집된 학생들은 종종 보안사로부터 '녹화사업"이라는 이름 프락치 활동을 강요 받거나 심지어는 죽임을 당하기까지 하였다.

이렇게 해서 목숨을 잃은 사람이 무려 여섯 명에 이르렀다 정성희, 이윤성, 김두황, 황영현, 최은순, 한희철 군 등이 그들이다. 군 당국은 이들이 모두 자살한 것이라도 밝혔지만 도저히 믿기지 않는 이야기이다. 김두황 군의 경우에는 머리가 아예 없어져 버린 참혹한 모습이었고 한희철 군은 가슴에 3발의 총상을 입은 채 죽어있었다.

1981-83년 3년 동안 1천4백여 명의 제적생을 양산할 정도의 극렬한 탄압은 결과적으로 학생운동을 키워 준 꼴이 되고 말았다. 전두환 정권은 이점을 심각하게 받아들였다. 이제 방침을 바꾸는 것이 불가피해졌다.

마침내 전두환 정권은 1983년 12월 '제적학생 복교 허용'과 함께 대학가에 상주하던 경찰을 철수시키는 조치를 취하고 말았다. 비록 오랜 성질의 것은 아니라 하더라도 이와 같은 정책 변화는 3년간의 극렬한 탄압정책이 명백히 실패했음을 드러내는 것이었다.

1984년부터 탄압의 강도가 다소 완화된 이른바 '유화국면'이 본격적으로 막을 올리자 투쟁에 참여하는 학생들의 규모가 비약적으로 확대되기 시작했다. 분노를 느끼면서도 두려움 때문에 시위참여를 주저했던 다수의 학생들이 자신감을 갖고 각종 집회와 행사에 적극 합류하였다. 그리하여 투쟁에 참여하는 인원은 이전의 수백, 수천 명에서 수천, 수만 명으로 대폭 늘어나게 되었다. 이는 일련의 유화조치가 학생대중의 투쟁열기를 누그러뜨릴 것이라는 정권의 기대에서 완전히 벗어난 것이었다.

이러한 가운데 학생운동은 "학원자율화 추진 위원회'등 공개기구를 중심으로 실질적인 학원 자율화를 추진함과 동시에 1984년 5월 4일 고려대에서 '강제징집 사망학생 합동위령제'를 거행하는 것을 시작으로 대학간의 연대를 강화시켜 나갔다. 이러한 노력들은 1984년 2학기에 접어들어 주요 대학에서 학생회가 출범하는 것으로 이어졌다. 이와 함께 11월 3일 연세대에서는 전국 24개 대학 2천여 명이 참여한 가운데 '민주화 투쟁 학생 연합'이 결성됨으로써 학생운동은 보다 강력한 반독재 투쟁을 전개할 수 있는 조직틀을 갖추게 되었다.

학생운동은 이렇듯 엄혹한 탄압을 뚫고 자신을 지켜 내었고 한걸음 더 나아가 급속한 성장을 이룩하는데 성공하였다. 그리하여 학생운동은 끈질긴 투쟁을 통해 압제권력을 밀어낼 수 있다는 자신감을 우리 민중들에게 심어주었다. 그리고 우리 민중들로 하여금 마침내 깊은 패배의식에서 벗어나 새롭게 투쟁에 나서도록 고무하였다. 이것이 1980년 대 초반기 학생운동이 해낸 가장 큰 공헌이었다.

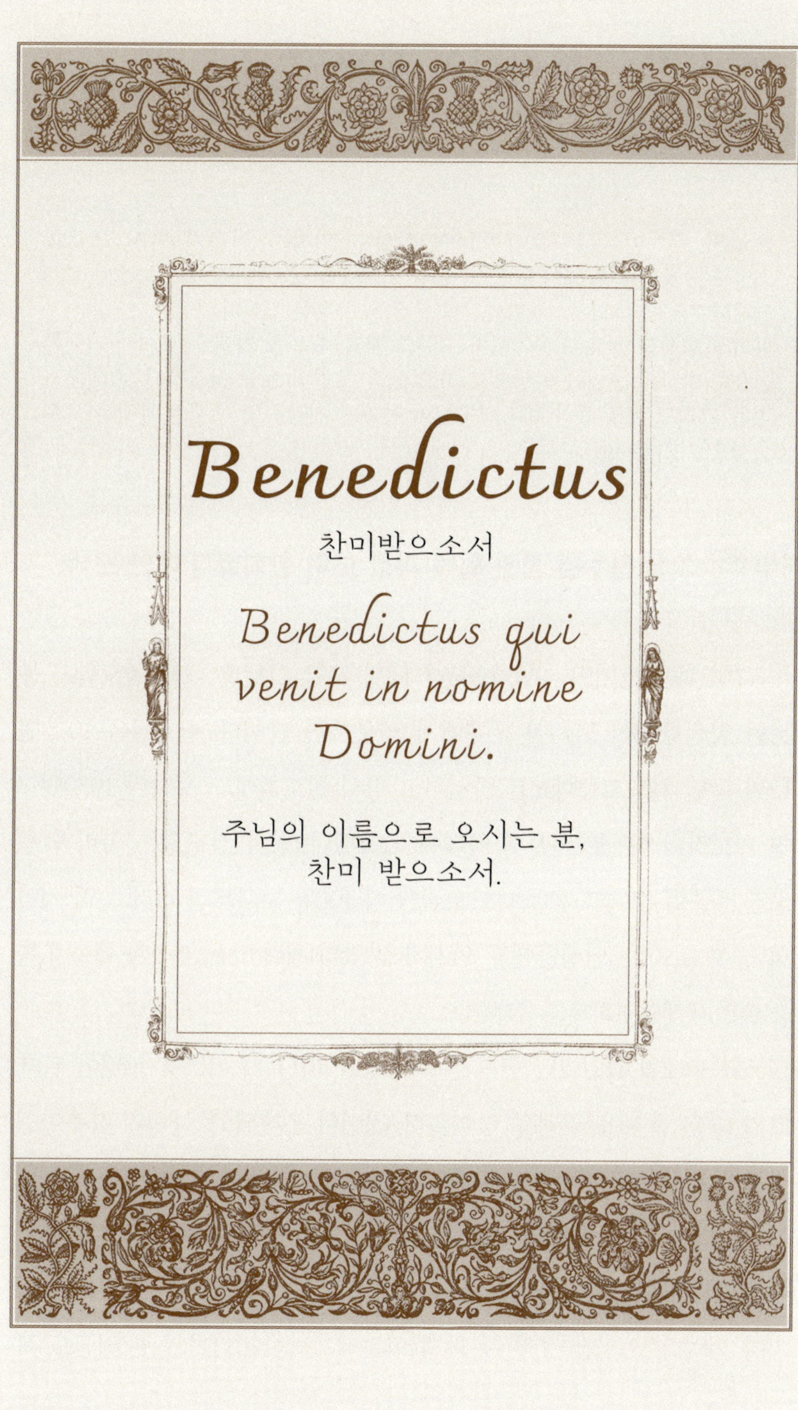

Benedictus

찬미받으소서

Benedictus qui venit in nomine Domini.

주님의 이름으로 오시는 분,
찬미 받으소서.

한희철 40주기 추모식 준비하는 '친구' 이은희 박사

1부 2023. 11. 22 전두환 정권 획득 과정 보며 한희철과 대안 모색

전두환 정권기인 지난 1983년 12월 11일, 그날은 나와 철도학교 동문인 한희철(1961.2.11.)이 군대에서 의문사한 날이다. 한희철은 1978년 12월 국립 철도고등학교를 졸업하고 잠시 철도청에 근무하다 1979년 3월 철도장학생으로 서울대 공대에 입학했다. 당시 철도고는 학비가 무료였고 졸업 후 철도공무원으로 취직이 100% 보장되던 터라 특히 지역의 공부 잘하는 학생들에게 인기가 많았다(관련기사 : 전두환 때문에 목숨 끊은 대학생 한희철을 생각한다).

오는 12월 11일이면 한희철이 이 땅을 떠난 지 어느덧 40년이 된다. 그가 죽은 날 나도 군복무 중이었다. 진실이 은폐되고, 사실이 감추어진 엄혹한 시절, 그래서 나도 당시 군대에서 그의 억울한 죽음을, 죽음의 원인을 전혀 알지 못했다. 지금은 거의 상투어가 되다시피 한 '자유', '민주주의', '사회정의'의 가치를 추구하다가 그는 23살의 꽃다운 나이에 망자가 되었다. 하지만 그의 그 희생 덕분에 나는 40년이 흐른 지금도 목숨을 부지하고 있다.

역사는 흐르고 사람은 가도 정신만은 남는다. 산자가 망자에 대해 할 수 있는 최소한의 예의는 그가 남긴 정신과 열망을 기억하고 기록하는 일일 것이다. 그것은 그의 이름을 높이기 위해서가 아니다. 한희철이 온갖 어려움과 시련 속에서 지켜온 가치를 손상과 상실의 위험에서 지켜내기 위해서다. 그의 삶이 오늘 우리에게 무엇을 남겼는지를 돌아보는 일도 그의 삶을 영광으로 채색하기 위해서가 아니다. 오늘 우리가 근거하고 지향해야 할 바를 그가 남긴 삶의 흔적을 통해 감별해 내기 위해서다.

이은희 박사는 한희철의 철도고 동기이자 지난 70~80년대 한희철과 함께 우리사회의 민주화를 꿈꾸었던 '절친'으로서 지금 한희철 40주기 추도식을 준비하고 있다. 다음은 지난 10일부터 21일까지 이 박사와 이메일과 페북 메신저로 인터뷰한 내용을 정리한 것이다.

Q. 먼저 자기소개와 더불어 한희철과는 어떻게 알게 된 것인지?

나는 1970년대 한희철과 함께 경기도 성남시에 거주하며 1976년 국립 철도고 업무과에 입학했다. 1979년 한희철이 서울공대에 입학했을 때 나는 성균관대 행정학과에 입학했다.

1979년 10월 26일 당시 중앙정보부장으로서 박정희의 오른팔이었던 김재규가 박정희를 살해한 10.26 사건 이전 나는 한희철과 마찬가지로 박정희 대통령을 존경하는 정치적으로 순진무구한 대학생이었다. 그러나 10.26 이후 한희철이 참여했던 가톨릭교회 주도의 김재규 구명운동을 접하면서 '김재규는 반역자라기보다는 박정희의 장기독재를 끝낸 의인'으로 볼 수도 있다는 생각을 하며 대한민국 정치의 민주화에 관심을 갖기 시작했다.

이후 1980년 봄 '민주정부 수립'을 열망하는 대학가에서의 대규모 시위, 5.18 대학생 시위와 광주민주화운동에 대한 무자비한 탄압과 전두환 신군부정권이 수립되는 과정을 지켜보면서 나는 한희철과 함께 군부독재, 경제적 빈곤, 민족분단과 같은 우리사회 근본문제의 원인과 해결방안을 모색하는 노력이 필요하다는데 공감하게 되었다. 그래서 성남지역 출신의 몇몇 대학 동문들과 사회과학 연구모임을 만들었고, 내가 다니는 성균관대에서는 대학동문들과 함께 이른바 이념서클(동아리)인 '고전연구회'를 창립했다. 그리고 1982년 5월 군에 입대할 때까지 대한민국의 역사, 사회경제, 정치, 민족분단 등 다양한 주제에 관한 연구학습 활동에 적극적으로 참여했다.

1984년 7월 군 제대 후에는 한희철이 군입대하기 전 주로 활동했던 성남 YMCA에서 지역문제와 사회과학 연구모임인 '대학 Y'를 구성해 활동했다. 대학 졸업 이후에는 성남지역의 노동운동에 참여했다. 1990년대 들어서며 노동운동 일선에서 물러나 학원강사 등 생업을 하며 한희철의 어머님과 함께 '전국민족민주유가족협의회'(유가협)이 주도하던 의문사 진상규명투쟁에 동참했다. 1984년도 한희철 1주기 추도식부터 이어지는 성남지역과 서울대 등의 한희철 추모 모임이나 행사에 꾸준히 참여했다.

2002년부터 미국 위스콘신 주립대와 사우스캐롤라이나 주립대에서 언어학 석박사를 마치고 지난 2012년 귀국했다. 지금은 단국대에서 초빙교수로 일하면서, 아직도 완전히 규명되지 않은 한희철의 죽음에 관한 의문을 풀기 위해 '민족민주열사-희생자추모(기념)단체연대회의'(추모연대)의 '군의문사대책위'에 참여하며 한희철 의문사의 진상을 규명하기 위해 노력하고 있다.

Q. 한희철과 철도고 동기동창인데 고교시절 한희철은 어떤 학생이었나?

1976년에 철도고 업무과에 입학한 한희철은 무엇보다 동료학생, 학교선배들에게 웃음 많고 유머도 있으며, 붙임성과 친화력이 뛰어난 예의 바른 학생이었다. 또한 돈독한 가톨릭 신앙인이며, 철저하고 꼼꼼한 완벽주의자로서 적극적이며 과제수행 능력이 매우 탁월했던 친구였다. 철도고 1학년 때에는 친구들과 철도를 이용해 부산, 경주, 충주, 수원 등 전국을 함께 유람하며 여행하는 것을 좋아했다. 학교 방과 후에는 동료학생들과 탁구나 축구 등 체력단련을 위한 스포츠 활동을 즐기곤 했다. 성남시에 거주하는 철도고 동문들과의 교류에도 적극 참여해, 철도고와 서울공고 성남시 학생모임간의 축구 대항전 등에도 나와 함께 참여했었다.

한희철은 철도고 가톨릭 학생회에 참여해 동문들과 신앙생활을 함께 하면서 가톨릭 신앙을 전파하는 활동에도 적극적이었다. 당시 불교반이었던 나와 1년여 기간 가톨릭 신앙을 소개하는 논쟁과 토론으로 나를 이끌었고, 빈번한 그의 재촉에 못 이겨 두어 번 정도 '가톨릭 학생회' 모임에 참여하기도 했다. 고3 학력고사 이후 각 대학별 본고사를 앞둔 두어 달 동안 나와 같이 성남에 있는 한 독서실에서 본고사 준비를 할 때는 하루 서너 시간만 잠을 자면서도 새벽이 되면 성당에 나가 새벽기도를 올리곤 했다. 그의 철저하고 꼼꼼한 면모가 그의 독실한 가톨릭 신앙에서 비롯되는 것 같았다.

한희철의 탁월한 과제 수행능력은 대학입시에서 극적으로 드러난다. 고교 2학년 때부터 대학입시에 뜻을 품은 그는 종로 2가 학원가에서 특수목적고인 철도고의 교과과정에서 취약했던 인문계 과목의 수업을 듣고 독서실에서 복습하며 거의 독학으로 입시 준비에 매진했다.

1979년 졸업과 동시에 서울공대에 입학했다. 그의 서울공대 입학은 대학의 공대 진학에서 '동일계'의 혜택이 주어지지 않는 철도고 업무과 출신으로서 고교졸업과 동시에 서울공대에 입학하게 된 철도고 역사상 최초의 '전설적인' 성과였다(당시 일부 신문에서 "철도고에서 1, 2등을 했다" "서울공대에 동일계로 진학했다"고 보도했는데, 이는 사실과 다르다-기자 말).

Q. 철도고 졸업 후 대학시절에는 한희철과 주로 어떤 활동을 함께 한 것인지?

1979년 10월 26일 이후 가톨릭교회를 중심으로 전개된 김재규 구명운동을 계기로 한희철과 나는 박정희 유신독재의 어두운 그늘을 깨닫게 되고, 사회민주화에 대한 열망을 키우며 점차로 공동의 실천적 접점들을 만들어 나갔다.

1980년 5월 전두환 보안사령관을 위시로 한 신군부세력의 재집권 기도에 반대해 '민주화 일정 제시'를 요구하는 대규모 대학연합 가두시위가 서울시내 곳곳에서 벌어질 때, 한희철과 나는 여러 번 시위현장에 함께 참여했다. 1980년 5월 15일 서울역 광장에서 있었던 마지막 시위에서는 시위진압 경찰의 폭력적 강경진압과 검거를 피해 함께 서울역 역무원 사무실로 피신하기도 했다.

1980년 5.17 비상계엄 확대와 대학캠퍼스 봉쇄조치가 발령된 5월 17일 오전 한희철과 나는 서울대 관악캠퍼스에 가면 '학생시위에 참여할 수 있을까' 하는 생각으로 서울대 입구에서 만났다. 캠퍼스에 가까이 다가가면서 돌연 정문을 통제하던 계엄군이 '캠퍼스로 손님을 모시러 가야한다'고 항의하며 들어가게 해 달라는 택시운전수의 얼굴을 M16 소총의 개머리판으로 무자비하게 가격해 얼굴에 선혈이 낭자하게 만드는 참상을 목격하며 집으로 발길을 돌렸다.

이후 언론보도가 철저히 군부에 의해 통제된 계엄 상황에서도 광주에서 대규모시위가 일어나 군대와 대치하는 상황에서 많은 사상자가 발생하고 있다는 외신을 접하며 '광주에 직접 가보는 게 어떠냐'는 논의를 했으나 실행은 하지 못했다. 세월이 많이 흐른 뒤에야 나는 당시 5월 26일쯤, 한희철이 홀로 열차를 이용해 광주 부근까지 가서 광주에서 대학살이 있었다는 생생한 증언들을 듣고 왔다는 것을 알게 되었다.

신군부가 광주시위대를 무자비한 폭력과 학살을 통해 진압하고 1980년 5월 27일 국보위를 조직해 그 상임위원장을 맡은 전두환이 결국 정권을 획득해 나가는 과정을 언론을 통해 지켜보면서 한희철과 나는 장기적인 대안을 모색하기로 했다. 당시 천호동에 살았던 나는 한희철을 통해 그의 여러 친구들과 빈번히 교류했다.

겨울방학쯤에 한희철과 나는 성남YMCA 결성에 참여했던 그의 서울대 동문 고 이양병, 고 이수열과 함께 우리 사회의 역사와 구조문제, 그 해결방안 등을 연구하기 위한 사회과학 학습모임을 만들어 활동했다. 안타깝게도 그 당시의 모임의 구성원 중 현재 나만 생존해 있다. 비슷한 시기에 한희철이 주도적으로 참여한 성남시 대학생 연합회의 창립대회에도 함께 참여했다. 1982년 4월 19일에는 한희철과 수유동의 4.19 묘지를 참배했고, 그와 뜻을 같이하는 타학교의 학생들과 소개하는 자리도 가졌다. ▨ 2023년 11월 22일

2부 ^{2023. 11. 23} 전두환 때 의문사한 한희철…
그가 성남에서 했던 일은

Q. 1970, 1980년대 당시 이은희 교수가 불교도인데도 가톨릭교도인 한희철과 종교의 벽을 넘어 함께 활동하고 가까이 지낼 수 있었던 비결은 무엇이었나?

한희철이 당시에 가톨릭교회의 범위를 넘어 활동의 폭을 넓혀 나갈 때에 나는 그의 활동의 일부를 함께했다. 한희철은 성균관대 근처에 있는 가톨릭대학생연합회(가연) 사무실과 한국에큐메니칼운동(혹은 종교일치운동)의 중심지였던 한국교회협의회(KNCC) 사무실을 자주 방문했다. 나도 여러 번 그와 동행하면서 가연과 KNCC의 선후배 학생들을 알게 됐다.

그래서 가톨릭을 비롯한 한국의 많은 교회들이 교파를 초월한 종교일치운동을 통해 우리사회의 민주화운동과 노동자, 빈민 등 경제적 약자들 지원하는 활동을 함께하며 종교일치운동의 범위를 확장해 불교, 천도교와 같은 범종교적인 종교일치운동도 모색 중이라는 것을 알게 됐다. 이후의 활동과정에서 나의 불교신앙을 벽으로 느끼지 않고 가톨릭이나 개신교 등 다른 종교인들과 격의 없이 함께 교류하고 활동할 수 있었던 것은 종교일치운동에 대한 이런 이해가 있었기 때문이었다.

이렇게 대학 3학년을 보내면서 한희철, 이수열, 나는 대학 졸업 이후의 진로를 함께 논의하면서 일단 군대를 다녀오고 그 뒤에 다시 각각의 진로를 모색하자고 의견을 모았다. 대학 4학년 때인 1982년 5월 나는 동료들 중 제일 먼저 군에 입대했고, 이수열과 한희철은 성남지역에서 활동을 지속하다가 그 해 10월과 11월에 각각 입대했다.”

Q. 한희철은 대학 입학 이후 군부대에서 사망하기 전까지 광범위한 활동을 한 것으로 아는데 먼저 성남지역에서 주로 어떤 활동을 한 것인지?

1984년 7월 군에서 전역하면서 나는 성남에서의 어떤 일들이 한희철 사망의 배경이 됐는지 의문을 풀기 위해 주로 내가 군입대한 이후부터 그가 입대하기 전까지의 그의 행적을 탐문했다. 이 과정에서 새롭게 만난 많은 사람을 통해 나는 10.26 이후부터 한희철이 군에 입대하는 1982년 11월까지 대략 3년 정도의 기간 동안 그가 누구와도 비교할 수 없을 정도의 광범위한 활동을 했음을 알게 됐다.

한희철이 최초로 참여한 사회운동은 박정희를 살해한 김재규에 대한 가톨릭교회의 구명운동이었다. 고 이수열의 의문사위 진술서에 따르면 한희철이 10월 26일을 ‘자신의 제2의 생일’이라고 여러 번 이야기했다고 한다. 한희철이 순진무구했던 시절 존경하던 박정희 대통령, ‘그는 왜 그의 충실한 부하였던 김재규에 의해 살해돼야 했을까?’ 이 모순된 사태를 접하며, 한희철은 ‘누가 옳고 누가 그른 것인가?’를 깊이 고민하지 않을 수 없었다. 10.26에 대한 〈뉴스위크〉 등 여러 외신의 보도를 비교 검토하며 박정희가 독재자라는 확신을 가지게 됐다. 그리고 이런 인식의 전환이 자연스럽게 한희철이 김재규 규명운동에 적극적으로 참여하게 된 동기가 됐다.

해가 바뀌어 1980년 3월 대학 캠퍼스가 열리며 '전두환(보안사령관) 퇴진'과 '민주정부수립'을 요구하는 대학생들의 대학별 시위가 많은 대학 캠퍼스에서 열렸다. 1980년 5월이 되면서 서울 지역 대학들의 서울시내 연합시위로 발전하는 과정에서 한희철은 적극적으로 시위에 가담했다. 일례로 5월 15일 서울대 캠퍼스 시위과정에서 이수열은 한희철이 마이크를 잡고 연단에 올라 '시위가 비폭력적이어야 한다'는 주장을 하는 것을 목격했다고 증언한 바 있다.

전두환이 대통령이 돼 신군부가 정권을 수립한 뒤 한희철은 대학생, 노동자, 빈민 등의 대중운동의 기반을 마련해야 한다는 장기적인 비전을 세우고 성남과 서울지역에서 활발한 활동을 펼쳤다.

먼저 성남시에서는 뜻을 같이하는 여러 대학의 동문들과 다수의 연구 학습모임을 만들었다. 당시 이양병, 나, 이수열을 포함한 모임은 서울 지역에서 있었다. 이를 기반으로 1980년 말에 성남시대학생연합회(성대연) 준비모임이 결성되고 1981년에는 성대연이 출범하게 됐다. 1981년 겨울에는 성대연이 주최로 제1회 여명예술제를 개최했으며, 이때 한희철은 '노동자의 삶과 눈물과 희망을 담은' '나에게 이런 시절이 있었다'라는 시를 발표하기도 했다.

이러한 노력과 동시에 1980년 겨울에는 주민교회, 지역청년 및 대학생들과 뜻을 모아 성남 YMCA 창립과정에도 적극 참여했다. 또 그 산하에 노동환경의 개선과 노동자의 권익보호를 목적으로 하는 지역청년들의 모임인 탄천 클럽을 조직하고 한문, 국어, 생활과학, 영어 등을 가르치는 생활야학(샘터)도 개설했다. 성남지역 시민운동권의 어른이셨던, 주민교회 이해학 목사, 신구대학 김준기 교수와도 잦은 교류를 하게 된 것도 이 시기였다.

이러한 한희철의 당시 모습을 추억하며 이해학 목사는 '한희철은 참 좋은 친구였어. 나랑 친하니까. 이야기하다가 시간 가는 줄 몰랐지. 내 서재에서 같이 자고 그랬어'라고 증언했다. 한희철의 뛰어난 친화력이 그의 활동 과정에서도 가감 없이 드러나는 대목이다.

평소에 매주 미사를 보던 성남시 수진동 성당에서도 그의 활동은 이어졌다. 입대 전에 청평역에서 역무원으로 일하던 철도노동자로서 한희철은 성남시 수진동 성당의 가톨릭노동청년회(JOC)에 가입해 노동자의 권익향상을 위해 노력했다. 또 노동자에 대한 교육과 문화활동, 노동운동지원 등을 하는 성남시 상대원동 분도수녀원 소속 '만남의집'과도 활발한 교류를 했다.

서울대 가톨릭학생회(울톨릭)에서의 활동도 김재규 구명운동 이후 적극적이었다. 그가 3년 정도에 걸쳐 울톨릭 사무실에 남긴 글은 그의 사후 3회에 걸쳐 결집되어 자료집으로 나온 바 있는데, 그의 글은 그의 사상적 중심이 가톨릭 신앙이었고, 수난자 예수의 삶을 따르는 것임이 반복적으로 강조돼 나타난다.

울톨릭의 범위를 넘어 한희철의 활동은 가톨릭대학생연합회(가연)에도 이어진다. 당시 성균관대 근처의 대학로에 가연의 사무실이 있어서 그가 대학로로 나올 때에는 미리 내게 연락을 해 함께 가연 사무실을 방문해 동문들에게 인사시킨 적이 있다.

또한 한희철이 가톨릭 교회의 범위를 넘어서는 에큐메니칼운동(혹은 종교일치운동)으로 활동을 확장하면서 한국 종교일치운동의 중심지였던 종로5가 한국교회협의회(KNCC)의 대학생 그룹과도 빈번히 교류했다. 성남시 주민교회 이해학 목사와 전도사, 청년학생들과 잦은 교류를 한 것도 이러한 종교일치운동의 대의에 따른 것이라 보여진다."

  3년 정도의 짧은 기간임에도 그의 활동과정에서 드러나는 가장 큰 특징은 한 마디로 그의 독실한 가톨릭 신앙이 그의 사회정치운동의 사상적 근원이었다는 점이다. 한희철이 사망 전에 남긴 글에서 보듯, 그는 항상 '하느님과 민주주의를 믿고 행하며' 살았고, '이 땅이 하느님의 공의에 의해서 다스려지'는 나라가 되기를 꿈꾸었으며, '하느님의 뜻을 따르고 사랑을 실천하며 사는 국민들 하나하나의 힘'이 모일 때 하나님의 공의가 실현되고 민주주의와 경제 정의가 이뤄진다고 믿었다. 2023년 11월 23일

"사망 소식 듣고 현장 갔더니 말끔히 청소, 군에 이유 물으니…"

편집자 주: 도입부의 원문은 1부의 것과 내용이 중복되어 생략하였다. 3부에서는 1983년 12월 11일 발생한 한희철 열사의 사망 사건과 그 직후의 정황을 다룬다. 군 당국이 가족에게 통보한 내용, 시신 확인 과정에서 발견된 의문점, 그리고 유가족이 목격한 사고 현장의 상태 등 보안사의 은폐 의혹을 뒷받침하는 구체적인 사실 관계를 정리한다.

Q. 1970, 1980년대 당시 불교도인 이은희 박사가 보기에 가톨릭교도 한희철 신앙의 특징적인 점은 무엇이었나?

하나의 특징은 그의 돈독한 가톨릭 신앙이 가톨릭교회의 범주에 그를 가두는 폐쇄적인 것이 아니라, 오히려 가톨릭 신앙을 강력한 구심으로 어떤 사상적, 종교적 제약도 두지 않고 자유롭게 확장되는 개방적인 것이었다는 것이다.

기독교 운동권 명망가인 이해학 목사의 성남시의 주민교회, 기독교학생협의회, YMCA와 같은 개신교단체, 불교나 천도교를 포함하는 다양한 종교일치운동(에큐메니칼)을 추진하는 운동, 고 김준기 교수 같은 진보적 활동가, 좌익경향이 있는 학생운동가, 노동운동가 등과 제약 없이 활발히 교류하는 등에서 보듯, 그의 신앙의 개방성은 그의 탁월한 친화력과 맞물려 이 사회의 민주주의, 경제정의, 민족통일의 대의에 앞장서는 모든 이들과 함께 하는 '대동단결'의 하모니를 가감 없이 보여주었다.

다음으로 그의 사상과 행동은 추상적이거나 공허하지 않으며, 너무나 '인간적'이고 구체적이며, 정감이 있다. 그가 꿈꾸던 '하느님의 공의'가 이루어지는 사회의 주체는 '민족, 인류, 가난한 사람들, 방황하는 사람들, 고통 받고 신음하는 사람들, 미래가 열리지 못한 어린이들, 자유,

평화, 민주주의, 하느님, 또 진리를 수호하기 위해 수난당하는 이들, 그리고 나의가족, 친구들, 애인'이다. 이들을 하나로 모으는 힘은 이념의 세례나 교조의 세뇌가 아니라 바로 사랑이다.

이들은 '사랑을 받으면 행복을 느끼는 사람들'이고 또 '사랑을 받기만 하면 사랑을 할 줄 아는 이들'이며, 그렇기에 하느님의 사랑을 배워 이들에게 '온 몸을 태워' 가르쳐 주는 것이 하느님의 공의가 이루어지는 세상을 만드는 유일한 '개벽'의 길이라고 믿었다. 민중과 일상을 함께 하며 하느님의 사랑을 가르치고 수난의 길을 걸은 예수의 길이 바로 이 길이고, 그러하기에 한희철은 그의 죽음을 '예수 그리스도의 제자된 걸음'으로 불러달라는 서한을 남겼던 것이다.

마지막으로 언급할 특징은 한희철의 신앙적 믿음과 지향은 너무나 순수했고 배타적일 정도로 비타협적이었다는 점이다. 동료나 친구, 후배, 노동자, 농민, 핍박받는 이들을 대할 때는 겸손하고 자상하며 사려 깊고 부드러우나, 자신의 믿음과 가치를 지키는 데는 철저하게 일관되고 '거만할 정도로' 고고했다.

이러한 신앙의 배타적 순수성이 세상의 핍박과 수난을 운명적으로 받아들여 십자가에 못 박힌 수난기 예수의 삶을 따르는 것을 자신의 운명으로 동일시하게 만든 바탕이었을 것이다."

Q. 지난 1983년 12월 11일, 한희철이 군대에서 의문사 했다는 이야기를 언제 어떻게 알게 됐나?

나보다 5개월 정도 늦게 군에 입대한 한희철과 간간이 서신을 통해 서로의 안부를 전하곤 했는데 특별히 1983년 10월 한희철이 곧 휴가를 가게 되니 내가 복무하던 부대로 면회를 오겠다는 서신을 받았었다.

서신에서 언급한 휴가기간이 돼도 한희철이 면회를 오지 않아 무슨 일인가 궁금해 하던 차에 휴가기간에 바빠서 올 시간을 내지 못했고, 곧 의가사 전역을 하게 될 것이라 전역 후에 면회를 오겠다는 서신을 받게 되었는데 이것이 한희철과 생전에 교류했던 마지막 연락이었음을 당시에는 전혀 상상도 하지 못했다.

그가 면회 오겠다는 날이 한참이나 지난 1984년 7월 초 드디어 26개월의 군복무를 마치고 집에 복귀한 후 나는 그간 연락이 없던 한희철의 집으로 전화를 걸어 부친과 통화를 하면서 희철의 안부를 물었다. 이때 한희철이 사망했다는 청천 벽력같은 소식을 처음으로 듣게 됐다.

부친의 집을 방문했을 때 부친은 한희철이 사망한 당일 군부대의 연락을 받았고 희철의 외삼촌과 군부대에 도착했는데, 시신은 이미 영안실에 안치돼 있었다고 한다. 군 관계자는 희철이가 쓴 유서가 있는데 보안상의 이유라며 원본은 주지 않고 타이핑한 유서를 전달했고, '비관 자살인 듯하며 웃옷이 벗겨진 채 가슴에 3발의 총상자국과 함께 약간의 화상이 있었다'고 했다.

부친이 '혹시 희철이가 보안대에 불려 간 적이 없느냐?'는 질문에 모두가 보안사 조사 받은 일을 숨겼다. 영안실에서 부친이 시신을 확인한 바, 가슴에 3발의 총탄자국이 3각형을 이루고 있었고, 손등은 검은색을 띠고 부어 있었다. 좋은 일도 아니니 바로 시신을 화장하고 마무리 짓는 것이 어떠냐고 관계자들이 재촉해서, 낙심했던 아버님은 벽제 화장장에서 희철의 시신을 화장했고 외삼촌이 유골을 한탄강에 뿌렸다고 하셨다.

며칠 뒤에 어머님이 부대를 방문해 희철의 사망현장을 직접 가보게 되었는데 사망현장이 깨끗하게 치워져서 '무슨 이유냐?' 물으니, 부대원들이 사망현장에 가기를 무서워해서 그랬다는 응답을 들었다고 하셨다.

그 다음해인 1984년 3월 '서울의 여러 대학생들이 주최했던 홍제동 성당의 '한희철 100일 추모제'에서 보게 된 '강제징집 진상보고서'를 읽고 의문의 실마리를 얻어 보안사령부를 찾아간 부친은 한희철이 5일 동안 보안사의 조사를 받았다는 사실은 확인했지만 '고문을 한 사실은 없었다'는 이야기만 들었다고 하셨다."

Q. 여러 언론에서 한희철의 죽음을 '군의문사' 사건들 중의 대표적인 사건으로 보도했는데, 한희철의 죽음이 '의문사'로 규정된 이유나 그의 죽음에 대해 제기된 의문점은 무엇이었나?

한희철이 비관자살했다는 보안사의 설명에도 불구하고, 당시에 한희철의 죽음에 여러 의문이 제기되고 있었다.

첫째 의문사의 사례 중에 유서를 조작한 경우가 있었다는 점. 둘째 보안사가 한희철의 죽음과 관련이 있다는 것을 가족에게 은폐했다는 것. 셋째 한희철이 고문과정에서 사망해 총기자살로 위장할 가능성. 넷째 3발의 총탄자국이 삼각형을 이룬 것은 연발로 쏘았을 때 가능하지 않다는 점. 다섯째 단신인 한희철이 M16총을 스스로 가슴에 대고 격발할 수 없을 것이라는 점. 여섯째 등에 나 있는 총상은 한 일자를 이루고 있는 검시자료가 있다는 점, 일곱째 한희철과 같이 군생활을 한 이00는 사망하기 전날인 12월 10일 점심식사 후에 한희철로부터 보안사에서 "전기 고문 (2회) 등을 당하며 조사를" 받았으며 "허리춤을 열어 보이며 고문자국을 보여" 주었고, "어머니 때문에 살아야 하겠다는 생각을 하고 자술서를 쓰고 나오게 되었다"고 증언한 점 등을 고려할 때 타살의 가능성이 있다는 것이었다.

　　만일 한희철이 자살한 것이 사실이라고 하더라도, 한희철을 자살로 몰고 간 보안사의 조사과정의 고문, 폭력, 회유 등의 불법성이나 인권유린의 과정이 있었는지 그 진상을 규명하고, 가해자에 대한 적절한 책임도 당연히 물어야 한다는 점에서, 현재까지 제기되고 있는 여러 의문을 풀기 위해 유족과 한희철의 동료들은 지금도 진상규명 운동을 하고 있다. 2023년 11월 24일

4부 ^{2023. 11. 26} 곧 제대인데, 스스로 목숨 끊어?
친구들이 밝혀 낸 진실

Q. 한희철이 의문사한 그날 이후 이 교수를 포함한 친구들은 어떤 삶을 살았는지?

누구보다도 독실한 가톨릭 신앙과 삶에 대한 긍정적이고 적극적인 신념을 가졌던 희철이 의가사 제대를 한 달 정도 남기고 '자살' 했다는 이 믿을 수 없는 이야기에 나는 많은 의문을 가졌다. 그래서 그의 사망의 배경과 원인에 대한 의문을 풀기 위해 군입대 전 그가 활동했던 성남 YMCA, 수진동 성당의 가톨릭 노동청년회 (JOC), 주민교회 등을 방문해 희철의 행적에 관한 이야기와 사망과정에 제기된 여러 의문에 대해 논의했다. 그 과정에서 자연스럽게 그들과 가까워지면서 진상규명 노력을 함께 하는 것은 물론 나는 성남에서 많은 시간을 보내며 희철의 일을 이어가는 활동을 하게 되었다. 성남 YMCA에서는 대학Y라는 대학생 클럽을 조직해 우리역사와 사회문제들을 연구하며, 사물놀이와 전통 연극 등 전통문화 배우기와 공연 등의 활동을 했다. 또 수진동 성당의 가톨릭 노동청년회(JOC) 회원들과 모임을 가지며 상대원동 분도수녀원 소속 '만남의 집'과도 활발한 교류를 했다. 이런 과정에서 나는 자연스럽게 성남지역 노동운동에 참여하게 되었다.

군복무를 마치고 성남으로 복귀한 희철과 같이 활동했던 친구들은 나에게 크게 두 가지 반응을 보여주었다. 한 그룹은 나를 희철의 친구로서 희철을 만난 듯 따뜻하게 대해 주어 쉽게 친구가 되거나 가까운 선후배가 되었다. 반면 다른 한 그룹은 낯설고 위험한 사람을 만난 듯이 강한 경계심을 표출하면서 가벼운 인사만을 나누고 거리를 두게 되었다. 희철이 사망한 이후에 군에 있었던 동료들에 따르면, 그들은 각기 군 보안사의 과천분실이나 서울시내 소재한 진양분실로 강제로 끌려가 위협적인 분위기에서 희철과 함께 활동했던 일들에 대해 조사를 받았다고 했다. 위의 후자의 그룹이 내게 표출했던 강한 경계심은 대체로 이런 경험의 산물이 아니었을까 생각한다.

군에서 제대한 이후 위의 전자의 그룹에 속했던 희철의 동료들은 대학 졸업 후 성남지역에서 나와 함께 노동운동에 참여하거나, 이수열처럼 공립이나 사립학교 교사로 임용되어 전교조 활동에 참여했다. 반면 후자의 그룹은 대학 졸업 후 공무원 또는 직장인이 되거나 별도의 생업에 전념하는 평범한 시민으로 돌아갔다.

이런 가운데서도 희철을 기억하는 동료들은 '한희철 추모모임'을 구성했다. 매년 설이나 추석 명절 때면 희철의 부모님을 방문해 인사를 드렸고, 한희철 사건의 진상규명을 위한 싸움에 부모님과 함께 했다. 매년 한희철의 추모행사를 개최하며, 서울대나 성남시민주화운동사업회가 개최하는 민족민주열사 합동추모행사에도 가족들과 함께 적극적으로 참여해 왔다. 특히 7주기를 맞은 1990년도 추모행사에서는 그동안 희철의 유골을 한탄강에 뿌린 관계로 묘소 없이 진행되어온 추모행사의 장소적 한계를 넘어서고자, 희철의 혼을 부르는 초혼의 예식을 통해 경기도 마석 모란공원에 묘소를 설치했다. 이후 희철의 묘역은 매년 열리는 추도식의 주된 현장으로 역할을 하게 되었다.”

7주기를 맞은 1990년도 추모행사에서는 그동안 한희철의 유골을 한탄강에 뿌린 관계로 묘소 없이 진행되어온 추모행사의 장소적 한계를 넘어서고자, 한희철의 혼을 부르는 초혼의 예식을 통해 경기도 마석 모란공원에 묘소를 설치하였고, 이후 한희철의 묘역은 매년 열리는 추도식의 주된 현장으로 역할을 하게 되었다.

Q. 1983년 12월 11일, 한희철이 군대에서 사망한 그날 이후 희철 부모와 가족들은 어떤 삶을 살았는지, 또 희철의 친구들과 가족들의 관계는 어떠했나?

희철의 부친 고 한상훈 예비역 소령은 6.25 전쟁 중 큰 전공을 세운 한국전쟁 유공자로서 자부심을 가진 보수적인 분이었다. 그런 이유로 희철이 생전에 학생운동에 참여하는 것에 비판적이셨다. 희철의 사망 이후에도 보안사가 부친을 간간이 접촉하면서 희철 관련해서 주변에서 시위나 집회가 일어나지 않도록 노력해 달라는 부탁을 했다. 이를 받아들여 부친은 '희철이 문제로 시끄럽게 문제를 일으키지 마라'는 말도 희철의 동료들에게 하곤 하셨다.

이런 분위기에서 모친과 희철의 누나, 여동생들은 희철이 불온한 사상을 가지고 좋지 않은 일을 한 것이 희철을 죽음으로 몰고 간 것이 아닌가 생각하여 주변사람들에게 마치 '죄인' 같은 심정으로 희철과 관련된 이야기를 하는 것을 꺼리기도 하고, 왜 이렇게 가족들에게 큰 시련을 주고 갔는지 희철에 관한 원망도 했다고 한다.

이후 희철의 친구들이 명절 때나 추도식 때 가족들과 만나고, 특히 모친이 전국민족민주유가족 협의회(유가협)의 사람들과 만나서 희철과 같은 운동권학생들의 의문사사건들에 관한 이야기를 자주 들으면서 희철이 생전에 하고자 했던 일을 이해하고 공감하게 되면서 가족들 모두가 서서히 희철의 생전 활동에 대해 이해하고 자부심을 갖게 되었다.

특히 가족 대표로서 나와 함께 유가협 활동에 참여하기 시작한 모친은 1980년대 후반 이후 이소선 여사(전태일 열사 모친), 박정기 선생(박종철열사 부친), 배은심 여사(이한열 열사모친) 등 민주열사의 부모님들과 함께 의문사 진상규명을 위한 422일 간의 국회 앞 천막농성에 적극 참여하였다. 가족들 중 마지막으로 희철의 생전활동을 이해하게 된 부친은 희철 추도식이나 성남지역의 집회에 간간이 참여해 지지와 격려의 말씀도 하시게 되었다. 세월이 많이 흘러 희철 부모님 두 분이 다 돌아가시고 (희철의 부친은 2006년에 모친은 2018년에 돌아가셔서 서울국립현충원 충혼당에 안장됨) 희철 누님 한영희 여사가 가족을 대표해 희철 친구들과 추모모임과 함께 추모활동을 이어가셨다. 또한 누님은 유가협이나 추모연대 등 단체와 함께 의문사 진상규명운동, 민주화운동유공자법 제정운동 등에 참여하고 있다."

Q. 그동안 한희철 가족과 친구들이 유가협이나 추모연대 등과 함께 의문사 진상규명을 위해 노력해왔는데 그 성과는 무엇인지?

유가협의 국회 앞 장기농성의 결과로서 지난 2000년 1월 15일 제정된 '의문사진상규명에 관한 특별법'에 따라 그해 10월 17일 설립된 '대통령소속 의문사진상규명위원회'(의문사위)는 1년 9개월여의 진상조사 활동을 통해 2002년 6월 21일 희철이 '민주화운동과 관련하여 공권력의 위법한 행사로 사망하였'음을 인정했다. 그리고 민주화운동 관련자 명예회복 및 보상심의위원회(민보상위)에 '한희철 및 그 유족에 대한 명예회복 및 보상심의를 요청'하는 결정서를 채택했다.

의문사위의 결정서에 따라 민보상위는 지난 2003년 11월 18일 희철을 민주화운동 관련 사망자로 인정했다. 그리고 2004년 1월 6일 희철에 대한 보상금으로 부친에게 1억6029만6280원을 지급하기로 결정하고 부친은 '보상금'을 수령했다. 희철의 사망으로 어려웠던 가족들에게 일부의 도움이라도 되었겠지만, 가족들은 희철의 명예를 회복하는 또한 번의 국가의 조치로서 더 기쁘게 받아들였다.

희철의 사망 이후 21년 이 지난 2004년 8월, 희철의 가족들은 서울대로부터 또 한 번의 기쁜 소식을 들었다. 민주화운동으로 사망에 이르게 된 희철에게 서울대가 명예졸업장을 수여하겠다는 것이었다. 부친은 서울대가 군의문사로 사망한 희철의 명예를 회복하는 데 일조한 것 같아 여한이 없다며 가족들과 함께 기뻐하셨다.

지난 2015년 11월 서울대민주동문회가 중심이 되어 민족민주열사·희생자추모단체연대회의(추모연대)에서 공식 선정한 34인의 민족민주열사-희생자의 영정을 모시고 개최한 제2회 서울대학교 민족민주열사·희생자 추모제에서 심재환, 김용권, 이상배, 한희철의 4인 열사의 기념식수 및 표지 제막식 행사도 가족들에게는 희철의 존재를 인정받는 의미 있는 자리였다.

특히 이날 추모식에 앞서 오후 1시 30분에는 서울대 4.19추모공원에서 서울대 민주동문회와 유가족, 지인들이 참가한 가운데 서울대 민족민주열사 희생자 기념식수 및 표지석 제막식 행사가 진행됐다. 이날 한희철(기계설계학과 79)의 '염원의 나무'를 심는 것을 축하하기 위해 나와 이수열, 철도고 동기 안병국이 한희철의 누님과 여동생과 만나 축하하며 기념사진을 찍었다. ▨ 2023년 11월 26일

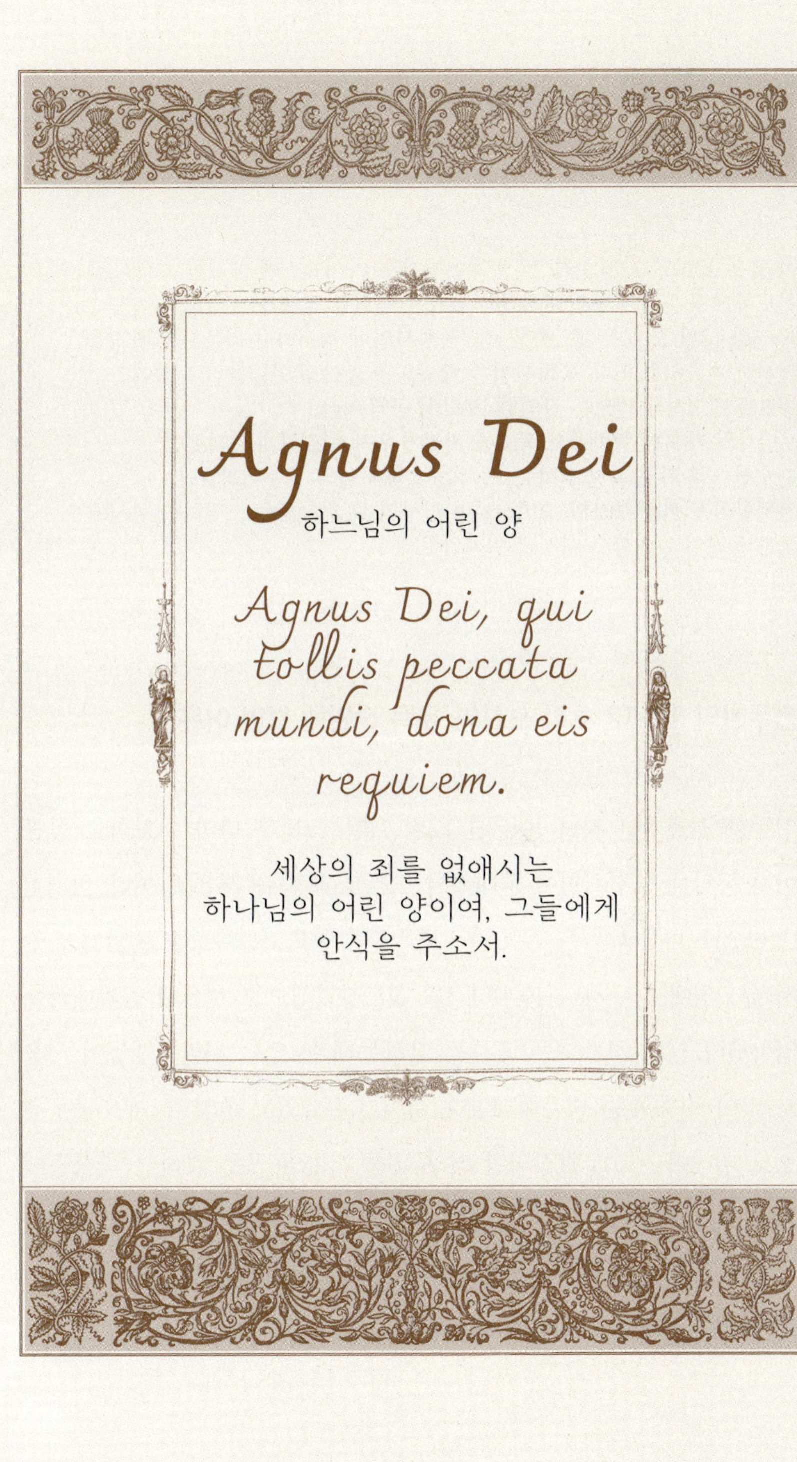

Agnus Dei
하느님의 어린 양

Agnus Dei, qui
tollis peccata
mundi, dona eis
requiem.

세상의 죄를 없애시는
하나님의 어린 양이여, 그들에게
안식을 주소서.

전두환 때문에 목숨 끊은
대학생 한희철을 생각한다

이 글은 2019년 12월 16일 김성수 기자가 '오마이뉴스'에 게재한 기사다.
철도학교 동문이자 동갑내기였던 필자는 한희철 열사가
1983년 12월 군 복무 중 보안사의 '녹화사업'에 항거하다 의문사한 과정을
절절히 기록하고 있다. 녹화사업은 학생운동 출신 군인들을 고문하여
동료를 밀고하게 만드는 잔인한 '프락치 공작'이다.
보안사의 가혹한 협박에도 동료를 지키기 위해 처절하게 고뇌했던
순수한 영혼의 한희철 열사를, 필자는 가해자들의 우두머리였던
전두환의 뻔뻔한 행보와 대비시키며 열사의 고결한 삶을 조명하는 동시에
국가 폭력의 잔인함을 다시금 일깨워준다.

전두환의 12·12 호화 오찬이 유독 잔인해 보인 이유

전두환 정권기인 지난 1983년 12월 11일, 그날은 나와 철도학교 동문
이자 동갑내기 한희철이 군대에서 스스로 목숨을 끊은 날이다. 한희철
(1961.2.11. 마산출생)은 1978년 12월 국립 철도고등학교를 졸업하고 잠
시 철도청에 근무하다 1979년 3월 철도장학생으로 서울대 공과대학에
입학했다. 당시 철도고는 공부는 잘하는데 돈 없는 시골학생들이 서울
로 많이 '유학'오는 명문학교였다. 학비가 무료였고 졸업 후 철도공무원
으로 취직이 100% 보장되던 터라 특히 시골의 공부 잘하는 학생들에
게 인기가 많았다.

　　당시 철도고 수석졸업자가 서울공대에 합격하면 철도청에서 학비
와 생활비를 100% 지급해 주었다. 한희철은 철도고를 수석졸업하고 서

울공대에 합격해서 동문들의 부러운 시선을 받으며 1979년 3월 철도장
학생으로 당당히 서울공대에 입학했다. 나는 1979년 3월 국립 철도대에
입학했는데 당시 철도대 오화석 학장님도 철도고 수석졸업 후 철도장
학생으로 서울공대를 나온 훌륭한 분이였다. 나는 이런 학장님을 수시
로 찾아뵙고 존경해 마지않았다.

철도대는 당시 용산의 철도고 바로 옆에 있어서 나는 철도고 출신
의 철도대 동문들을 통해 '공부벌레' 한희철에 관한 '전설'을 수시로 들
으며 대학생활을 했다. 1961년 12월 21일 박정희 정권에게 사형당한 〈민
족일보〉사장 '조용수 평전'의 저자 〈경향신문〉 원희복 기자도 당시 한희
철과 함께 철도고를 다닌 동문이다.

노동자 권익보호에 적극 참가한 한희철

한희철은 1979년 5월 서울공대 재학 중 '가톨릭학생회'에 가입해 활
동하면서부터 사회현실에 대한 비판의식을 갖게 되었다. 1980년 성남
YMCA가 창립되자 한희철은 지역청년학생들과 함께 청년모임인 '탄천
클럽'의 조직과 활동을 주도했다. 그 후 한희철은 노동자의 권익보호와
민주주의의 실천을 위한 운동에 적극적으로 참가했다.

한희철은 노동자 야학인 '샘터교양교실'에서 교사로 활동했고, 1981
년에는 '성남지역 대학생 연합회' 결성을 주도하고 세미나 팀장으로 활
동하는 한편, 성남 수진동 성당의 '만남의 집'에서 회원으로 활동했다.
한희철은 부친의 권유로 대학 4학년 2학기를 휴학하고 1982년 12월 1
일 입대했다. 그는 1983년 1월 5일부터 육군 행정병으로, 전역 이후 노

동사목 신부로서 활동할 생각으로 충실히 군대생활을 했다.

한희철은 입대하기 전인 1982년 10월 성남 YMCA에서 외대에 재학 중이던 신○근을 알게 되었다. 1983년 10월 28일 군복무 중 휴가를 나왔다가 한희철은 당시 '집회와 시위에 관한 법률' 위반으로 수배 중이던 신○근을 다시 만나게 되었다. 이 때는 주민등록 일제갱신기간으로 신○근을 포함 광주민주화운동과 관련해 수배 중이던 대학생들이 주민등록증 때문에 어려움을 겪고 있었다.

이 사실을 알게 된 한희철은 이들을 돕기 위해 새로운 주민등록증 용지를 구해 위조 주민등록증을 만들고자 했다. 그래서 한희철은 같은 성당 친구이자 당시 동사무소에서 방위병으로 복무 중이던 친구 전○일을 찾아갔다. 마침 훈련 중이라 자리에 없던 전○일을 만나지 못하게 되자, 한희철은 전○일 앞으로 주민등록증 용지를 구해달라는 편지를 써서 신○근에게 주고 귀대했다.

그런데 1983년 12월 초 신○근이 전두환정권의 보안사에 의해 검거되었고 수사과정에서 한희철의 편지가 나왔다. 이로 인해 한희철은 1983년 12월 5일 헌병들에게 영장 없이 체포되어 보안사로 연행되었다. 보안사는 당시 시행되던 '녹화사업'의 일환으로 강제징집자에 대한 '심사(조사)'를 하고 있었다. 녹화사업은 1980년대 초 보안사령관 전두환의 주도로 실시되었는데, 각급 부대는 운동권 출신 병사들을 동향관찰·감시 등 특별 관리했다.

보안사는 당시 학사장교를 교관으로 선발, 교육해 보안부대와 보안사에 배치하고 강제징집된 학생들을 대상으로 심사·순화·활용업무 등을 수행했다. 보안사는 이 과정에서 사실상 운동권활동에 관한 광범위한 수사를 했고, 헌법상 보장된 국민의 신체적 자유를 침해하는 불법적인 연행·감금·수사를 하며, 정보제공 활동을 강요해 운동권활동에 대한 탄압을 했다. 또한 운동권 활동전력이 있는 한희철 같은 병사들에 대해서도 보안사는 대학 재학시 운동권활동이나 운동권 동료 및 조직에 관한 사항 등을 추궁해 수사과정에서 가혹행위를 하고 자백을 강요했다.

당시 보안사는 한희철 같은 조사대상자를 아무 표식 없는 군복으로 갈아입히고 화장실에 가는 경우 이외에는 조사실 밖으로 아예 나갈 수 없도록 감금한 상태에서 조사했다. 외부와의 접촉이 완전히 차단된 이곳에서 보안사요원들이 직접 조사대상자를 무지막지하게 폭행했다.

한희철도 이곳에서 1983년 12월 5일부터 12월 8일까지 3일간 감금된 채, 입대 전 함께 민주화운동을 했던 동료들에 대한 진술을 강요받았다. 편지가 발각되었다는 사실을 알지 못했던 한희철은 맨 처음 작성한 진술서에서 동아리 활동경력 등을 진술하지 않았다. 그러자 조사를 담당하던 보안사 장교 유○남은 한희철이 원하는 대로 진술하지 않자 한희철을 엎드려뻗치게 하고 조사실에 있던 80cm 길이의 곤봉으로 엉덩이와 허벅지 부위를 무차별적으로 때리는 등 폭행과 고문을 가했다.

이런 폭행으로 한희철의 허벅지는 시커멓게 멍이 들었고 부대로 복귀하고 난 1983년 12월 10일까지도 멍 자국이 남아 있었다. 한희철은 보안사 조사가 끝나고 부대에 복귀한 뒤 동료병사에게 "다시 오라고 하면 죽어버리겠다, 차라리 죽는 것이 낫다"고 자신이 고문 받으면서 받은 고통을 표현했다.

신○근에게 주었던 편지가 발각된 사실을 알게 된 한희철은 보안사가 어느 정도 자신에 대한 정보를 파악하고 있는지 전혀 모르는 상태에서 큰 혼란과 두려움을 겪었다. 특히 보안사요원들의 가혹한 폭력 앞에 외부로부터 어떤 도움도 받을 수 없는 고립된 상황은 한희철이 육체적·정신적으로 감내하기 어려운 것이었다.

"다시 오라고 하면 죽어버리겠다"

한희철은 '일단 살아서 나가려면 진술을 해야 하고 진술을 하다보면 연이은 취조에 사정없이 사건은 커질' 것이라고 생각한 나머지 자살을 기도했다. 그는 각종 방법으로 자해를 시도해 보기도 했으나 성공하지 못했다. 한희철은 결국 보안사 요원이 요구하는 대로 진술서를 작성했는데, 여기에는 '출생 이후 성장과정, 서울대 재학시 학내·학외 운동권서클에서 활동한 사항, 학생운동시 탐독서적, 운동권 친구들의 인적사항과 서클 조직체계도, 신○근을 지원하게 된 경위' 등이 포함되어 있었다.

한희철은 진술서뿐만 아니라 '군 입대 전 운동권 활동을 반성하고 앞으로 절대 같은 활동을 하지 않겠다'는 내용의 반성문과 '보안사에서 조사받은 내용에 대해 외부에 절대 누설하지 않겠으며, 귀 사령부 대공 업무와 관련 협조 요구시 이에 적극 협조하겠습니다'는 각서도 작성했다.

1983년 12월 9일 한희철은 보안대로 돌아와 하룻밤을 묵고 소속부대로 복귀했다. 1983년 12월 10일 오전 10시 한희철은 자신의 육군부대로 복귀했고, 오후에는 내무반과 근무하던 부관부 사무실에서 휴식을 취했다. 이날 한희철은 친했던 군 동료들에게 보안사에서 고문 받았던 사실을 털어놓으며 자책감과 두려움을 토로했다. 당시 한희철의 고참병인 김○인은 한희철로부터 "다시 조사받으러 갈지도 모르겠다. 죽을 뻔했고 혼이 났다. 다시 오라고 하면 죽어 버리겠다"는 이야기를 들었으며 허리와 다리 부위의 멍든 상처를 보았다고 훗날 진술했다.

또 한희철의 부대 동료인 이○구도 군부대에서 한희철이 "고문에 못 이겨 동료와 조직을 털어놓지 않으면 보안사를 빠져나올 수 없다는 생각이 들어 사실대로 털어 놓았다"고 자책하는 것을 들었다고 훗날 진술했다. 1983년 12월 10일 밤 8시경 한희철의 고참병 임○권도 한희철로부터 "보안사에 끌려가서 죽다가 살았는데, 죽으면 죽었지 다시 보안사에 가지 못하겠다"는 말을 들었으며, 양쪽 허벅지가 시커멓게 멍이 든 것을 보았다고 훗날 진술했다.

한희철은 1983년 12월 10일 밤 10시부터 '유서'와 '성남YMCA 총무에게 드리는 글'을 작성했다. 다음날인 1983년 12월 11일 자정~새벽 1시경 침상에서 자고 있던 이○구에게 수첩, 사진, '성남 YMCA 총무에게 드리는 글' 등이 들어 있는 봉투를 누가 조사를 나올지도 모르니 잘 보관해 달라며 건네줬다.

한희철은 보안대에서 소속부대로 막 복귀했으므로 1983년 12월 10일 야간근무명령을 받지 않았다. 그러나 이날 외박을 나간 고참병인 전○희를 대신해 1983년 12월 11일 새벽 4시부터 5시 30분까지 근무하게 되었다. 한희철은 새벽 4시경 일직사관에게 이병 임○수와 근무신고를 하고 실탄 15발을 지급받은 후 경계근무를 섰다.

근무하던 한희철은 갑자기 계단위로 올라와 편지봉투를 던졌다. 임○수는 계단 중간에 떨어진 편지봉투를 주워 "이것이 뭡니까?"라고 물었고, 한희철은 "나중에 내무반 사람들과 돌려보면 알 거다"라고 대답했다. 이에 임○수는 그 편지를 자신의 바지주머니에 넣고 경계근무를 계속했다. 한희철은 자신의 경계호 안으로 들어갔고 잠시 뒤 새벽 4시 25분경 경계호에서 연발 총소리가 들렸다. 총소리를 들은 임○수는 경계호로 가서 한희철을 불렀으나 낮은 신음소리만 들리자 즉시 일직사관에게 사고발생 사실을 보고했다.

대학생 한희철을 생각한다

일직사관과 근무 중이던 헌병 2명은 사고 현장에 달려갔다. 일직사관은 누워 있는 한희철에게 다가가 어깨를 흔들며 깨우려 했으며 방한복을 헤치고 가슴을 보았더니 3발의 총탄 자국이 확인되었다.

한희철은 보안사에 연행되어 감금된 채 가혹한 고문을 당하면서 심한 육체적·정신적 고통을 겪었고, 결국 자신이 가장 소중하게 여기던 운동권 동료와 조직에 대해 털어놓게 됨으로써 크나큰 양심의 가책과 인간적 좌절을 느꼈다. 한희철은 1983년 12월 10일 부대에 복귀한 뒤 동료병사들과 대화를 나눌 때에도 보안사의 고문이 가져오는 육체적인 괴로움이나 두려움보다 자신의 진술로 인해 동료들이 고통을 겪어야 한다는 죄책감과 앞으로 동료들과 같이 민주화운동을 계속해 나갈 수 없다는 좌절감을 토로했다.

전두환에게 쓴 한희철의 유서

특히 한희철은 독실한 가톨릭 신자로서 더욱 이런 문제에 강한 죄책감과, 또다시 보안사에 끌려가 조사를 받고 이용당할 수 있다는 두려움을 느꼈던 것으로 보인다. 이런 보안사의 고문과 공작에 대한 두려움과 죄책감·좌절감 속에서, 한희철은 자신의 죽음을 통해 동료들에게 닥친 위기를 최소한으로 줄이고 더불어 보안사의 가혹행위를 사회에 고발하고자 했던 것 같다. 그리해 '성남 YMCA 총무에게 드리는 글'에서 보안사에서 고문을 당한 사실과 자신이 진술한 운동권 동료들에게 위험을 알리려 했고, '유서' 말미에 "전두환 보안사령관 귀하"라고 기재함으로써 보안사에 의해 자행되었던 불법적인 인권유린을 널리 고발하려 했다.

 Agnus Dei

사건이 발생하자 수사를 담당했던 사단 헌병대는 적극적인 수사를 벌이기보다는 보안사에 관련된 부분을 은폐하기에 급급했다. 헌병대장 유○채는 변사사건 수사 중 한희철이 보안사에 끌려가 조사를 받은 후 귀대한 다음날 사망했으며, 한희철의 엉덩이와 허벅지 부위에 보안사에서 고문한 흔적이 발견되었다는 사실을 보고받았다. 그러나 유○채는 당시 보안사의 위상을 고려해야 한다며 수사관에게 너무 깊이 관여하지 말라고 축소 수사를 지시했다. 결국 사건의 공식적인 조사결과에서는 보안사 관련부분이 배제된 채 발표됨으로써 진상이 은폐되었다.

또한 한희철의 소속부대를 관할하는 보안부대는 한희철의 유서 중 '보안사령관 전두환 귀하'라고 기재된 부분을 임의로 잘라내어 보안사와의 관련성을 은폐했다. 보안사는 한희철의 사망 이후에도 그와 관련된 운동권 동료와 조직을 파악하고자 하는 시도를 계속했다. 한희철의 관물대에서 메모지가 발견되었는데, 보안사는 보안부대와 사단 헌병대 요원을 동원해 고인이 된 한희철의 가택을 수색해 수첩과 노트를 수거해 대공수사처로 넘기기도 했다.

이후 1984년초 국회에서 '녹화사업'과 관련된 의문사 문제가 제기된 이후 한희철의 부친은 1984년 4월경 보안사령부 법무담당관, 감찰담당 등을 만났다. 이 자리에서 한희철의 부친은 한희철이 보안사에서 고문당한 적이 없냐고 물었으나, 보안사측은 여전히 한희철을 고문한 사실이 없다며 진상을 은폐했다.

또한 육군 의무대 군의관 구○서는 사체를 검안할 때, 경험이 없는 군의관이 수사관에게 사체를 옮기라는 등의 지시를 내리기 어렵다는 이유만으로 현장에서 사체를 덮고 있는 천을 들추고 한 번 살펴보기만 했으며 군복을 헤치고 총상 정도를 살펴보거나 사체의 등쪽을 살펴보지도 않았다. 그 결과 구○서는 사체에 대한 검안서를 의무대 선임하사의 설명만 듣고 작성 하는 등 자신의 직무를 소홀히 했다.

한희철의 죽음과 전두환의 삶, 이게 나라인가?

전두환씨가 12.12 쿠데타 주역들과 함께 서울 강남 모 고급 중식당에서 1인당 20만 원 상당의 코스요리를 즐기는 모습이 지난 12일 확인됐다.

한희철은 군입대 전 가톨릭학생회·탄천클럽·샘터교양교실·만남의 집 등에서 적극적으로 활동했다. 이런 활동은 당시 전두환 정권으로부터 소외된 노동자의 노동조건과 생활환경을 개선하고 노동현장에서 인간의 존엄성과 가치·평등이라는 민주주의 이념을 실천하기 위한 활동이었다.

또한 한희철이 입대한 이후 1983년 10월 휴가기간 중에 당시 정권에 의해 수배 중이던 신○근과 광주민주화운동에 참여했던 학생들이 주민등록증 일제갱신과정에서 어려움을 겪고 있는 것을 알고 이들을 도와주려 했다. 한희철의 이런 행동은 당시 자신의 행위가 실정법에 의해 처벌될 수 있다는 위험을 각오하고 군인신분이었음에도 전두환정권으로부터 억압받는 운동권 활동을 자발적으로 도왔다는 면에서 민주화운동에 대한 의지와 열정을 표현한 행동이었다고 확신한다.

1980년대 초 전두환의 보안사는 정권유지를 위해 강제징집된 사병과 운동권 활동 전력이 있는 사병을 대상으로 '녹화사업'을 시행하면서 민주화운동에 대한 탄압과 인권유린을 자행했다. 한희철은 보안사에서 고문조사를 받은 뒤 부대로 복귀해 유서와 '성남 YMCA 총무에게 드리

Agnus Dei

는 글'을 통해 전두환 보안사의 인권유린과 녹화사업의 실상을 고발했다. 지난 2002년 필자가 몸담았던 대통령소속 의문사진상규명위원회는 너무도 짧았던 한희철의 삶과 죽음에 대해 이렇게 평가했다.

"민주화운동을 탄압하고 인권을 유린하는 보안사령부의 '녹화사업'에 대한 고발과 항거의 표현인 '자살'은 '권위주의적 통치에 항거해 국민의 자유와 권리를 회복·신장시킨 활동'으로 판단해 한희철은 민주화운동과 관련해 사망한 것으로 인정된다."

그러나 1983년 12월 11일 한희철의 죽음으로부터 36년 흐른 2019년 12월 12일, 그날은 내게 너무도 잔인한 비수로 다가왔다. 그날 광주 민주화운동의 학살범이자 한희철 죽음의 가해자인 전두환과 그의 수족들은 강남의 한 고급식당에서 1인당 20만 원짜리 코스요리를 먹으며 1979년 12·12 군사반란 40주년을 축하하는 호화오찬을 즐겼다.

이게 나라인가? 🔲 2019년 12월 16일

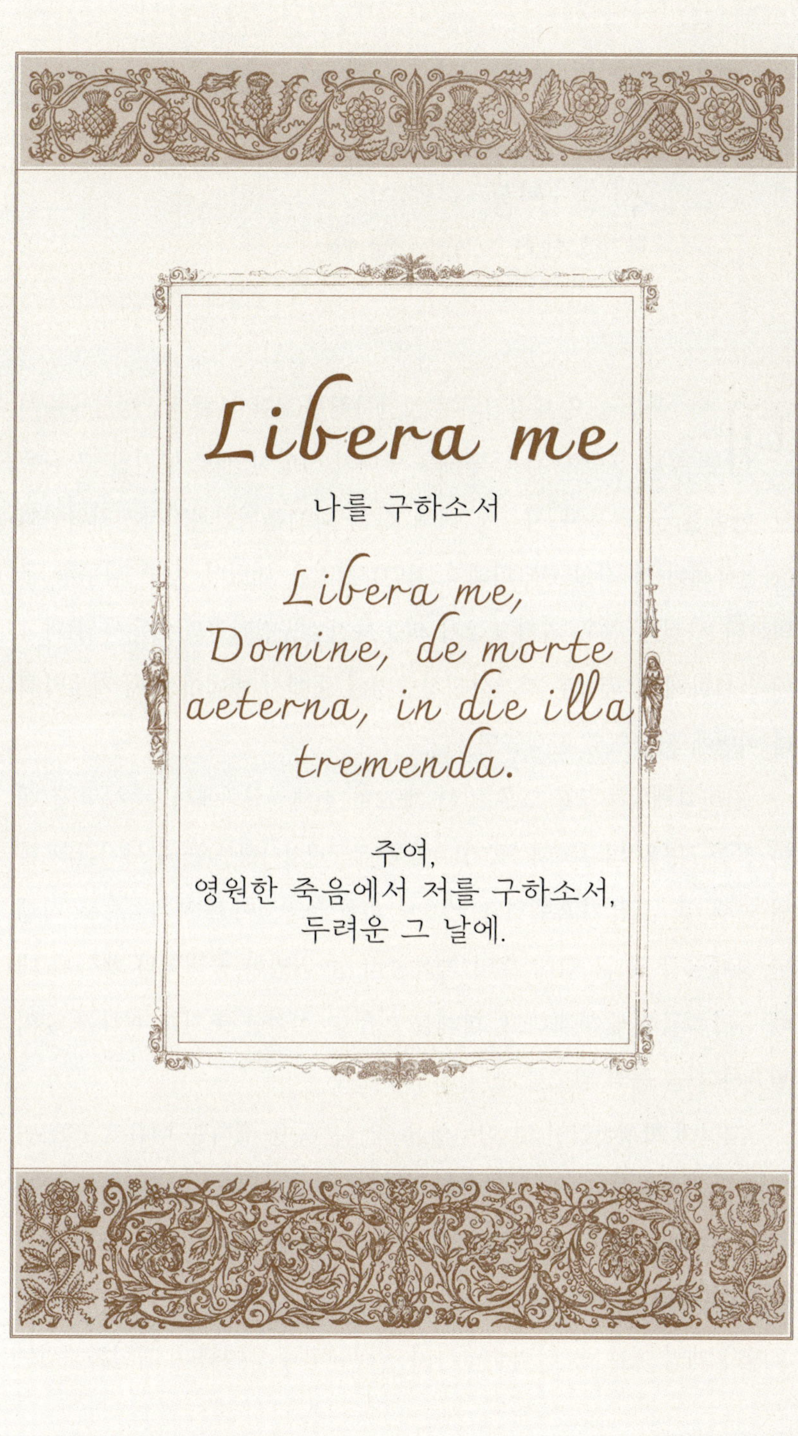

Libera me

나를 구하소서

Libera me,
Domine, de morte
aeterna, in die illa
tremenda.

주여,
영원한 죽음에서 저를 구하소서,
두려운 그 날에.

 강제징집 뒤 프락치 강요…
김두황·한희철 군 의문사
진실규명

한겨레 신문, 2024년 12월 4일

고경태 기자 k21@hani.co.kr

대학 재학 중 강제징집되어 보안사령부(보안사, 현 국군방첩사령부)로부터 프락치 강요 공작을 받다가 사망한 채로 발견된 고 김두황·한희철 군 의문사 사건에 대해 진실·화해를위한과거사정리위원회(진실화해위)가 진실규명(피해자 확인) 결정을 내렸다. 이중 김두황 군 의문사 사건의 경우 과거 1·2기 의문사진상규명위원회(의문사위)와 1기 진실화해위, 국방부 과거사진상규명위 등에서 번번이 벽에 가로막히다 이번에 처음으로 진실규명됐다.

진실화해위는 3일 오후 열린 제92차 전체위원회에서 두 사람에 대한 진실규명을 의결하며 "국가(국방부, 국군방첩사령부)는 수사기관의 불법 연행 및 구금, 가혹행위와 국가에 의한 조직적이고 체계적으로 자행된 강제징집 및 군 입대 후의 녹화공작 등 위법한 공권력의 행사에 대해 유가족들에게 사과하고, 화해를 이루는 적절한 조치를 취하는 것이 필요하다"는 등의 권고를 했다.

고려대 학생이었던 고 김두황은 학생운동을 했다는 이유로 1983년 강제징집 당하고 군에서 사망했다. 군에서 그는 보안부대로부터 학생운동 관련자들의 명단 제출을 강요받는 등 녹화공작을 받다 야간 매복 근무 중, 자신의 총기로 목숨을 끊었다. 그의 고려대 동기인 양창욱이 보안사 개입 여부 등을 밝혀달라며 진실규명을 요청했다. 진실화해위는 국가기관에서 확보한 사건 관련 기록물, 신청인 진술, 동일 강제징집 및 녹화공작에 의한 피해자들과 고(故) 김두황과 함께 생활하던 부대원들의 증언 등을 확보해 종합적으로 조사했다.

조사 결과 김두황은 1983년 3월8일 학생운동을 하다가 성북경찰서에 연행돼 가혹행위 등을 받으며 조사 받고, 같은 해 3월18일 '특수지원자'로 강제징집돼 제103 보충대에 입소했다. 이후 군 생활을 하면서 강제징집에 따른 부대 배치 및 보직에서 차별을 받았고, 특히 보안부대로부터 군 입대 전 학생운동을 함께한 동료들의 명단 제출을 강요받으면서 심적 고통을 당한 사실이 드러났다.

서울대 학생 한희철은 학생운동에 참여하다가 1983년 12월 보안부 과천분실로 임의동행되어 5일간 '녹화공작' 심사와 가혹행위를 당했다. 이후 자대로 복귀한 뒤 12월11일 새벽 경계근무를 하던 중 사망했다. 보안사의 추가조사를 하루 앞둔 날이었다. 이런 사실은 앞선 1기 의문사위와 국방부 과거사진상규명위원회에서도 확인된 바 있다.

이번 진실화해위 조사에서는 참고인 조사와 자료를 통해 한희철이 녹화공작 심사 기간 동안 매일 2시간 이상 구타를 당했고, 폭행 도구는 70~80cm의 곤봉 외에 스테인리스 줄자가 이용됐음도 새로이 확인됐다. 한희철 사망 후 군과 보안사는 시신 매장을 주장하는 유가족에게 '군의 상례'라며 화장을 설득했다. 시신을 인도하는 영현(英顯, 죽은 사람의 영혼) 후송자에게 유가족이 관을 열거나 시신을 확인하지 못하도록 지시하기도 했다. 가혹행위 흔적을 은폐하려는 의도였다. 약 6년간 유가족에 대해 사찰하는 등 사생활의 비밀과 자유를 침해하기도 했다. 진실화해위는 자료조사를 근거로 보안사가 한희철을 프락치로 활용하려고 했던 것으로 판단했다. ▨

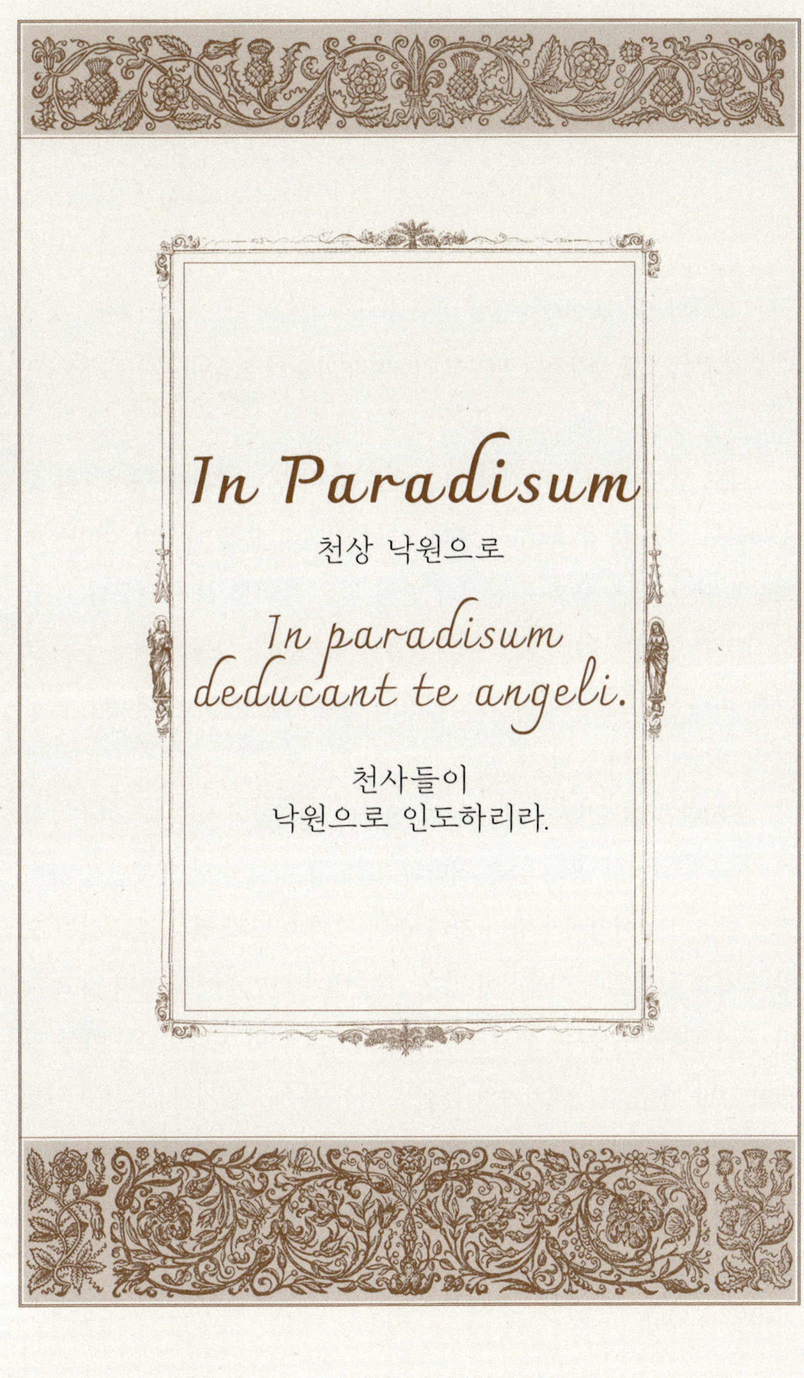

In Paradisum
천상 낙원으로

In paradisum
deducant te angeli.

천사들이
낙원으로 인도하리라.

달빛
- 故 한희철 형의 10주기를 기리며

이원영 요셉 울톨릭 81

「저 하나의 실수로 인해 수많은 친구, 선배, 후배들이 앞으로 말 못할 고통을 겪게 될 것을 생각하니, 너무도 죄송하기 이를 데 없습니다.」

나도 모르게 신음이 새어 나온다. 가슴이 답답해진다. 명치끝이 송곳에라도 찔린 듯 쿠욱 쑤셔 온다. 나는 간신히 숨을 내쉰다. 취침등의 흐릿한 붉은 빛은 무릎에 간신히 받쳐 놓은 종이를 붉게 만든다. 성급히 내갈긴 글씨 사이로 친구들의 얼굴이 다가온다. 그들은 붉은 눈으로 나를 바라본다. 눈만이 아니라, 머리도 얼굴도 온통 붉은 색이다. 붉은 어둠. 어둠에 스며든 피.

불침번인 이 일병이 페치카 옆 침상에 걸터앉아 머리를 숙이고 있다. 조금 전까지도 밤의 깊은 적막과 함께 텅 비어 버린 내무반을 규칙적인 발소리로 이리저리 왔다 갔다 하던 그가 어느 틈엔가 졸고 있는 모양이다. 평소 말없이 이해심이 많은 그는 내가 한밤중에도 자지 않고 앉아 종이 위에 무언가를 쓰고 있는 모습을 물끄러미 쳐다보고는 아무 말 없이 그냥 놔두었다. 페치카의 불길로 인한 붉은 그림자가 그의 등 위를 널름널름 지나다니고 있다. 어쩌면 페치카의 불이 그를 빨아들여 단숨에 삼켜 버릴지도 모른다는 생각에 빠져 든다. 20평 안팎의 사단본부 참모부 내무반은 바다 속 같은 깊고 두터운 어둠 속으로 점점 무겁게 가라앉고 있다.

나는 무릎에 덮고 있던 모포를 걷어 낸다. 조용히 무릎을 세우고 일어나 모포를 매트리스 위에 가지런히 깔고 그 위에 기도하는 자세로 무릎을 꿇는다. 종이를 다시 들어 무릎 위에 놓고 볼펜을 잡는다. 마음을 추스리며 글을 이어간다.

「전 얼마 전 국군보안사령부에 끌려가게 되었습니다.

……

그때 무슨 일인지 알았다면, 진작 결심을 했어야 했습니다.」

나는 그날 아침 점호를 끝내고 부대원들과 함께 연병장을 돌고 있었다. 평소 두 바퀴만 돌고 마는 아침구보였지만, 밤새 연병장 가득히 내린 눈이 마치 남자의 손이 조금도 닿지 않은 순결한 처녀의 알몸 같았기에 우리는 그 눈을 처음으로 밟는 느낌이 좋았다. 그래서 누가 먼저라 할 것도 없이 두세 바퀴 더 뛰기로 하고 상쾌한 마음으로 힘차게 구령을 붙이고 있었다.

세 바퀴째 돌고 국기게양대를 지나 인사부 사무실 앞을 막 지날 무렵이었다. 인사부관 강 중령이 사무실 앞으로 나와 갑자기 구보 대열을 막아서며 손을 혼들어 댔다. 대열의 선두가 갑자기 멈춰서는 바람에 뒤에서 뛰던 나는 바로 앞에서 뛰던 이 일병과 충돌했다. 우리들은 갑작스런 강 중령의 출현에 어리둥절했으나 곧 자세를 바로잡았다. 강 중령의 뒤에는 언제 나타났는지 한 사내가 뒷짐을 진 채 우리를 향해 서 있는 것이 보였다. 그는 군복에 중사 계급장을 달고 있었다. 그렇지만 그에게는 왠지 민간인이 군복을 입은 것 같은 그런 어색함이 느껴졌다.

"이봐, 내무반장!"

강 중령이 내부반장을 찾자 하사는 재빨리 그의 앞으로 뛰어나가 경례를 붙였다.

"너희 내무반에 한철 일병 있지?"

중사 계급장을 단 사내에게 신경을 쓰고 있던 나는 갑자기 내 이름이 불려져 일순 당황했다. 신 하사는 대답 대신 고개를 돌려 나를 쳐다보았다. 주위의 부대원들 역시 의아한 눈빛으로 강 중령과 나를 번갈아 쳐다보기 시작했다. 나는 순간적으로 몸이 굳어지는 것 같았고, 어찌할 바를 몰라 아무런 동작도 취할 수가 없었다.

"자넨가?"

신 하사와 부대원들의 시선을 따라 강 중령도 찾고 있는 사람이 바로 나임을 알아차리고는 나를 쳐다보며 물었다. 나는 정신이 번쩍 들었다.

"넷! 일병 한철."

큰 소리로 관등성명을 대며 신속히 부대원들 사이를 헤쳐 앞으로 나갔다. 그러나 막상 내가 앞에 서자 강 중령은 나를 물끄러미 바라보고는 아무런 말도 하지 않았다. 단지 고개를 돌려 어느 틈엔가 그의 곁에 와 있는 중사 계급장의 사내에게 한 번 눈짓을 할 뿐이었다. 마치 내가 할 일은 다 했고 이제는 당신 차례라는 듯이.

그렇지만 그 사내는 강 중령의 눈짓 따위는 애초에 관심 밖이라는 듯 아랑곳하지 않았다. 다만 내 이름이 불러지고 강 중령이 나를 찾아내던 그때부터 줄곧 내게 보내오던 그 눈길을 조금도 흐트러뜨리지 않고 있었다. 어떠한 감정의 변화도 느낄 수 없는 그런 차가운 눈빛이었다.

나는 그 눈빛을 외면한 채 강 중령만을 바라보는 척하고 있었지만, 실상은 내 얼굴을 향해 다가오는 그의 불길한 눈빛과 또한 모자 사이로

In Paradisum

덥수룩이 삐져나와 있는 그의 긴 머리카락이 자꾸만 마음에 걸렸다.

"이 새끼야, 고개 들지 마!"

짚차가 경춘가도를 지나 서울로 접어들자 중사는 내 머리를 꺾어 양 다리 사이에 처박았다. 나는 꼬챙이에 끼워진 통닭 같은 자세가 되었고, 이미 그런 자세로 30여 분을 넘게 견뎌 왔기에 허리가 너무 아파 고개를 조금 들려 했던 것이다. 중사는 벼락 같은 소리와 함께 번개 같은 동작으로 팔꿈치로 내 등을 내리찍었다. 나는 억 소리를 안으로 삼키며 앞으로 고꾸라졌다.

나는 뒷좌석 한쪽 구석에 처박힌 채 앞으로 닥쳐올 공포의 그림자를 예감하기 시작했다.

무슨 일이 생긴 것일까?

낯선 이 사내들은 누구인가?

나는 지금 어디로 가고 있는 것인가?

감은 눈 속으로 중사에게 나를 인계해 주던 강 중령의 흔들리던 눈빛이 떠올랐다. 무언가를 내게 말하고 있는 듯한 그 눈빛에서 나는 얼핏 연민 같은 것을 느꼈다는 생각이 들었다. 그는 뭔가를 알고 있었음에 틀림없었다. 앞으로 내게 무슨 일이 일어날 것인가를.

나는 중대장은커녕 내무반장인 신 하사에게도 신고를 못한 채 연병장에서 바로 중사가 타고 온 짚차에 올라타야만 했었다. 그리고 부대 정문을 지날 때까지 자꾸자꾸 뒤를 돌아다보았다.

혹시 이들이 경찰이 아닐까?

만일 그렇다면, 이러한 체포의 위험은 언제나 각오하고 있었던 일이다. 하지만, 여기는 군대가 아닌가? 그리고 나는 입대 후 지금까지 아무런 의심 받을 일 없이 군복무에 충실해 오지 않았던가?

혹시, 이들이 군 수사요원들이라면 …

나는 군생활 중의 행적들을 다시 한번 찬찬히 짚어 보기 시작했다.

이들에게 빌미를 줄 수 있었던 것이 있지나 않았을까. 만에 하나 그러한 것이 있다 하더라도, 그 결과는 나 혼자서만 감당해 내야 한다. 이들이 누구이든, 그리고 앞으로 어떤 일이 일어나든 나와 그동안 관계된 이들을 다치게 해서는 안 된다.

나는 막연한 다짐을 마음속에 힘 있게 되새겼다.

한참을 더 가 중사는 내게 눈가리개를 씌웠다. 그리고 바로 얼마 후 차가 멈췄다. 나는 내려졌고 그들에게 이끌려 어느 건물 안으로 들어갔다. 복도를 지났고 이어 계단을 내려갔다. 두세 층쯤은 내려간 것으로 보아 어느 건물 지하실인 것 같았다. 계단이 끝나고 복도를 따라 한참을 걷다가 오른쪽의 어느 방문이 열리는 소리가 들렸다. 나는 그 안으로 떠밀려졌다. 뒤에서 문이 거칠게 닫혔다.

나는 갑자기 허공에 던져진 것과 같은 무서움에 휩싸였다. 눈가리개의 어둠이 나를 외부로부터 고립시키고 있었다. 어둠 밖의 실체보다도 어둠 자체가 더 무서웠다. 나는 나도 모르게 눈가리개를 벗기 위해 손을 얼굴로 들어올렸다. 순간 왼쪽 얼굴에 심한 충격이 주어졌고 동시에 눈 앞에 불이 번쩍였다.

나는 몸의 중심을 잃고 비틀거렸다. 눈가리개의 한쪽이 벗겨졌다. 바로 코 앞에 낯선 건장한 사내 셋이 나를 둘러싸고 있는 것이 보였다. 검은색 계통의 잠바를 입고 있는 그들은 언뜻 서로 구분이 되질 않았다. 그들은 그저 모여 있는 하나의 검은 풍경처럼 느껴질 뿐이었다. 이번에는 바로 오른쪽에 있는 그중에 제일 몸집이 큰 사내의 발이 내 가슴

께로 날아들었다. 갈비뼈가 부서지는 듯한 통증이 엄습했다. 가슴이 꽉 막히고 숨을 내쉴 수도 없었다.

"이 새끼가 한철이야? 뼈만 앙상한 새끼가 겁도 없이 날뛰고 다녔어. 너 이 새끼, 여기가 어딘지 알기나 해?"

가운데에서 팔짱 끼고 있던 키 큰 사내는 간신히 버티고 있는 내 다리를 발로 걷어찼다. 나는 그 사내 바로 앞에 사정없이 고꾸라졌다. 마치 대죄를 사죄하기 위해 머리를 조아리듯.

"너 같은 빨갱이 새끼들은 여기서 다 죽어야 해. 이 새끼야, 죽어 버려! 여기선 너 같은 놈 죽어도 아무도 몰라!"

말이 끝남과 동시에 세 명의 사내들은 기다렸다는 듯이 구둣발과 주먹으로 나의 온몸을 짓이기기 시작했다. 나는 머리를 감싸안은 채 그들의 발길에 채여 이리저리 바닥을 굴러다녔다. 입술과 코에서 흐른 피가 얼굴 전체에 번져 왔다. 나는 몸속 깊숙이 영혼으로부터 새어 나오는 신음을 어금니를 악다물어 삼키며 간신히 온몸을 웅크려 안은 채 벽에 달라붙어 있었지만, 그들의 구둣발은 등과 옆구리 그리고 얼굴에 조금의 여유도 주지 않고 사정없이 날아들었다.

나는 고통과 공포, 그리고 제어할 수 없이 샘솟기 시작한 분노로 거의 제정신이 아니었다. 아무런 생각도 나지 않았다. 희미해지는 의식 속으로 이렇게 죽어가나 보다는 생각이 들었다. 눈물이 나는지 눈가가 따뜻해져 왔다.

"어라? 이 새끼 울고 있잖아? 겨우 이 정도로 찔찔 짜는 것 보니 이거 순 약골 아냐?"

사내 중 하나가 낄낄대며 비웃었다. 잠시 쏟아지던 발길질이 멈추었다. 나는 그 사이 정신을 가다듬으려 애썼다.

달빛

셋 중 누군가가 발로 내 가슴을 찍어 누르며 갑자기 물었다.

"너, 김무열이 알지?"

정신이 번쩍 들었다. 사내로부터 나온 그 이름에 갑자기 그와의 일들이 머릿속에 파노라마처럼 스쳐 지나갔다. 그리고 처음으로 이 상황이 무열이와 관계가 있다는 사실을 깨달았다. 나는 문득 어떻게 대답해야 할지 상황 판단을 제대로 하기도 전에 고개부터 좌우로 흔들어 대고 있는 자신을 발견했다. 그리고 정신이 들수록 점점 더 고개를 세차게 가로 젓기 시작했다.

픽 소리가 나며 턱이 옆으로 휙 돌아갔다. 가슴을 내리누르던 발이 얼굴을 사정없이 짓밟았다. 입 안이 터졌는지 피가 목으로 흘러들었다.

"이 새끼가 아직도 정신을 못 차리고 … 제대로 맛을 보여 줘야겠군, 물 맛이 좋겠냐, 전기 맛이 좋겠냐? … 번거롭지 않게 하려면 전기공사가 좋겠군."

앞이마가 벗겨져 이마가 번들거리는 사내가 옆 사내를 향해 징그러운 미소를 흘리며 말했다.

"전기공사 하려면 도구가 필요하지. 특별히 미제로 준비해 올 테니까, 그때까지 잘 생각해 봐. 당하고 나서 후회하지 말고."

말을 끝낸 사내가 뒤돌아 나가자 나머지 두 명도 따라 나갔다.

나는 혼자 남았다. 두려움으로 온몸이 덜덜 떨려 왔다. 핏덩어리가 자꾸 목에 걸렸다.

코와 입으로부터 나오는 피가 눈물과 섞여 얼굴을 타고 목으로 흘러들었다.

나는 문에서 눈을 뗄 수가 없었다. 그들은 사람 같지 않았다. 이런 일들을 눈 하나 깜짝하지 않고 수도 없이 해치운 것 같았다. 이렇게 한

치의 사정도 없이 개처럼 맞아 죽더라도 그들의 말대로 세상 아무도 모를 것 같았다. 나는 그런 일을 두 번 다시 감당해 낼 자신이 없었다.

그런데 이들에게 또다시 전기고문을 당하게 된다면, 나는 사실이든 사실이 아니든 이들이 원하는 대로 모든 것을 진술하게 될지도 모른다는 생각이 내 머리를 때렸다. 그래서 나와 관계된 모든 사람들에게 어떤 형태로든 피해를 입히게 될 거라는 두려움이 나를 온통 뒤흔들어 버렸다.

야만적 폭력과 고문에 대한 공포, 내가 고통을 끝끝내 이겨낼 수 없을 것이라는 절망, 그리고 그로 인해 나와 관계된 많은 친구들을 똑같이 위험에 빠뜨리게 될 것이라는 두려움에 나는 내몰리기 시작했다. 얼굴이 피로 물든 친구들이 세 명의 사내 앞에 웅크리고 있는 모습이 눈에 보이는 듯했다.

안 돼, 그럴 수는 없어. 그런 일이 일어나서는 안 돼.

아, 시간이 없었다. 나는 순간적으로 하나의 결심을 굳혔다.

혀를 물었다. 잘 안 되었다. 다시 한번 힘을 내어 물었지만 여전히 끊어지지 않았다. 나는 할 수 없이 그 방법을 포기하고 사방을 둘러보았다. 사방이 흰색 벽으로 막혀 있는 방안 한가운데에 책상과 의자만이 덩그러니 놓여 있었다. 그뿐이었다. 다른 아무것도 없었다.

천정을 올려다보았다. 동그란 형광등이 정맥의 푸른 핏줄기처럼 파르르 떨고 있었다. 그리고 그것은 육각형의 유리판으로 감싸져 있었다. 나는 주저 없이 책상 위로 올라섰다. 팔을 뻗으니 간신히 형광등에 닿았다. 형광등이 흔들거리며 켜켜이 쌓인 먼지를 토해 냈다. 안경 사이로 쏟아진 먼지가 눈 속으로 들어가 눈을 쑤셔 댔다. 나는 가까스로 한쪽 눈을 치켜뜨고 유리판을 고정하고 있는 나사를 소리 안 나게 조심조심

손톱으로 돌렸다.

유리조각만 있으면 손목을 그을 수 있어.

나사 하나는 간신히 뽑았는데, 나머지 세 개는 손톱이 부서지도록 돌렸지만 꿈쩍도 하지 않았다. 형광등만 풀풀 먼지를 쏟으며 좌우로 흔들거렸다. 방안은 형광등의 움직임을 따라 어둠과 밝음이 서로 교차되었다. 나는 다급해졌다. 이제는 소리가 나도 어쩔 수 없었다. 나는 유리판을 치려고 주먹을 들었다. 방향을 잡고 주먹을 내리치려는 순간 방문이 벌컥 열렸다.

「전 대학 1학년부터 지금까지의 활동 상황을 진술하라는 지시를 받고 취조실에서 펜과 수백 장의 종이 앞에 마주 앉았습니다. … 아무도 없었습니다.」

나는 취조실의 밝은 형광등 불빛 아래서 소름이 돋을 정도의 무서운 고독을 대면하며 펜을 움켜쥐고 있던 기억이 새삼스레 떠올라 쓰던 손을 멈추고 얼굴을 감싸 쥔다. 두 손으로 얼굴을 몇 번인가 쓸어내린 후 고개를 드니 페치카의 붉은 빛이 여전히 이 일병 등 뒤로 넘실대고 있는 것이 보인다.

때앵~ 땡~ 땡~

내무반의 벽시계가 새벽 3시를 알린다. 서둘러야 한다. 1시간 남았다. 4시가 되면 근무교대가 이루어질 것이다.

음~

옆에서 자고 있던 박 일병이 모포를 차 던진 채 추워서 온몸을 웅크리며 간간이 신음을 토해 낸다. 나는 그의 모포를 주워다가 가만히 목까지 덮어 준다. 외아들로 부잣집에서 늘 혼자 귀염받고 자라 남과 한 자리에서 자본 적이 없다며 며칠 밤을 뜬눈으로 새우던 그였다. 그러던 그도 이제는 외박 나가서 옆 동료의 따스한 체온을 느낄 수 없게 되자 오히려 잠이 안 오더라며 며칠 전 싱긋이 웃으며 내게 말을 건넸었다.

내무반에 잠든 동료들을 둘러본다. 깨어 있을 때의 성격과 하는 짓이 제각각이듯 잠든 모습 또한 각각이다. 젊음의 자유가 억눌린 생활 속에서 함께 고생하며 지내 온 사이이기에 어느새 정 또한 많이 든 모양이다. 갑자기 코 끝이 시큰거린다. 동시에 고문당했던 자리의 신경이 되살아나 욱욱 댄다. 그들은 두 번의 전기고문을 내게 했다. 그리고 그들은 무열이 건을 비롯해 나의 입대 전 활동 경력을 소상히 알고 있었다. 달리 부인할 방법이 없었다. 아니 방법이 없었다고 하는 것은 옳지 않을런지 모른다. 어쩌면 언제 끝날 줄 모르고 이어지는 전기고문의 견딜 수 없는 고통이 나로 하여금 그렇게 생각되게 만들었는지도 몰랐다. 이미 끝난 일이라고. 끝까지 부인하는 것이 아니라, 가능한 한 최소한의 피해를 감수하기 위해 잘 진술하는 것이 현명한 일이라고. 그래, 그랬을 것이다.

취조실 책상에 앉아 종이를 마주보며 나는 망설이고 또 망설였다. 이미 드러난 것은 다 드러난 지금 진술서를 쓴다 한들 더 나빠질 것은 없었지만 혹시라도 진술내용 중의 사소한 것이라도 꼬투리가 되어 친구나 선배의 이름이 하나라도 더 드러날까 두려웠다. 어쩌면 이들이 나에게 노리는 것도 그것인지 몰랐다.

수백 장의 종이 앞에서 나는 써야 할 것과 숨겨야 할 것들을 순간적으로 분리해 내야 했고, 또 어떻게 그것들을 조리 있게 꾸며 놓을 것인가를 고민해야 했다. 수많은 사람들의 얼굴이 스쳐 갔다. 그들 중 누구를 내세워야 한단 말인가?

어쨌든 이곳을 빨리 벗어나야겠다고 생각했다. 한번 이들의 심문에 걸려들면 계속해서 뒤를 캐게 되어 아주 사소한 것들까지 다 불지 않을 수 없을 것이라는 두려움이 더욱 그것을 재촉했다.

나는 가능한 한 내가 활동한 사항 중에서도 확인하면 다 드러날 것들과 공개적인 조직, 공개적인 위치에 있었던 친구들을 대상으로 진술 내용을 구성해야만 했다. 그러나 머릿속은 혼란스러웠고, 모든 것이 뒤죽박죽 정리되지 않았다. 이성적인 나의 결심을 뒤에서부터 자꾸 잡아당기는 그 무엇이 있었다. 그것 때문에 나는 실제로 나는 아무 것도 할 수가 없었다. 그것은 가슴 저 깊은 곳, 영혼에 닿아 있는 곳에서부터 나오고 있었다.

상처 입은 사람들, 바로 그들의 상처를 끌어안고 살기로 결심한 내가, 그리고 바로 그것 때문에 지금껏 눈물과 한숨을 삼키며 삶을 움켜쥐고 견디어 온 내가, 그런 내가 지금 이게 무슨 짓이란 말인가.

머리를 두 손으로 쥐어 쌌다. 조금 전의 악몽과 같았던 고문의 기억이 불현듯 되살아나며 그때의 공포가 전신을 휩쓸고 지나갔다. 온통 피멍든 상처로 온몸이 쑤셔 댄다. 대퇴부 쪽으로 모든 아픔의 신경이 옮아간다. 전기고문을 직접 당한 부위였다. 잠시 멎었던 코피가 다시 흐르기 시작했다.

나는 눈을 감았다. 이것은 현실이 아닌 것 같았다. 눈을 뜨면 깨어나는 꿈속의 일들 같았다. 진정 그러기를 빌고 또 빌었다. 나는 조심스레 눈을 떴다. 그러나 여전히 사방엔 하얀 벽이 가로막고 있었다. 책상 위에는 종이가 피로 붉게 물들여져 나를 재촉하고 있었다. 나는 그 재촉을 거부할 힘이 내 몸에 더 이상 남아 있지 않다는 것을 알았다.

 In Paradisum

어떻게 해야 할까. 어디서부터 시작해야 하나.

나는 다시 눈을 감았다. 그리고 이제는 나와 무관한 전혀 다른 세계의 일처럼 느껴지는 지난 일들을 하나 둘 떠올리기 시작했다.

나는 1961년 성남에서 태어났다. 부모님은 조그만 구멍가게를 하셨고, 나는 1남 4녀의 외아들이었다. 부모님께는 내가 유일한 희망이었다.

나는 당시 학비가 면제되던 철도고등학교에 입학했고, 1979년 졸업 후 서울대 기계설계공학과에 들어갔다.

성남 사람들 대개가 그러했듯이 우리 집도 가난했다. 한번도 가난의 구렁에서 벗어나 본 적이 없는 우리 집이었다. 그렇지만 나는 가난을 원망하지 않았다. 거부하지도 않았다. 오히려 가난했기 때문에 하느님과 친구가 될 수 있었고, 역시 가난하고 못 배운 내 이웃들과 가까워질 수 있었음에 감사했다. 가난은 점차 내 삶의 의미며, 내 존재의 의미가 되었다.

대학에 입학하던 해 가을 10.26이 터졌고, 이를 계기로 민주화 운동이 거세게 일어났다. 나는 함세웅 신부의 '젊은 예수'라는 강연을 들으며 앞으로의 내 삶의 방향을, 아니 내 삶의 운명을 어렴풋이 깨닫게 되었다. 이어 학교에서 멀어졌던 김재규 구명운동에 참여하면서 이 땅에서의 가난과 나의 신앙을 사회적이고 구조적인 측면에서 바라볼 수 있게 되었다.

이듬해 5.17이 일어나고 학교에 휴교령이 내려진 이후에는 성남지역의 친구들과 우리 집에 모여 사회와 역사에 대한 공부를 시작했다. 또한 그해 가을 성남 YMCA에도 가입해 대다수가 그 지역 근로자인 청년들을 상대로 의식화 작업에 노력을 기울였다. 성남시 대학생연합회와 주민교회에도 출입하며 성남을 아끼는 뜻있는 동료들을 만났다.

나는 성남에 대해 특별한 애정을 지니고 있었다. 그것은 단지 내가 태어나고 자란 내 고향과 다름없는 곳이기 때문만은 아니었다.

성남은 가난의 역사를 지니고 있는 곳이었다. 가난한 이들이 모여 삶의 터가 시작됐고, 또 가난한 이들의 눈물겨운 싸움 끝에 오늘과 같은 도시로 정착된 곳이었다.

서울의 철거민 50만 명을 수용할 주택단지로 선정되어, 전기와 수도 같은 기반 시설이 하나도 갖추어지지 않은 채 많은 철거민들이 나무만 베어 놓은 민둥숭이 산기슭에 마구 뿌려졌던 것이다. 그들은 말뚝 하나만 덜렁 꽂혀 있는 곳에 블록과 벽돌을 찍어 집을 만들고 담을 세우고 우물을 파고 하며 구차한 삶을 시작했다.

그리고 어느 날 정부의 부당한 토지불하가 요구와 토지취득세에 대해 저항하며 유명한 광주대단지 항쟁을 벌였다. 당시 주민의 반 이상이 자발적으로 참여한 최초의 대규모 민중항쟁이었다. 그리고 힘찬 민중의 힘에 놀란 정부로부터 요구 사항의 대부분을 관철시킨 자랑스런 곳이었다.

나는 성남으로 상징되는 가난과 함께 내 신앙의 모체인 교회를 사랑했다. 그러나 그 교회가 가장 가까이 해야 할 가난을 저버리고 점차 중산층화하는 것에 대해 분개하지 않을 수 없었다. 1981년 학내 가톨릭 학생회에서 신입생들을 대상으로 하는 세미나 그룹을 맡게 되는 것을 계기로 나는 신앙의 본질에 대한, 그리고 신앙을 통한 나 자신의 소명에 대한 고민에 빠져들었다.

피땀을 흘리고 온몸으로 떠받쳐도 질 수 없는 고난의 십자가가 아닌, 한 손으로 들 수 있는 번쩍이는 금십자가를 들고서 주님을 부르짖는

     In Paradisum

교회를 그대로 보고 있을 수가 없었다. 그리고 안락함을 박차고 일어나 싸움의 한복판에 나가길 주저하며 머리만 굴리는 동료와 후배들에게 신앙적 결단을 재촉해야 했다.

나는 우리의 교회가 가난한 이들의 교회, 정의를 실천하는 교회가 되기를 진정으로 소망했다. 하느님의 정의와 사랑이, 위선적인 교회 기득권층에 의해 회칠되어지는 현실에 잠자코 있을 수가 없었다. 나는 기회가 되는 대로 하늘과 세상을 향해 울부짖었다. 그것이 허무한 메아리로 끝나버릴지라도 나는 내 안에서 이글거리며 끊임없이 솟구쳐 오르는 외침을 막을 수가 없었다. 그리고 마침내는 현실적으로 교회를 변화시키기 위해 나 자신이 제도 교회의 심장부에 박히고자 노동사제의 길을 결심하였다.

1982년에는 친구들과 성남지역 노동자들을 상대로 샘터교양교실을 열었으나 함께 한 친구들의 개인적인 사정들로 제대로 운영되지 않았다. 나는 휴학하고 그해 가을 철도공무원이 되어 경춘선 구간에서 역무원으로 몇 개월간 근무한 후 12월 1일 군에 입대하였다. 그리고 만 1년의 군생활을 아무 탈 없이 성실히 지내 왔던 것이다.

대학 입학 후 지금까지의 5년이란 기간이 그다지 긴 세월이라고는 할 수 없겠지만, 돌이켜 보니 그동안에 만났던 사람 등 그리고 그들과 함께 했던 사연들이 결코 적지 않다는 것을 새삼 깨달았다.

눈을 떴다. 내가 살아온 날들을 이런 곳에서 이런 식으로 회상하게 되는구나 하는 생각에 슬픔이 북받쳐 올라왔다. 그렇지만 나는 정신을 가다듬으려 애썼다. 최대한 맑은 정신을 가지려고 노력했다. 나는 이 일을 해 내야만 한다고 스스로에게 자꾸 다짐을 하였다.

종이를 찢어 코를 틀어막았다. 피는 더 이상 떨어지지 않았다. 나는 펜을 든 손에 힘을 주어 진술서를 쓰기 시작했다. 우선은 그들이 계속 추궁해 오던 무열이 건을 잘 정리해야 했다. 그들이 알고 있는 것 이상이 드러나서는 안 되기 때문이었다.

무열과는 지난 정기휴가 때 성남 상대원동 허름한 다방에서 만났다. 각별히 친한 사이는 아니었지만, 그가 학내시위 문제로 수배중인 상태라는 것을 알고 있었기에 뭔가 도움을 줄 수 있었으면 하는 마음으로 약속 장소에 나갔던 것이다.

대낮이라 그런지 다방에는 사람이 별로 없었다. 카운터 쪽 좌석에 4, 50대쯤 되어 보이는 중년이 종업원과 잡담을 주고받고 있을 뿐이었다. 무열은 TV가 놓여 있는 선반 아래에서 신문을 펼쳐 들고 있었다.

"야, 이제 제법 군발이 티가 나네."

내가 다가서자 그는 껄껄 웃으면서 내게 말했다.

"군발이면 군발이지. 군발이 티가 나는 건 뭐냐?"

나는 그의 평상시와 다름없는 쾌활함을 보고는 적이 안심이 되어 말을 이었다.

"나는 군발이가 아니라 대한민국의 훌륭한 군인 아저씨다. 하여튼 너도 여전하구나. … 그래 요즘 고생이 많지?"

그 말에 그는 이내 웃음을 멈추고는 조금 진지한 표정이 되었다.

"고생은 뭐, 도발이가 다 그렇지. …"

그는 중얼거리듯 간단히 대답하고는 보던 신문을 탁탁 소리 나게 접어 한쪽에 밀어 놓았다. 그리고 자세를 고치고 앉아 다시 말을 이었다.

"그래 고생은 고생이야. 어디 제대로 있을 곳도 없고, 잘못하면 공연히 나 때문에 주위 사람들 피해만 줄 것 같아 눈치도 보이고 … 어쩔 땐 빨리 잡혀 버렸으면 하는 생각이 들어. 그렇게라도 이 생활을 빨리 끝낼 수 있었으면 좋겠다는 심정이 되곤 하지."

그는 거기서 말을 멈추고 생각에 잠긴 듯 멍하니 앞에 놓인 커피잔만 내려다보았다. 내게로 향해 있는 그의 어깨는 뼈대에 비해 살이 빠져 옷 사이로 툭 불거져 나와 있었다. 나는 갑자기 군대 생활을 편히 하고 있는 나 자신이 몹시 부끄러워졌다.

그의 침묵이 길어졌다. 나는 아직까지 주문도 하지 않은 것이 생각나 카운터를 향해 커피 한 잔을 주문했다.

그가 불쑥 다시 말을 꺼냈다.

"철아, 너 군대에서 고생하지는 않니?"

나는 잠시 머뭇거렸다. 군대에서의 고생, 그것이 무열이의 고생과 비교될 수 있을까.

"응."

나는 고개를 끄덕이며 짧게, 마치 나 자신에게 말하듯 그렇게 대답했다.

적어도 내게 있어 그것은 고생이 아니었다. 오히려 지금까지의 삶에 있어 군 생활만큼 육체적으로나 정신적으로 편해 본 적은 없었던 것 같다. 살도 입대 전보다는 많이 쪘고, 치열한 싸움에서 벗어난 정신도 수려한 자연과 규칙적인 생활로 충분히 휴식하고 있었다.

그렇지만, 가끔 해야 할 일들과 남겨 놓고 온 동료들이 생각날 때면 늘 죄스런 마음이 앞서는 것도 사실이었다.

친구들에게는 나의 군 입대가 갑작스럽고 실망스러운 것이었을지 몰라도, 나로서는 그동안의 생활을 돌이켜 보고 앞으로 사제로서의 길을 걷기 위한 정리의 시간이 필요했던 것이다.

나는 다시 화제를 그에게로 돌렸다.

"너 요새 있을 곳이 마땅치 않지? 내가 한번 어떻게 해 볼게."

나는 무열이로부터 만나자는 연락을 받고서 그가 거처 마련을 부탁하려니 짐작했었다.

"그것도 그것이지만, 사실 너를 만나자고 한 이유는 따로 있어."

그는 잔을 들어 커피를 한 모금 마시며 다방 안을 둘러보았다. 나는 그의 말이 이어지기를 조용히 기다렸다.

"요즘이 주민등록 일제 갱신기간이잖아. 다 우리 같은 수배자들 노리고 하는 짓이지. 우리들은 주민등록증을 새로 발급받을 수가 없으니, 앞으로는 그나마도 움직일 수 없게 됐어. … 그래서 하는 말인데 …"

나는 그가 무엇을 말하려고 하는지 정확히 이해할 수 없었다.

"네가 성남지역에서 활동도 많이 하고 했으니까 하는 부탁인데, 혹시 동사무소에 다니는 직원 중에 잘 아는 사람 있으면 신규 주민등록 용지 몇 장만 얻어 줘. 그다음은 내가 처리할 수 있어. 그것만 있으면 몇 사람이 좀 더 자유로워질 수 있을 거야."

무열은 목소리를 낮추며 단숨에 말을 끝내 버렸다. 나는 그제서야 그가 주민등록증을 위조하려 한다는 사실을 알아차렸다. 나는 그렇게 해서 그에게 또 그와 같은 처지의 사람들에게 조금이라도 도움이 될 수 있다면 당연히 그 일을 해야 한다고 마음을 굳혔다.

나는 곧 용호를 생각해 낼 수 있었다. 성당 노동청년회에서 알게 된 용호가 바로 그 적임자에 틀림없었다. 그가 내 부탁을 들어줄 지에 대해서는 확신이 안 섰지만, 일단 한번 시도해 보기로 마음먹었다.

나는 그 자리에서 편지를 써 무열에게 건네줬다.

   In Paradisum

"동사무소에서 김용호를 찾아 이 편지를 전달해. 내 부탁이라고 하고. 어쩌면 그가 도와 줄 수 있을지 몰라."

무열은 편지를 잠시 들여다본 후 조그맣게 될 때까지 여러 번 접어 바지 주머니 속에 넣으며 내게 손을 내밀었다. 나는 그의 손을 두 손으로 힘껏 감싸 쥐었다.

"무열아, 잘 견뎌라. 언제인지는 나도 끝이 안 보이지만, 좋은 세상이 반드시 올 거야."

그는 말없이 고개만 크게 끄덕였다. 그는 자리에서 일어났다. 그리고 천천히 걸어 나가다가 입구 부근에 이르러 멈추어 뒤돌아섰다. 그의 뒷모습을 계속 지켜보던 나를 잠시 바라본 후 곧 갑자기 급히 해야 할 일이 생각난 사람처럼 서둘러 문 밖으로 빠져나갔다.

뚜벅 뚜벅 하는 소리에 쓰던 글을 멈추고 고개를 든다. 졸고 있던 이 일병이 어느새 일어나 다음번 근무자를 깨우고 있다. 나는 내무반 중앙에 걸린 시계를 올려다본다. 희미한 붉은 취침등 빛 사이로 시계 바늘이 3시 50분을 조금 지나 있는 것이 보인다. 벌써 시간이 다 되었다.

나는 마무리 짓지 못한 글을 일단 포기하고, 쓰던 종이를 재빨리 접어 볼펜과 함께 군복 윗주머니에 찔러 넣는다. 이 일병이 내 옆에서 행복한 얼굴로 깊이 잠들어 있는 박 이병을 깨우러 온다. 박 이병이 다음번 문서보관 창고 앞 보초이기 때문일 것이다. 나는 이미 그것을 지난 밤부터 머릿속에 은밀히 기억해 놓고 있었다.

나는 얼른 손을 내저어 박 이병의 발을 잡아 흔들려는 이 일병을 제지한다.

"이 일병, 박 이병 군무는 내가 대신 서겠어."

이 일병이 의아한 눈길로 나를 바라본다. 그의 눈엔 어떤 안타까움이 서려 있다.

"한 일병님은 밤새 한잠도 안 주무시지 않았습니까? 그 고생을 하셨는데, 이제 좀 주무셔야죠."

어제 보안사령부에서 석방되어 부대에 복귀한, 나와는 그간 서로 개인적인 이야기를 많이 나누었던 이 일병에게 그곳에서의 일들을 어느 정도 털어놨었다.

"괜찮아. 보안대에서 겪은 일들 덕택에 잠이 잘 안 와. 많은 것이 생각나. 살아온 지난 일들이 바로 어제 일처럼 느껴져 … 이 일병, 어차피 오늘은 잠이 올 것 같지 않으니 바람도 쐴 겸 내가 근무 나갈께."

나는 말을 마치자마자 그의 대답은 기다리지도 않고 바로 일어나 군화를 신는다. 이 일병은 말없이 나를 바라보더니 포기한 듯 이윽고 다른 근무자를 깨우러 간다.

나는 군화 끈을 다 조이고 나서 야전 상의에 방한복까지 껴입는다. 12월 초이지만 밖은 벌써 영하 10도를 밑돌고 있다. 총기함에서 내 소총을 찾는다. 빨간 매직으로 그려진 일병 계급장과 내 이름이 적힌 명찰이 붙어 있는 멜빵을 뒤진다. 총을 발견하고는 곧 어깨에 멘다. 다 같은 종류의 M16 총이지만 손잡이를 잡거나 어깨에 메어보면 내 총에서만 느껴지는 감이 있다.

나는 내무반을 걸어가다가 말고 뒤를 돌아본다. 이 일병이 내무반 책상에 기대어 서서 나를 바라보고 있다. 나는 손을 한 번 들어 준다. 이 일병도 따라 손을 흔든다. 나는 내무반을 나온다.

아래쪽 연병장 앞에 있는 상황실만 불이 밝게 켜 있다. 나는 그리로 발걸음을 옮긴다. 매서운 바람이 갑자기 휘익 얼굴을 때린다. 두껍게 차려 입은 옷 속으로 한기가 뻗친다. 그러나 춥다는 느낌보다도 시원하다는 느낌이 앞선다.

상황실로 내려가는 계단이 달빛 아래 어렴풋이 나타난다. 나는 제대를 며칠 앞둔 말년 병장처럼 다치지 않도록 조심조심 계단을 밟는다. 간혹 내린 눈이 남아 빙판이 져 있는 경우가 있었다.

상황실 문을 열고 들어간다. 주번 사감인 김 중위가 난로 옆 의자에서 졸고 있다가 나를 보고는 눈짓으로 책상 위를 가리킨다. 그곳에는 근무용 실탄이 든 탄창이 근무 교대자 수만큼 놓여 있었다.

나는 그중 제일 앞쪽에 있는 것을 집어 든다. 김 중위가 다시 의자에 파묻혀 졸고 있는 것을 보고 신고도 않은 채 상황실을 나선다. 상황실에서 문서보관 창고까지는 10미터 안팎의 거리다.

초소에 다가가자 근무자가 내게 손을 들어 보인다. 그는 내가 도착하기도 전에 초소를 빠져나간다. 걸어가면서 졸고 있는 모습이 역력하다. 나는 초소에 들어가자마자 총을 블럭으로 된 초소 벽에 세워 놓고 탄창은 벽 위에 놓아 둔다.

하늘을 바라본다. 상현인지 하현인지 달이 절반의 모습으로 하늘 높이 솟아 있고, 그 주위를 구름들이 제법 빠른 속도로 지나고 있다. 구름 틈 사이로 별들도 그 빛을 더하고 있다.

이 정도면 쓸 수 있겠다 싶어 안심한다. 방한복 사이로 손을 넣어 조금 전 넣어 둔 종이와 볼펜을 찾는다. 달빛 사이로 내무반에서 급히 써 내려간 글씨들이 선연히 눈에 들어온다.

「부모님과 동생들이 떠올랐습니다. 죽느냐 사느냐의 갈림길에 놓여 있었고 보안사령부의 수사가 얼마나 치밀한 것인가를 알고 있었기 때문에 일단 살아 나가려면 진술을 해야 하고, 진술을 하다 보면 연이은 취조에 사건은 사정없이 커질 것이어서 난감했습니다.

……

저 자신의 신앙적 출발점을 강조하며 썼습니다. 며칠 동안 수정 받고 받으며 40장에 달하는 진술서를 쓰게 되었고, 반성문에 서약서까지 5일째 완성되었습니다. 아마 그들의 믿음을 충분히 얻어낸 듯 싶습니다.

저 자신 완전히 남은 여생을 가족들의 생계를 위해서만, 작은 생활상의 신앙을 전하기만 하며 살 각오를 한 것처럼 썼습니다. 전 제 자신의 신앙과 민주주의에 대한 신념을 강조하고, 지금 운동의 흐름도 비판하며 말입니다.

이제부터 제가 보안사령부에서 저들에게 진술한 부분을 말씀드리겠습니다. 그리고 이 내용은 사람들에게 빨리 전달되어야만 합니다. 그래야 덜 다칠 수 있습니다. 제게는 이제 촌각의 시간 밖에 남아 있지 않습니다.

……」

나는 내가 진술한 내용과 그 속에 거명된 사람들을 다시 떠올린다. 비록 할 수 있는 한 최선을 다하려고 했지만, 나는 그들에게, 사랑하는 그들에게 큰 죄를 지었음은 이제 돌이킬 수 없는 일이 되었다.

그리고 저들에게 걸려든 이상, 나는 내 의지와 관계없이 앞으로도 계속 친구들을 팔게 될지 모른다. 그것이 가장 두렵다. 무섭다.

나는 볼펜을 들어 글이 끝난 부분부터 이어 쓰기 시작한다. 마음을 굳게 하고 손 끝에 힘을 주지만, 볼펜이 제대로 움직여 주지 않는다. 내 가슴을 짓누르고 있는 무거운 쇳덩어리가 마치 볼펜 위에 그대로 얹

혀진 듯 볼펜은 자꾸 지그재그로 미끄러진다.

마지막 마침표를 찍고 나서 나는 숨을 크게 몰아쉰다. 종이를 더 쳐다보지 않은 채 접어 다시 호주머니에 찔러 넣는다.

나는 초소에 세워 두었던 총을 든다. 그리고 노리쇠를 후퇴시킨다. 탄창을 끼워 넣고 노리쇠를 다시 전진시킨다.

철커덕.

노리쇠가 총알을 잡아 문다. 총을 초소 벽 위에 올려 놓고 총구를 나에게로 향하게 한다. 총구 한가운데의 어둠이 내 가슴을 노린다.

총구에서 눈을 떼어 하늘을 본다. 바람에 구름은 계속 사라져 가도 달은 여전히 자리를 지키고 있다. 주위의 구름 속으로 배어든 달빛이 따스하게 느껴진다. 친구들의 얼굴이 달 속에 스쳐 간다.

아! 그리운 어머니의 얼굴이 달이 되어 나를 내려다본다. 지난번 면회 오셨을 때와 같은 수심에 가득 찬 얼굴이다.

어머니는 항상 가슴 아픈 소식을 안고 마지막으로 두드려 보는 문인양 나를 찾아오신다. 내가 옆에 있으면 그나마 조금이라도 한을 달래실 수 있다던 어머니.

내가 작업 중에 있었기 때문에 세 시간 이상 기다리셨지만, 외출, 외박도 못 하고 P.X 뒷뜰에서 쪼그리고 앉아 이야기를 나눴다. 경숙이는 외대에 합격했지만 입학금 80만원이 없어 입학도 못하고 지금 구미 직업훈련원에 가 있다. 경란이는 근근이 고등학교에 입학시켰고, 아버지는 여전히 나를 꾸중하고 계시고, 거기에 위장통, 치통으로 고생하고 계신다.

어머니는 그간 거의 40년을 앓아 온 양쪽 귀 중이염이 드디어 크게 아프기 시작했다. 항상 어머니가 하느님께 감사하던 것 중 하나가 귓병이 더 이상 악화되지 않는 것이었는데, 그것이 아주 심하게 악화되었다는 병원 진찰 결과를 받았다고 하셨다.

그리고 눈물 가득한 눈으로 내 얼굴을 바라보며 말씀하셨다.

네가 그렇게 하고자 하는 일이 이 에미나 동생들보다도 더 귀중한 것이냐고.

달 속의 어머니가 울고 계신다. 달빛이 눈물이 되어 내게 쏟아진다.

어느 사인가 내 두 눈에도 눈물이 흐르고 있다.

사랑하는 어머니, 어쩔 수 없었습니다. 저는 그것을 위해 태어났고, 그것을 위해 바쳐지게 되어 있었습니다. 어머니도 저를 낳아 주셨지만, 하느님도 저를 낳아 주셨고, 제가 이 땅에서 해야 할 일들을 가르쳐 주었습니다. 어머니, 단 한번도 마음 편하게 해 드리지 못한 저의 불효를 용서하세요.

나는 총을 끌어안아 총구를 가슴에 밀착시킨다. 달빛이 개머리판에 반사되어 눈 앞에 하늘거린다.

아! 사랑하는 하느님, 사랑하는 이들이여.

……

타, 타앙~

……

「그동안 저의 삶은 하느님을 통해 얻은 삶이며, 이제 제 육신을 통해 할 수 있는 주님 사업이란 더 없습니다. 저로 말미암아 많은 사람들에게 폐를 끼치게 될 것 같아 하느님께 용서를 빌며 스스로 목숨을 끊습니다.

저는 하늘에서나마 하느님을 믿는 국민, 양심을 지키며 사는 국민들의 축적된 힘으로부터 오는 이 땅의 민주주의와 통일을 기다리겠습니다.

 In Paradisum

내가 사랑하였던 사람들에게 하늘이 주는 평화가 영원하기를 기도드립니다.

그리고 마지막으로 한 번 더, 나 때문에 고통 중에 지내게 될 친우들께 너무도 죄송하다는 말씀을 드립니다.」 1993년

한희철 귀리노 열사 추모문집

광야에서 외치는 목소리

펴낸날   2026년 2월 3일
지은이   한희철 열사 추모 단체 연합
         서울대학교 가톨릭 졸업생 공동체

펴낸이   신철호
펴낸곳   (주)이스턴퍼블리싱
출판등록   2013년 9월 13일 제2025-000026호
주소   경기도 고양시 일산동구 호수로 606, A동 1405호

ISBN: 979-11-953728-8-1(03300)
정가 25,000원

Requiem Qurino

Requiem aeternam dona ei, Domine,

et lux perpetua luceat ei.

주여, 그에게 영원한 안식을 주시며

끝없는 빛이 그에게 비추게 하소서.